序

大学——人生卓越的平台

蒋述卓

大学究竟是什么？答案众说纷纭。有人说：大学既不是天堂，也不是地狱，它仅仅是一个平台，一个人生的跳板。有些人在这个跳板上，由凤凰沦为麻雀；而有些人却借助这个平台，由麻雀变成凤凰。的确，大学是人的一生走向卓越的最好平台。因为，大学是人生，人生更是一所大学。在人生的历程中，大学就像一座灯塔放射出智慧的光芒，照耀着人生之梯，为人生的意义增添了无穷的想象。大学，虽是人生抛锚起航的一段行程，但这段行程却是整个人生最厚重的积淀，最黄金的时段。正是这段行程，促使我们全面发展、"精神成人"。正如儒家经典《大学》里面的一句话："大学之道，在明明德，在亲民，在止于至善。"尽管这里的"大学"不是现代学制意义上的大学，但其表达的"大学之道"却是现代大学应该追求的精神内核与文化自觉。大学育人的最终目的是人格，而不是人力，其宗旨在于弘扬人的精神品质，在于使人弃旧图新，在于使人达到更理想的境界。《大学与人生导论》正是在这个意义上付梓的。

当今世界，国与国之间的竞争集中体现在综合国力上，而综合国力的强弱不仅体现在科技和生产力的发展水平上，也体现在以人的素质为表现形式的思想文化的发展水平上。大学，正是人类优秀思想文化传承的最好平台。因为大学本身就是一种文明的象征，是知识库、思想库、人才库，也是社会发展的晴雨表。大学意味着梦想，意味着提升，意味着创造，意味着超越——超越时代之局限，超越种族之狭隘，超越世俗之喧嚣，达到最深邃、最博大、最透彻、最浩瀚的境界，达到心灵的安宁、精神的升华和本性的自由。通过大学教育，我们每一个人都应该获得一种新的人生：它使我们能够从一粒沙中看到一片风景，从一朵云中想象一个传说，从一滴水中感受生活的丰富，从迤逦的花草中感悟生命的顽强，从而形成一整套完全属于自己的人生哲理及人生诗篇。而《大学与人生导论》正是遵循大学生成长的基本规律，以人生观、价值观、道德观、法治观教育为主线，综合运用相关学科知识，教育、引导大学生加强自身修养，了解、认知并弘扬中华民族的伟大民族精神和优良道德传统，培养高尚的理想情操和良好的道德品质，树立体现人类共同追求的、富有时代精神的价值标准和道德规范，并对大学生进行法制观念、法律意识以及以中国宪法为核心的各部门法律的知识教育，以了解中国的法治思想和法律制度。此外，为帮助大学生进一步理解"一国两制"国策的意义与内涵，教材还重点增加了港澳基本法的内容。综观该书，可以概括出以下三个特点：

（1）思想的开放与宽容。该书从理论与实践的结合上，系统地探讨了道德与法治等人生和社会的基本理论问题，阐释了道德与法治、公平与正义是衡量社会文明进步的重要尺度，是构建现代化的基本价值取向。这有助于学生在学习法理、宪法及实体法理论过程中增强法治观念，又陶冶博爱、仁善、宽容之道德情怀；既懂得尊重他人及其权利，也学会尊重自己，珍重自我的人生价值。

（2）学科的严谨与缜密。该书集思想性、科学性、知识性和实践性为一体，以应用为中心，有较强的现实性、针对性和可读性，更加贴近生活、贴近实际、贴近大学生；同时融合了各学科的知识，包括政治学、法学、伦理学、社会学、心理学等方面的知识，构建了合理的知识结构，为境内及境外不同社会制度下大学生思想道德素质的提高奠定了理性认识的基础；而且还把道德修养与法治精神有机地进行整合，把弘扬中华优秀传统文化与吸纳人类文明精粹与创建现代文明有机地结合起来，重在塑造多元文化背景下现代青年学生的优良品质。

（3）情感的真挚与热忱。列宁说："没有人的'感情'，就从来没有也不可能有对于真理的追求。"的确，"感人心者，莫先乎情。"要实现人对人的理解，关键在于"情"。只有心灵碰撞，情感交融，方能产生沟通、共鸣、体验、理解和认同。作为大学与人生课程的教材就应该成为作者与读者之间情感交流的共鸣器，触动读者情感的心弦。可以看出，《大学与人生导论》在"情"字上是下了一番工夫的。该书通篇以人为本，以情动人，以情育人，努力做到情理交融，情理并茂，充分体现了现代教育的民主思想。此外，该书还体现了时代特征和大学生的特点，紧密联系时代特征以及现代社会对人才的新要求，结合大学生的思想特点和实际，深刻探讨了当代大学生关注的许多热点、难点问题。该书尊重学生在教育中的主体地位，注重以平等的态度与学生交流，并尽可能在语言风格上、思维方式上贴近学生，力避空洞说教和枯燥的模式。

总之，《大学与人生导论》一书在诸多方面做了新的有益尝试，这是难能可贵的，也是值得充分肯定的。

大学成就人生，人生成就辉煌，这就是大学与人生。是为序！

2022 年 2 月 15 日
于暨南园

目　录

第一章　大学理念与精神成人

我国有 5 000 多万海外侨胞，这是我国发展的一个独特优势。改革开放有海外侨胞的一份功劳。希望暨南大学认真贯彻全国教育大会精神，坚持自己的办学特色，把学校办得更好，为海外侨胞回祖国学习、传承中华文化创造更好条件。

——习近平总书记 2018 年 10 月 24 日视察暨南大学的重要讲话

大学理念与精神成人是一个非常严肃的、值得思考的重大问题。大学的理念是大学的思想、精神和灵魂，它决定了大学的思维方式和发展方向。大学理念与价值目标总是要受社会发展阶段、政治经济发展水平、教育政策、社会思潮等种种因素的影响和制约；同时，大学作为人类文明的重要传承机构，大学理念与价值目标对社会的发展总是起着非常重要的作用。大学的理念与价值目标是一个永恒的话题。

第一节　大学的历史与发展

古人说："敬教劝学，建国之大本；兴贤育才，为政之先务。"教育是民族振兴、社会进步的重要基石，是功在当代、利在千秋的德政工程，对提高人民综合素质、促进人的全面发展、增强中华民族创新创造活力、实现中华民族伟大复兴具有决定性意义。

——习近平 2019 年 3 月 18 日在学校思想政治理论课教师座谈会上的讲话

一、大学的历史起源

世界上第一所大学诞生的确切之日是何时，这个问题可能连历史学家也无从考究。但大多数学者认为在近现代意义的大学出现之前，人类的高等教育其实已存在了数千年。古代中国、埃及、印度等都是高等教育的发源地，古希腊、罗马、拜占庭及阿拉伯国家也都建立了较为完善和发达的高等教育体制。

（一）中国大学的起源

据古籍记载，中国在公元前 2 700 年以前就有了"大学"之称。虞夏商时期的上庠、东序、右学等，从某种意义上说都已具备高等教育的一些属性。周代金文中记载了周天子带领群臣及学生在"学宫"习射和作乐舞的内容，这里的"学宫"即大学，已基本具备高等教育的性质。在中国的官学中，太学和国子监是封建社会的最高学府。汉代的太学，可以说是古代世界上规模最大的高等学府，太学的课程以通经致用为主，学生分经受业，经考试及格，任用为政府官吏。太学以《诗》《书》《礼》《易》《春秋》等儒家经典作为教材。除此之外，私学在中国教育史上也占有重要地位，私学按程度分有蒙养教学和经师讲学，后者相当于大学。

伟大的教育家孔子是最早开办私学的人，其弟子三千，贤人七十二。汉代以后的私家经馆培养了大批不求功名的学术人才，对弘扬民族文化、促进高等教育的发展起到了很大的作用。唐宋时期，私家经馆发展为书院，书院是中国古代学者研究学问、聚徒讲学的教育场所。宋朝时期，又有了较大的发展，并出现了一些著名的书院，当时最著名的四大书院为江西庐山的白鹿洞书院、湖南长沙的岳麓书院、河南商丘的应天府书院、河南登封的嵩阳书院。书院大多是自筹经费，建造校舍。教学采取自学、共同讲习和教师指导相结合的形式进行，以自学为主。它的特点是为了教育、培养人的学问和德行，而不是为了应试获取功名。

明朝最著名的书院是江苏无锡的东林书院。东林书院有一副经典对联传颂至今，让人不得不感叹它的大气与魄力："风声雨声读书声，声声入耳；家事国事天下事，事事关心。"其蕴含的哲理是：读书人既要认真读书，又要有关心国家大事的胸怀。一个人生活在世上不能"两耳不闻窗外事，一心只读圣贤书"，应该时刻关注这个世界和周遭所发生的一切，并用心感受世间百态，而不要读死书。"天下兴亡，匹夫有责"，关心国家大事是每个公民应尽的义务。

（二）埃及大学的起源

据古埃及文献的记载，在中王国时期（约公元前2040—公元前1786）已建立了良好的学校，包括宫廷学校、职官学校、寺庙学校、文士学校等。这些学校传授的课程不同，水平也不同，有的机构已具有高等学校的性质，如法老邀请文人学者在宫中议论朝政和钻研治术，组成水平较高的"文人之家"，有教育史学家称之为当时的大学。新王国时期（公元前1553—公元前1085），埃及出现了研究高深学术和培养高深专业人才的寺庙，如海立欧普立斯大寺（Helioplis），也称"日神大寺"，教育水平极高，被誉为"最普通和渊博的知识中心"。该寺聚集了一批卓越的学者，寺中的高级祭司是皇家天文学家，应用数学、天文学和物理学是这里研究的重要学科。该寺有藏书丰富的图书馆，经常举办一些学术讨论会，吸引了各地慕名而来的游学者，古埃及的摩西，古希腊政治家梭伦、哲学家泰勒斯和柏拉图都曾游学此地。

（三）印度大学的起源

印度是一个多民族、多宗教、联邦制的古文明国家，古代印度就有行使高等教育职能的教育机构，巴瑞萨（Parisad）和隐士林（Hermitage）是古印度最早的高等学府，也是婆罗门学者讲学之地。公元前600年，印度一些文化中心出现了"大学"。最著名的塔克撒西拉（Takasasila）大学，历经数百年之久，马其顿王亚历山大曾在该校学习印度哲学，该校注重宗教、哲学、逻辑、文学、数学、天文、医学等多种学科的发展。公元前6世纪，佛教兴起，寺院成为佛教最重要的教育场所，所开设的学习内容除佛教经典和宗教仪式外，还有其他各种学科。一些学术水平较高、规模较大的寺院，除了负责培养僧侣外，还要进行各种学术研究，经常举行学术讨论会和演讲。在玄奘时期，纳兰陀寺规模宏大，有僧师1 500余人，僧徒达8 500人之多，几乎每天都有100项学术讨论或报告分别在殿堂或讲堂举行，讨论和报告的内容无所不包，极为丰富。

（四）古希腊与古罗马

古希腊的高等教育源于古希腊诗人和自然哲学家对其门徒进行的诗歌

和学说的传授，但这只是个别的教学方式。直至公元前5世纪出现了智者的教育活动，才开始了集体教学。如古希腊哲学家和教育家苏格拉底（Socrates，公元前470—公元前399）实施问答法教学，构建了一个坚实的传播知识的基础。苏格拉底的教学活动没有固定的场所，几乎在任何地方都可施教，如角力学校、体育馆、私人住所、大街上以及任何便利的地方。哲学家柏拉图（Plato，公元前427—公元前347）是苏格拉底的学生，公元前393年，柏拉图的朋友们在雅典为他买了一座靠近体育馆的带花园的小屋，他在这里开办了学园。他在学园里生活和从事教学活动长达40年之久。学园是古代最早在教育目标上既体现社会功用性又体现人文性的教育机构，因此被世人看作世界上第一所大学。亚里士多德（Aristotle，公元前384—公元前322）是古希腊最博学的哲学家、科学家和教育家。公元前335年，亚里士多德效仿老师柏拉图所办的学园，在雅典创办了哲学学校吕克昂（Lykeion）。吕克昂是古代第一所具有大学性质的学校。

古代罗马是欧洲第二个典型的奴隶制国家。古罗马在发展过程中，受古希腊的影响很大，在欧洲史上，通常把古希腊、古罗马并提。在文化教育方面也是如此，所谓"古典"文化教育，就是指古代希腊、古罗马的文化教育。最初罗马没有大学，有意深造的青年多到希腊的雅典大学、亚历山大里亚大学进行学习。费斯巴西大帝在位时，在罗马城的和平寺设立了一个图书馆，这一图书馆后来演变为罗马大学。

以上是对中外高等教育历史起源的叙述，虽然许多教育史学家把上述的地方高等学府也称为大学，但严格来说，它们并不是近现代意义上的大学。

二、近现代意义的大学

（一）近代意义的大学

近代意义的大学起源于中世纪的欧洲，是欧洲中世纪留给后世最值得称赞的文化遗产。11世纪，西欧封建制度已经确立，农业生产缓步上升。随着剩余产品的增多，手工业得到发展并逐渐从农业生产中分离出来，商业活动也逐步展开。专职的工商业者聚居一处，从事生产和贸易活动。由于城市的普遍兴起和发展，国际贸易和交往的日益频繁等，在客观上促进了欧洲文化的发展。这些社会条件的变化，使原有的僧侣学校和大主教学校再也无法满足社会发展的需要。在意大利、法国和英国的一些地方，师生们为了保障自己的权利，仿照手工艺人行会的方式，组成教师行会或学生行会。后来由于需要，教师行会和学生行会结合成学习和研究的"组合"（universitas），后又组成了系（faculty）和学院（college），开设了规定的课程，实施了正式的考试，雇用了稳定的教学人员，颁发了被认可的毕业文凭或学位等，这些"组合"就成了近代意义上最早的大学。从这个意义上说，大学的历史发展源于12世纪。由于这一时期的大学主要从事纯理论研究，与社会保持着一定的距离，因而被称为"象牙之塔"，意为与世隔绝的梦幻境地、逃避现实生活的世外桃源、隐居之地。

值得一提的是，成立于12世纪初的巴黎大学是由巴黎圣母院大教堂学校发展而来的，其以研究神学著称。该校分文、法、医、神学四科，后来发展成为西欧各大学的典范，被誉为"世界大学之母"。总之，中世纪大学有其独有的特征：浓厚的宗教气氛；由专业人士担任教师；文、法、医、神学是大学的主要学科。

（二）现代意义的大学

尽管近代意义的大学可以追溯到12世纪前，但18世纪末以前，大学主要是培养神职人员与"绅士"的地方，并未成为知识创新与传承的主要机构，大学在社会中的地位远远无法与今天相提并论。

真正具有现代意义的大学起源于德国。德国大学的兴起是与德国民族意识的形成和民族国家的构建联系在一起的。拿破仑征服德国唤醒了德国人的民族意识。面对拿破仑军队的入侵，德国著名哲学家费希特于1807年末至1808年初以"告德国人民"为标题连续发表了14次演讲。他呼吁德国必须通过发展教育振兴民族精神，实现民族使命。只有教育能够使个人的道德、知识、体力、经济能力得到充分发挥。费希特提出的教育目标被德国另一个伟大的政治家、教育家洪堡所完善和具体化。可以毫不夸张地说，洪堡不仅是德国"现代高等教育之父"，而且也是对现代大学制度贡献最大的思想家。1809年，洪堡建立了柏林大学，柏林大学是德意志现代文明的摇篮，它颠覆了传统大学的模式，倡导"学术自由"和"教学与研究相统一"。该大学树立了现代大学的完美典范，人们尊称它为"现代大学之母"。德国现代大学的兴起对德国科学技术的发展以及民族复兴的贡献是不可磨灭的。从 19 世纪 20 年代到 20 世纪初，世界科学研究的重心都在德国。

（三）美国现代大学的兴起与发展

德国在很短的时间内实现工业化的经验令其他国家刮目相看，人们很快将视角投向德国的教育制度，尤其是大学制度。从 19 世纪中后期开始，西方国家纷纷效法德国大学模式，并以这一模式改造本国的大学。在这方面最有成果、最有创造性的应数美国。

美国在独立战争以前就办起了大学，这些大学是模仿牛津、剑桥的模式兴办的。不过在相当长的时间内，许多美国人仍以在欧洲接受大学教育为荣。1850—1914 年，成千上万的美国学生赴欧洲留学，愈来愈多的学生选择德国作为留学国家。这些留学生从德国接触到了授课制度、实验室制度、讨论课制度、博士学位制度、学期制度等现代大学制度的制定内容和方法。从 19 世纪后半期起，这些从德国归国的留学生开始将德国的办学模式运用到美国的大学中。1860—1920 年是美国大学改造与发展的主要时期。通过这一时期的改造，美国完成了自己的大学构建。而且，美国在根据德国模式改造本国大学的过程中，成功地修正了德国模式中某些僵化的方面，将诸多不同的大学理念成功地结合在一起，创造了独具美国特色的大学制度。自 19 世纪后半期以来，美国大学的改革与蓬勃发展为其经济后来居上作出了巨大贡献。

三、中国大学介绍

（一）中国近代最早的大学（1840—1911）

在中国古代，是以"书院"或准书院的方式实现大学的功能的。中国近代意义上的大学可以说是受外来因素的影响而出现的。近代中国在与世界列强的斗争失败之后，兴国革新的举措在全国骤起：军事兴国、教育兴国、工业兴国、科学兴国等。在高等教育方面，初期创办了翻译介绍西方科学技术和通晓洋务的外语学堂与直接学习西方军事技术以及其他各种专门技术的各类专科学堂。后来，有识之士逐步认识到，国家的兴起仰赖于国民素质，于是，师范学堂受到重视并得以发展。继而，中国自己的现代大学就孕育发展起来了。

1840年鸦片战争之后，洋务运动兴起，西学东渐，出现了许多新式学堂。这一时期创办的新式学堂以外语学堂和军事学堂为主，如京师同文馆、上海广方言馆、马尾福建船政学堂、天津水师学堂、湖北武备学堂、南京江南水师学堂等。

1895年中国在中日甲午海战中惨败后，变法之声顿起。当时，天津中西学堂改办为北洋大学堂，1903年又改名为北洋大学，主要培养工程技术人才，为中国近代工程学科的鼻祖，也是中国近代第一所大学。后几经变革，定名为天津大学。

1898年京师大学堂在戊戌变法中应运而生，这是中国近代第一所国立大学、综合大学，是当时的最高学府，兼为大学堂和全国最高教育行政机关。1912年京师大学堂改名为北京大学。

作为中国历史最悠久的大学之一，暨南大学在中国高等教育史上占据着重要的地位：第一所由国家创办的华侨高等学府、校名一直沿用的百年名校之一、全国首批试行学分制的高校、最早在综合性大学里开办医学院的大学、最早设立华侨华人问题研究机构的大学、最早创设商科的大学，等等。"暨南"二字出自《尚书·禹贡》："东渐于海，西被于流沙，朔南暨，声教讫于四海。"意即面向南洋，将中华文化远播到五洲四海。暨南大学的前身是1906年清政府创立于南京的暨南学堂。后迁至上海，1927年更名为国立暨南大学。抗日战争期间，迁址福建建阳。1946年迁回上海，1949年8月合并于复旦大学、交通大学等高校。中华人民共和国成立后，暨南大学于1958年在广州重建，"文革"期间一度停办，1978年在广州复办。改革开放后，学校快速发展，1996年6月，暨南大学成为全国面向21世纪重点建设的大学。2015年6月，学校入选广东省高水平大学重点建设高校。2017年9月，学校入选国家"双一流"建设高校。暨南大学恪守"忠信笃敬"之校训，注重以中华民族优秀的传统道德文化培养造就人才，积极贯彻"面向海外，面向港澳台"的办学方针。建校至今，共培养了来自世界五大洲170多个国家和港澳台地区的各类人才40余万人，堪称桃李满天下。

（二）中华民国时期的大学（1911—1949）

现代意义上的大学，主要的特征是"学术自由"和"教授治校"。始建于1911年、1925年设立大学部的清华大学，在一批具有世界眼光和现代大学教育观念的有识之士的共同努力下，奠定了"学术自由"和"教授治校"的制度架构，成为中国最具现代意义的第一所大学。

当时，国立北京大学、国立清华大学、国立浙江大学、国立武汉大学和台湾"中央大学"一起被称为"中国五大名校"。台湾"中央大学"、国立西南联合大学、国立浙江大学，这3所大学在中国国难当头的十四年抗战时间里所培养的人才，可能比其他任何时期都要多，所做的研究工作也卓有成效。台湾"中央大学"、国立西南联合大学、国立浙江大学、国立武汉大学被誉为当时全国的四大名校。

至今令人难忘的是国立西南联合大学，它存在的时间不满9年，就读学生不过8 000人，而且条件简陋，生活艰苦，却培养出了一大批人才，今天的中国，由当年联大师生担任的中国科学院、中国工程院院士共171人（学生92人），其中有杨振宁、李振道2人获得诺贝尔奖；赵九章、邓稼先等8人获得"两弹一星"功勋奖；黄昆、刘东生2人获得中国国家最高科学技术奖；宋平、彭云等人成为国家领导人。美国弗吉尼亚大学历史学教授John Israel（中文名"易社强"）就对"为什么在那么艰苦简陋的条件下，西南联大能作出如此突出的贡献"这个问题进行了多年的研究，并为此多次到我国访问。他说："西南联大是中国历史上最有意思的一所大学，在最艰苦的条件下，保存了最完好的教育方式，培养出了最优秀的人才，最值得人们研究。"

战时，中国大学的物质条件极差。那时我们的校舍非常的简陋。宿舍是茅草房子，没有楼房；教室屋顶是铁皮做的，下雨时，叮叮当当的声音响不停。教室和宿舍的地板是泥土压成的，满是坑坑洼洼。一个宿舍有40个人，就20张上下铺。饭厅里面，没有桌子，没有板凳。那个时候没有什么菜吃，而米饭里面却有许多沙子。除了这许多困难以外，还有不断的空袭，日本飞机常常来轰炸。所以有段时间，我们上课是从早晨七点到十点，因为差不多十点的时候，空袭警报就要来了。然后下午上课再从三点到晚上七点。在这样一种困难的情形之下，西南联大的师生员工却精神振奋，以极严谨的态度治学，弥补了物质条件的不足——学校图书馆存书不多，杂志往往过了一两年才收到。但就在那座图书馆里，我学到了许多知识。冬天，我们的教室窗户玻璃被空袭震破，又冷又透风，风吹时，必须用东西把纸张压住。上实验课时，我们只有少得可怜的一点设备，笔记本用的是没有漂白过的粗纸张，很容易撕破。今天它经常会使我想起那些岁月里艰苦的物质条件。

西南联大的教学风气是非常认真的。我们那时所念的课，一般老师准备得很好，学生习题做得很多，所以在大学四年和后来两年研究院期间，我学到了很多东西。那时候一般所用的教科书，是有名的老书。想起在中国的大学生活，对西南联大的良好学习风气的回忆总使我感动不已。联大的生活为我提供了学习和成长的机会。

——摘自《永远的联大：西南联大故事》

（三）中华人民共和国成立后的大学（1949—　　）

1949年，中华人民共和国成立。所有的"国立"大学取消"国立"二字，所有的私立大学包括教会大学都改造为公立大学。1952年，摒弃欧美大学模式，采用"苏联模式"的教育管理体制，实行统一教学计划、教学大纲和教材等。

"文革"期间，大学教学管理制度建设受到严重破坏。

1977年恢复高考之后，大学逐步恢复正常教学。在此后的十多年里，中国大学的教学和科研都迅速得到了相当的发展。在借鉴发达国家特别是欧美国家高等教育经验的过程中，这一时期中国的大学也在突破过去三十年形成的苏联体制，重新回归到1949年以前的欧美大学模式。

从1995年开始启动重点建设21世纪里的100所大学的"211工程"。1999年前后，又开始启动创建若干所具有世界先进水平的一流大学和一批一流学科的"985工程"，清华大学、北京大学、南京大学、复旦大学、上海交通大学、西安交通大学、浙江大学、中国科技大学、哈尔滨工业大学九所大学入选为国家首批"985工程"重点建设大学。

总之，现代大学与人类早期大学的区别有以下三点：一是科学的兴起，科学的历史性胜利使科学融入大学体制，早期的大学是一个信仰的教育，而现代大学是一个理性的教育，自然科学坐上了大学课堂的最高宝座；二是社会科学作为一种知识领域的出现，在 19 世纪末 20 世纪中期开始正式进入大学课堂；三是专业学科的扩大，随着社会的不断进步，专业学科特别是技术性学科的规模也在不断扩大。今天的大学，办学的理念在变，知识的结构在变，这给我们留下了思考的空间。

第二节　大学的内涵与价值理想

我国高等教育要立足中华民族伟大复兴战略全局和世界百年未有之大变局，心怀"国之大者"，把握大势，敢于担当，善于作为，为服务国家富强、民族复兴、人民幸福贡献力量。

——习近平 2021 年 4 月 19 日在清华大学考察时的讲话

一、大学的内涵与特征

（一）大学是什么

关于大学是什么，教育家与学者有着不同的论述：

儒家经典之一《大学》认为，大学是指聚集在特定地点传播和吸收高深领域知识的一群人形成的团体。

朱熹（1130—1200），南宋著名理学家、思想家、哲学家、诗人、教育家、文学家。其《四书章句集注》（为《大学》作注）中有："大学之道，在明明德，在亲民，在止于至善。"意为大学宗旨在于点燃学生心中那盏真、善、美的明灯，使之能够革故鼎新、治国新民，使之能够追求真理、不断创新。这大概是中国最早关于"大学"的定义。

蔡元培（1868—1940），中国近现代著名的民主革命家和教育家，为中华民族的进步和发展，为在中国建立现代的教育体制，尤其是为改革和发展中国的高等教育事业作出了重要的贡献。1917 年 1 月 9 日，他在就任北京大学校长的演说中，明确地向学生说明："诸君来此求学，必有一宗旨，欲求宗旨之正大与否，必先知大学之性质。今人肄业专门学校，学成任事，此固势所必然。而在大学则不然，大学者，研究高深学问者也。"

梅贻琦（1889—1962），自 1914 年从美国伍斯特理工学院学成归国，即到清华大学担任教师和教务长等多种职务。1931 年，梅贻琦出任清华校长，此后直到他在台湾去世，一直服务于清华大学，因此被誉为清华大学的"终身校长"。他的一生仅做成了一件事，就是成功地出掌清华大学并奠定了清华大学的校格。在清华大学任校长时，梅贻琦作出了不可泯灭的贡献，一是师资人才的严格遴选和延聘，二是推行一种集体领导的制度。梅贻琦在清华百年的历史上，是四大哲人之一。他有名言："所谓大学者，非谓有大楼之谓也，有大师之谓也。"

钱理群（1939—　），中国现代文学研究者、作家，是 20 世纪 80 年代以来最具有代表性的人文学者之一，"老北大精神"的传承者，在国内外学界享有崇高的声誉。他曾说：所谓大学，就是在这样一个大的生存空间和精神空间里面，活跃着这样一批沉潜的生命、创造的生命、酣畅的生命和自由的生命。

洪堡（Humboldt，1767—1835），德国近代著名的思想家、教育家、外交家、比较语言学家、语言哲学家和社会活动家。他认为大学是一个学者的社团，是高等学术机构，是"带有研究性质的学校"，是受国家保护但又享有完全自主地位的学术机构。其中科学探索是大学的根本价值所在。

纽曼（Newman，1801—1890），英国红衣大主教，19 世纪维多利亚时期著名的神学家、文学家、教育家和语言学家。其教育著作《大学的理想》（*The Idea of a University*）是大学思想史上第一部系统、完整而严谨地思考并论述大学理想的著作，也是英语世界里关于大学本原论（etiology）最伟大的著作之一。纽曼通过该著作构建了一个关于大学目的、性质的思想体系，成为这个领域开创时期的大师。他将大学定义为：一大批年轻人自由地相互融合，他们敏锐、心胸开阔、富有同情心、善于观察，每个人的谈话对其他人都是一系列的讲座——这就是大学。

雅斯贝尔斯（Jaspers，1883—1969），德国著名的存在主义哲学家、心理学家和高等教育思想家，是大学理念发展史上的一位里程碑式的人物。他一生主要在大学从事教学和管理工作，著述甚丰。他的教育著作《大学之理念》和《什么是教育》，对德国乃至世界大学的发展都产生了重要的影响。他认为，大学是公开追求真理的场所，是研究和传授科学的殿堂，是教育新人成长的世界，是个体之间富有生命的一种交往，是学术勃发的世界。

此外，许多教育家也对大学有不同解读。写下了"冬天到了，春天还会远吗?"的英国诗人雪莱（Shelley，1792—1822）把大学直接定义为"爱智慧"，这与西方对哲学的定义是一样的；历史学家哈罗德·珀金（Harold Perpin）从历史的角度判断"大学是人类社会的动力站"；法国作家圣伯夫（Sainte-Beuve，1804—1869）从人权的角度定义"大学是一个保护人们进行知识探索的自律场所"；牛津大学校长卢卡斯认为"具有创新思维能力的人是推动未来发展和繁荣的源泉，大学就是一个培育这种人才的场所"。

《中华人民共和国高等教育法》规定，大学或者独立设置的学院应当具有较强的教学、科学研究力量，较高的教学、科学研究水平和相应规模，能够实施本科及本科以上的教育。

综上所述，我们认为可将大学定义为：大学是具有选择、批判、传承和创造人类文化职能的文化社会组织，它通过文化的手段创设教育环境来达到教育目的和影响教育效果。

大学是提供教学和研究条件以及授权颁发学位的高等教育机关，分为综合大学、专科大学或学院。它选拔具有高中以上学历者进行教育和培训，并以考试考核的方式检验其所学知识和技能。总之，自纽曼"大学是传授知识的场所"的断言与中世纪巴黎大学模式，经洪堡"大学也是研究高深学问的机构"的创见与柏林大学模式，到海斯"大学还是提供社会服务的部门"的新识与威斯康星大学模式，大学在历史延展中承担了育人、科研、服务的职能。

（二）什么是大学

当我们追问"大学是什么"的时候，通常在逻辑上问的是大学的定义，而"什么是大学"问的则是究竟什么样的大学才能够被我们称为大学，亦即在"大学是什么"的基础上进一步追问大学所具有的普遍意义的精神实质。英语中，university（大学）的词根 universe 的含义是"普遍""整个""宇宙"，它具有一种不局限于某一科目、某一地域的"普遍主义"的精神气质。大学的"普遍主义"的精神气质就在于人的全面发展，因为人类自从出现教育以来，人的发展始终是教育的主旋律。

1. 中国古代"六艺"

中国古代儒家的"六艺"教育很好地诠释了大学所具有的普遍意义的精神实质："礼"即礼节（今天的德育）；"乐"即音乐；"射"即射箭技术（锻炼体格和品格修养）；"御"即驾驭马车的技术；"书"即书法（今天的文学）；"数"即算法（今天的数学）。儒家用"六艺"规定了一个儒者所要修习的主要方向，并提示人们要成为一个可堪大用的人才，必须先有一个全面的学习态度，既包括知识学问上的，也包括道德品格上的，甚至于待人接物的方式、言谈举止的风度。

2. 西方"七艺"与"博雅教育"

在西方，中世纪大学的神学虽然是当时大学教育的核心科目，但同时，大学里还讲授逻辑、语法、修辞、数学、几何、天文、音乐，即"七艺"。几乎包括了当时所有的知识领域，因而提供的实际上是一种博雅教育（Liberal Arts Education）。

古希腊倡导的博雅教育旨在培养具有广博知识和优雅气质的人，让学生摆脱庸俗、唤醒卓越。博雅教育的目的不是职业训练或专业训练，而是通过对基本知识和技能的获得和提升，培养一种身心全面发展的理想的人格，或者说发展一种丰富的健康的人性。博雅教育的三大目标，一是了解自然、社会和人生，二是掌握一定的清晰表达、科学方法的训练等基本技能，三是形成对学问的忠实、宽容的价值观以及作出明智判断的能力。

3. 洪堡的大学理念

德国柏林大学创始人洪堡认为大学兼有双重任务，一是对科学的探求，一是个性与道德的修养。洪堡所说的科学是指纯科学，即哲学。而修养是人作为社会人应具有的素质，是个性全面发展的结果，它与专门的能力和技艺无关。柏林大学从形式上看，与其他大学一样包括哲学学院、神学学院、医学学院和法学学院四个学院，但其一开始办校的宗旨就是服务于国家利益，而服务于国家利益不等于放弃大学自主和学术自由。这里所说的"学术"，不仅包括自然科学和社会科学，也包括我们通常所说的人文科学或人文学科。大学必须真正是"大"学，不仅要求学校规模大，而且要求学科范围广。

4. 纽曼的大学理念

1854 年纽曼在一次关于大学精神的演讲中，对"什么是大学"这个问题进行了这样的回答："如果要我对'什么是一所大学'进行尽可能简短而通俗的描述，我的回答将来自大学的古义：'是一所 Studium Generale 或"通学之校"（School of Universal Learning）；是一所万有知识的学府，包含来自各方各地的教师和求学者；是一个借助于全国各地的人与人之间的交往而进行思想的传播和流通的场所。'"他认为大学不应该是传授实用技术知识的机构，而应是一个训练和培养人的智慧的机构，大学讲授的知识不应该是对具体事实的获得或对实际操作技能的发展，而是一种状态或理性（心灵）的训练。

5. 弗莱克斯的大学理念

美国现代大学的先驱者，以创办普林斯顿高级研究院而闻名的弗莱克斯，在其出版的《美国的、英国的、德国的大学》一书中，系统性地阐述了他心目中的大学。他在书中开宗明义地指出："大学的存在，不仅表明人类的历史值得保存，也表明人类可以按自己的意愿去创造文化。大学应与社会保持一定的距离，不应随波逐流。大学基于一定的价值体系，对社会风尚保持合适的批判性的抵制，有助于社会的清明与理性。大学不是一个温度计，对社会每一流行风尚都作出反应。大学必须经常给予社会一些东西，这些东西并不是社会所想要的，而是社会所需要的。"

6. 蔡元培的大学教育思想

中国教育家蔡元培先生的教育思想是中国传统文化的精华与西方现代文明相结合的产物，中国传统文化对于理想人格的追求和西方现代文明对于自由、民主、平等、人权的追求，在蔡元培那里实现了完美的统一。或者说，蔡元培给中国传统文化对于理想人格的追求注入了新的、富有时代特征的内涵，这对古老的中华文明向现代形态的转化，有着积极的意义和贡献。蔡元培的大学教育思想在他的整个教育思想体系中占有非常突出的地位。其主要思想有四点：一是大学的性质是研究高深学问的学府，二是大学办学原则是思想自由、兼容并包，三是大学学科的设置应沟通文理、废科设系，四是实行教授治校。

7. 陶行知的大学教育思想

陶行知（1891—1946）是教育家、思想家，曾提出"生活即教育"

"社会即学校""教学做合一"三大主张，生活教育理论是陶行知教育思想的理论核心。其著作有：《中国教育改造》《古庙敲钟录》《斋夫自由谈》《行知书信集》《行知诗歌集》。他的教育思想博采古今，兼容中西，理论简约，自成体系。在教育理想上，他主张"通过四通八达的教育，建立四通八达的民主社会"；在教育准则上，他坚持道德至上的教育原则，奉行"千教万教教人求真，千学万学学做真人"的教育箴言。陶行知的"真"与孔子的"仁"在教育理念和道德目标上一脉相承。在教育策略上，陶行知基于知行关系的深刻理解，提出"行是知之始，知是行之成"的重要论断，突出实践（"行"）在认识论中的先导地位，主张认识与实践相结合，并由此确立了"行—知—行"的行动策略，使得教育理想和目标能在实践中有效落实。

（三）大学的内涵与特征

大学的精神实质蕴含在大学的内涵中，这表明大学之"大"首先体现在内涵方面：

1. 大学是博大的思想库

思想，即理性认识，是客观反映在人的意识中的思维与结果，也是人对宇宙万物以及对自己、他人、社会的认识所产生的观点或观念系统，它构成了人的世界观、人生观和价值观。思想是宇宙对人的检验，也是科学的精髓。人通过"思想"学习和认识自然，并建立了知识体系；人又通过"思想"去探索自然，并进一步建立了人类科学；最后人通过文化活动的反复过程对科学去伪存真，使人类科学日趋完善，使人的思想得到了升华。可以这样理解：知识是人类文明，科学是人类文明的结晶，思想是人类文明结晶的再结晶。思想是人的灵魂，也是科学之魂，思想是人类智慧的精华。而大学则是当今世界最具创新、思想最为先进的集散地。

《中国教育报》2005年3月5日第3版曾详尽地阐述了这一思想：大学所产生的思想将成为社会发展的灯塔，大学之所以能承担起在知识社会中独立思考的思想中心的任务，是由于大学具有追求知识、追求真理的本性，大学具有人文关怀的理想，具有超脱的社会批判精神。正因为大学是独立思想的中心，也理应是社会批判的中心。大学具有社会良知、追求真理的品格，它追求超越功利主义、实用主义等价值取向而服务于真理。因此，大学作为社会的思想库，是由大学的知识特征和组织特征决定的，是社会赋予大学的神圣使命。

2. 大学是文明的辐射源

文明——人类社会开化和进步的一种标志，是人类在改造世界的实践中所创造的物质财富与精神财富的总和。一般而言，对于文明，主要应从以下三个层面予以理解和把握。

第一个层面是人类社会发展的历史阶段。这种意义上的文明是与野蛮、未开化、原始、兽性相对的，往往与文化、教育、艺术等的发达相联系。人类社会从低级向高级发展的历史可划分为三个时期，即蒙昧时期、野蛮时期、文明时期。第二个层面是人类改造自然和改造社会的积极成果。这种文明表示着人类社会物质、精神等的不断发展和进步状态，即物质文明和精神文明。物质文明，表现为人们物质生产的进步和物质生活的改善；精神文明，表现为教育、科学、文化知识的发展和人的思想、政治、道德水平的提高。第三个层面是指一个民族、一个国家、一个地域具有共同精神信仰的群体的文化遗产、精神财富和物质财富的总和。

在人类跨越几千年的历史中，这三个层面的不断变更，总是与大学或者具备大学教育本质的其他形式的教育模式紧密相连的。纵览历史，我们可以说大学，或者可以称其为学园或书院，是一个社会文明建立、发展、变革的重要辐射源。连最严谨的德意志人也公认："没有洪堡和他的大学就没有光辉灿烂的德意志文明。"事实上，大学对于人类文明，特别是精神文明的建立、保存、发展，起到了至关重要的作用。

3. 大学要有自己的特征

（1）大学要有"大家"，即思想解放、富有远见、敢为人先的大学校长。

曾任复旦大学校长的杨玉良教授在回答"理想中的大学校长应该是什么样的"这一问题时曾表示：大学校长，一是社会先进文化的代表，当社会出现失范的时候，大学校长和他的教授们要出来发警示之言；二是社会道德的楷模；三是大学使命和教育理念的坚守者；四是一所大学学科宏观布局的总设计师。

（2）大学要有"大师"，即师德高尚、造诣精深、诲人不倦的大学教授。

有一则广为流传的关于艾森豪威尔将军的故事：家喻户晓的"二战"英雄艾森豪威尔将军在 1952 年接受了哥伦比亚大学的聘请担任该学校校长，上任伊始，将军在教授们为他举行的欢迎大会上表示对会见哥伦比亚大学的"雇员"们感到万分荣幸。这时，一名教授站起来，自负却不失风度地说："先生，教授们不是哥伦比亚大学的'雇员'，教授就是哥伦比亚大学。"这则故事说明了如果没有大学教授，也就没有了大学。大学教授们都应当有自由之精神、独立之思想，有超越个人生活经验的学术追求，自觉担负起传道授业解惑的责任，真正认为"自己就是大学"。

（3）大学要有"大业"，即环境优雅、校舍充足、设施先进、资料丰富的大学物业。

大学物业中最为重要的是资料丰富的图书馆。自从有了人类社会，便产生了文字，用来记录这些文字的载体——图书也就应运而生。书籍记载了从古至今人类历史的发展和演变，图书馆是人类文明成果的集散地，是文献信息资源的集散地，是传播文献信息资源的枢纽。尤其大学的图书馆更是基本的教育设施，它被誉为"知识的宝库、知识的喷泉""学校的第二课堂""大学的心脏"，直接承担着培养人才的重任。

（4）大学要有"大度"，即囊括大典、网罗众家、学术自由的大学涵养。

开放与包容是大学精神的根本。如果没有开放和包容精神，大学永远只能是一座清高孤傲、脱离实际的"象牙塔"。正因为开放和包容，不同的学术思想才会相互激荡，不同国家先进的大学理念最终才会成为世界性的教育理念，并成为大学不断更新发展的动力。21 世纪是一个开放的时代，大学更要以一种开放宽容的心态去迎接全球化时代。

（5）大学要有"大雅"，即尚德求真、校园文明、美化人生的大学氛围。

大学作为文化、教育、科学中心，是由不同学科的知识分子形成的共同体。大学精神的源泉是具有思考、探索、对话、交流、合作、创新的学术氛围，在多元文化的背景下形成自由、宽容、大气、进取、严谨、朴实的文化风尚。大学的根本不在外在形式、指标、规模、等级、资历、设施，而在自身的文化积淀、内涵、胸怀、远见、底蕴和创造力。因此，大学的文化氛围才是灵魂。

（四）大学的价值目标

关于"什么是大学的真正价值目标"，台湾社会学家杨国枢教授曾明确指出，大学教育必须同时达成五大目标：一是培养大学生对自己内在身心特质的了解；二是培养大学生求取新知的方法与能力；三是培养大学生适应个人生活所需要的较高品质的能力、情操及行为；四是培养大学生适应社会生活所需的较高品质的能力、情操及行为；五是培养大学生理解与关怀全世界、全人类所需的较高品质的能力、情操及行为。达到费孝通先生所说的"各美其美，美人之美，美美与共，天下大同"的境界。

现代著名的数学家、哲学家和教育理论家怀特海认为，大学知识的传授仅仅是大学教育的基本目标，而大学教育的主要目标是培养智慧。大学存在的理由是：它使青年和老年人融为一体，对学术进行充满想象力的探索，从而在知识和追求生命的热情之间架起桥梁。

日本的福泽谕吉是现代日本民族的灵魂人物。他说，一个民族要崛起，要改变三个方面：一是人心的改变，二是政治制度的改变，三是器物与经济的改变。这三个方面的顺序，应该先是心灵，然后是政治体制，最后才是经济。

各大学可以有不同的办学理念与目标，但其共性应有以下三方面：

（1）大学虽然要为社会服务，但不能只定位于为现实服务。

大学担负着文化传承与文化积累的责任。大学的目标首先是人类与族类文明的传承，即在理解前现代文明的基础上，把人类各地域、各族群的，包括本土本民族的语言、文学、历史、宗教、伦理、道德、艺术、哲学、经济、社会、政治、科学、技术等文化资源，通过重新翻译、理解、诠释、交流、沟通、融合，批判性地继承与创造性地转化，代代相传，促使人类、族类文明与文化的传承、扬弃与发展。

（2）大学担负着培植社会资本与文化资本的重任。

大学的目标还在于培养出一大批有个性、有创造精神、有判断力与优良道德人格，有不断学习、终身受教育与自我完善之能力的个体，他们同时是能自由发展并具有社会批判与文化批判能力的公共知识分子，他们中的一部分人应当成为社会的良知。大学培养出来的学生，不论将来从事何种职业，不论在日后的社会实践、专业实践上积累多少经验与本领，一定要有相当的人文素养，具备参与社会的热情与能力，有理性的批判态度，具有世界性、人类性的关怀。

（3）大学"产出"的不是器物，也不是工具，而是活生生的"人"，是具有全面发展潜能的健全的人。

作为大学教育目标之一的社会服务，是通过人类与民族文化的积累与传承，通过对具有自由人格，有理想有教养，具有自我完善、自我批判和社会批判能力，自尊且尊重别人，敬业乐群又尊重自然的人来实现的。对社会、民族、国家、人类的服务，需要从长时效的视角来观察，不能理解得太直接、太狭隘。

二、大学的人文教育

大学的内涵与价值目标始终贯穿着人文精神，人文精神反映了人的内在价值和社会的普遍正义，是大学教育的灵魂。

（一）什么是人文

现在有很多媒体都在讨论，说大学生在人格或者精神方面出现了问题。到底出现了哪些问题呢？有人得出结论，主要归为以下"几躁"：浮躁、急躁、骄躁、烦躁、暴躁等，概括起来其实还是一种精神上的躁动和空虚。当前，也有学者指出，我们的高等教育并没有赋予受教育者以法理意义上的公民素养、伦理意义上的道德底线、文化意义上的道德情怀和心灵意义上的爱的能力。

那么什么是人文呢？中国作家梁晓声在绍兴文理学院为观众解说"人文"的含义时，讲了两个故事：

第一则故事为：一次在法国，他跟两个老作家一同坐车去郊区。那天，天上刮着风，不时飘着雨滴，前边有一辆旅行车，车上坐着两个漂亮的法国女孩，不断地从后窗看他们的车。前车车轮滚起的尘土扑向他们的车窗，加上雨滴，车窗被弄得很脏。他们想超车，但路很窄，梁晓声问司机："能超吗？"司机说："在这样的路上超车是不礼貌的。"正说着，前面的车停了下来，下来一位先生，对他们的司机嘀咕了几句，然后回到车上，把车靠边，让他们先过。梁晓声问司机："他刚才跟你说什么了？"司机回答："他说'一路上，我们的车始终在前边，这不公平！''车上还有我的两个女儿，我不能让她们觉得这是理所当然的'。"梁晓声说，就这两句话，让他羞愧了好几天。

第二则故事为：在澳大利亚留学的一个中国学生，周末随一位在澳大利亚土生土长的华人去悉尼周边海域捕捞鱼虾。每撒下一网，总有收获，可每次网拉上来后，那位华人总要一番挑拣，将剩下的大部分虾蟹扔回大海。留学生不解："好不容易打捞上来，为啥扔回去？"那华人平静地答道："在澳大利亚，每个去海里捕捞鱼虾的公民都知道，只有符合国家法规规定尺寸的鱼虾才可以捕捞。"留学生说："远在公海，谁也不管你啊？"那华人淡淡一笑："处久了你就知道，在澳大利亚，不是什么都非得要别人来提醒、来督促。"

以上两则故事，大体告诉了我们什么是"人文"。"人文"其实并不晦涩，它的实质就是一种植根于内心的习惯，一种无须他人提醒的自觉，一种以承认约束为前提的自由，一种能设身处地为别人着想的善良。

"人文"在哪里？如梁晓声所说，在宏观的层面，它关乎这个国家的公平、正义；在朴素的层面，它就在我们的寻常生活里，就在我们人和人的关系中，就在我们人性的内涵中，就在我们的心灵深处。

因此，可将"人文"这么定义：人文就是生活的智慧；是与人交往的品位与策略；是对生老病死的看法和体会；是对世事人伦的态度；是对人生意义与价值的叩问乃至保证。它是人类文化中的先进部分和核心部分，即先进的价值观及其规范。其集中体现为：重视人、尊重人、关心人、爱护人。简而言之，人文，即重视人的文化。

我们说，有些知识，是人自一出生起就要学习的，慢慢地形成人自身的东西，比如有关生活的知识，如何照料自己、如何学习表达等；有些知识是人所不具备的，需要通过学校教育来获得，比如数理化、历史地理等；也有些东西是与生俱来的，存在于人的本性之中，需要通过教育来唤起，这就是人文精神，也涉及人文学科的教育。

（二）什么是人文科学

要说明什么是人文科学，首先面临着区分人文科学与自然科学、社会科学的问题。这也是人文科学的学科定位问题。

1. 自然科学

自然科学是研究无机自然界和包括人的生物属性在内的有机自然界的各门科学的总称。认识的对象是整个自然界，即自然界物质的各种类型、状态、属性及运动形式。认识的任务在于揭示自然界发生的现象和过程的实质，进而把握这些现象和过程的规律性，以便控制它们，并预见新的现象和过程，为在社会实践中合理而有目的地利用自然界的规律开辟各种可能的途径。自然科学各领域包括天文学、生物学、自然地理学、地质学、化学、地球科学、生态学、物理学、农学、力学、控制论、数学等。

2. 社会科学

社会科学是以社会现象为研究对象的科学。它的任务是研究与阐述各种社会现象及其发展规律。社会科学所涵盖的学科有政治学、经济学、管理学、军事学、法学、教育学、民族学、社会学、新闻学等。在现代科学的发展进程中，新科技革命为社会科学的研究提供了新的方法手段，社会科学与自然科学相互渗透、相互联系的趋势日益加强。

3. 人文科学

《大英百科全书》曾对人文科学作了如下的界定："人文科学是那些既非自然科学也非社会科学的学科的总和。一般人认为人文科学构成一种独特的知识，即关于人类价值和精神表现的人文主义的学科。"按照这个界定，人文科学包括哲学、语言学、文学艺术、历史学、考古学、文化学、心理学、宗教学等学科。人文科学的主干就是我们常说的文（文学）、史（历史）、哲（哲学）或者再加上艺术。

与自然科学、社会科学比较，人文科学一般具有以下特征：

（1）根源性。

人文科学可以说是今天许多其他学科，尤其是社会科学等学科的母体，社会科学的诸多学科大多是近代以来从人文科学中分化出来的。

（2）历史性。

与社会科学相比，人文科学主要是纵向的，有一种历史的纵深，根基深厚、眼光长远，这不仅对深入认识现代社会及其未来发展是不可或缺的，而且对认识人类的历史本身亦是不可或缺的。

（3）差异性。

自然科学、社会科学较注意探讨普遍规则，而人文科学则与各民族的特性紧密相关，它不仅有助于个人确立恰当的认同感，也提醒人们注意多种文明和文化的差异性、多元性以及交流和互补。

（4）综合性、贯通性。

人文科学相对来说眼界广阔，适用广泛，具体专业的界限不严格，主要着眼于培养通才，或者说是为了使任何专业的人才都拥有广博的眼光和胸襟，有专业以外的知识和具有对文学、艺术、道德较高的鉴别力。

（5）经典性。

人类现在公认的经典绝大部分可以说是人文经典，而学习人文科学的主要方法也是亲近大师，了解经典。

（6）悟性。

人文科学更重智慧而不是知识、定律，注重一种智慧和能力的培养，更注重紧张和有创造性的探讨过程而非固定的结论。人文科学对个人的独创性留有更广大的空间和更多样的表现形式。

（7）非实用性。

人文科学一般不像自然科学、社会科学那样依赖实验条件、物质条件，一般也不能给其学习者或从业者带来直接的物质利益，但可以带来一种心灵上的丰富和满足。

因此，有学者指出，人文科学既然是以人的文化生命的存在和活动为研究对象，那么也就形成了与自然科学、社会科学不同的基本任务。这些基本任务概括起来有三点：一是探讨人的本质，二是建立价值体系，三是塑造精神家园。正是在这些基本任务上，人文科学才进一步显示出自身的特质。

（三）人文精神与人文教育

一个人的精神世界有三大支柱：科学、艺术、人文。科学追求的是真，给人以理性，使人理智；艺术追求的是美，给人以感性，使人富有激情；人文追求的是善，给人以悟性，人文中的信仰使人虔诚。

1. 人文精神

人文精神是指对人的生命存在与人的尊严、价值、意义的理解和把握，以及对价值理想或终极理想的执着追求。人文精神主要表现为世界观、价值观和人生观，其要旨在于尊重人的价值，肯定人的作用，关注人的生存和发展，并提供方法论和对人生的终极关怀。人文精神，简单地说，就是现在人们经常说的"以人为本"。"人文精神"一词源自西方，也可称作"人文主义"。它是西方哲学在两千多年间不断探索一些不可解问题的过程中培育起来的一种精神，包含以下三个元素：一是人性，主要精神就是尊重人，尤以尊重人作为一种精神存在的价值；二是理性，从科学的意义来说，人是有思想有头脑的，能够思考真理，追求真理；三是超越性，从宗教的意义来说，人是有灵魂的，可以追问、追求生命的意义。从某方面而言，其叙述了人们在探索未知世界的过程中，不因前路迷茫而退却，具有追求真理、积极进取、坚韧不拔的精神。人生所追求的不应仅是三餐温饱的外在条件，还应追求崇高的人生意义。在追求生命意义的过程中，人文精神能为自己和自己的行为树立一个道德法则及目标，以此约束并激励自己。

2. 人文教育

人文教育是指对受教育者所进行的旨在促进其人性境界提升、理想人格塑造以及个人与社会价值实现的教育，其实质是人性教育，其核心是涵养人文精神。这种精神的养成一般要通过多种途径，包括广博的文化知识滋养、高雅的文化氛围陶冶、优秀的文化传统熏染和深刻的人生实践体验等。它通过把人类积累的智慧精神、心性精粹与阅历经验传授给下一代，以期洞察人生、完善心智、净化灵魂，理解人生的意义与目的，找到正确的生活方式。人文教育实质上是一种人性教育，它以个体的心性完善为最高目标，体现的主要是以个人发展需要为标准的教育价值观。人文教育不等于人文知识的教育，文学、历史、伦理、哲学等人文学科知识都有专门的课程设计，但人文知识如果不与真正的人文精神联系在一起，只是死背教条，脱离实际的感性生活，那只能有一种后果：把知识的因素都接受了，但人性的因素却越来越被遮蔽。这并不是人文教育的理想结果。

第三节 大学生的精神成人

　　学习就必须求真学问，求真理、悟道理、明事理，不能满足于碎片化的信息、快餐化的知识。要通过学习知识，掌握事物发展规律，通晓天下道理，丰富学识，增长见识。人的潜力是无限的，只有在不断学习、不断实践中才能充分发掘出来。建设社会主义现代化强国，发展是第一要务，创新是第一动力，人才是第一资源。希望广大青年珍惜大好学习时光，求真学问，练真本领，更好为国争光、为民造福。

　　　　　　　——习近平2018年5月2日在北京大学师生座谈会上的讲话

　　《大学人文读本》主编夏中义教授在书的序言中指出，"成人"不仅仅是指身体长高，也不仅仅是法律意义上拥有选举权与被选举权以及可领取身份证的人，更重要的是在价值层面上，成人能够有意识地培养自己的独立精神和自由思想的人文潜质。"精神成人"的实质是一个人心灵的健康成长和完善并获得足够的空间和滋养。一句话，"精神成人"就是指一个人内心世界的健康。

　　大学生的"精神成人"与人文精神的培养是紧密联系的。一个丧失了人文情怀的大学生，不可能担当起造福人类的重任。

　　进入大学，对每一个人来说都有一个适应的过程。有的同学能积极主动地调整心态、排除干扰，在新的环境里较快地找到自己的人生定位，步入大学学习生活的正轨。也有的同学在适应环境的过程中，听任消极情绪泛滥，不能以积极的态度有意识地去处理新生活中遇到的各种问题，从而使自己陷入盲目和被动的境地。环境是客观存在的，不能因为我们对它不适应而要求改变环境现状，需要改变的是大学生自身。"适者生存"是生存竞争的普遍规律。从上大学的那一天起，大学生未来的路就注定与众不同，既能体验到其他人无法体验到的快乐，也不可避免地会体验到由探索知识带来的某些痛苦。因此，给自己设定目标是开始大学生活的第一要义。

　　联合国教科文组织国际21世纪教育委员会题为"教育：财富蕴藏其

中"的报告中所确立的面向未来的终身教育宗旨是：学会认知（learning to know）、学会做事（learning to do）、学会共处（learning to live together）、学会生存（learning to be）。这说明大学生在大学里，实际上要学会四个方面的东西：一是学怎样读书，二是学怎样做事，三是学怎样与人相处，四是学怎样做人。

香港城市大学原校长张信刚在 2001 年的迎新典礼上，向新生提出了"十大目标"：一是确定人生事业目标；二是精通两文三语（两文指中文、英文，三语指粤语、英语和普通话）；三是每年至少选一门自己特别喜欢的课；四是每月至少读一本和本专业无关的书；五是培养读报和讨论时事的习惯；六是在学期间至少参加一次在香港以外的访问交流活动；七是找一位老校友或教师当自己的个人导师；八是每学期至少参与一次校级文体比赛；九是在学期间牵头为校、系或班组织一次活动；十是当义工。这给了我们有益的启示：大学应该读书、思考、学习、讨论，应该锻炼自身、丰富自我，应该拓宽视野、陶冶情操。

为此，也许我们可以从以下三个方面着手努力：

（一）要利用一切有益的资源努力学习，学会学习

联合国教科文组织在《学会生存——教育世界的今天和明天》一书中指出："未来的文盲不再是不识字的人，而是没有学会学习的人。"

1. 学会学习，必须遵循学习的基本原理

人是在学习掌握相对独立、具有完整结构的规律性的知识、技能、方法的过程中，进而形成相应的思想、认识、情感、知识、注意、智慧、意志、智能、观念、道德、品格的。人的认识心理的发展总是随着有效智力劳动的增加而按照"感知—理解—识理—领悟—会通—灵慧"的基本程序发展的，并呈周期性发展变化。

2. 学会学习，要讲究学习方法

有了正确的方法，才会获得事半功倍的效果。荀子在《劝学》中说："假舆马者，非利足也，而致千里；假舟楫者，非能水也，而绝江河。君子生非异也，善假于物也。"意指凡是有成就的人，如同善于乘坐轮船和马车一样，并非生来与众不同，而是采用了科学的方法。学习也是一样，必须从方法上入手。学习方法多种多样，但掌握科学的学习方法不是一蹴

而就的，需要在实践中不断探索、总结、提炼，尤其要善于向古人学习。如鲁迅学习的"十字法"，即"多翻、跳读、设问、五到、立体"就非常有借鉴价值。多翻，即多翻阅各种书籍，以开阔视野，启迪思路，增长知识；跳读，即跳过那些读不懂的地方，继续往后看，于是前面的自然都明白了；设问，即带着问题去读书；五到，即心到、口到、眼到、手到、脑到；立体，即既有一般的泛读，又有重点的深掘，既有横断面，又有纵剖面，既有对原著的钻研，又有对有关资料的涉猎。

3. 学会学习，要"五要、五先、五会"

（1）"五要"。

即一要围绕教师所讲述的内容展开思维联想；二要理清教材文字叙述思路；三要听出教师讲述的重点难点；四要跨越听课学习障碍，不受干扰；五要在理解的基础上扼要地做笔记。

（2）"五先"。

即一先预习后听课；二先尝试回忆后看书；三先看书后做作业；四先理解后记忆；五先知识整理后入眠。

（3）"五会"。

即一会制订学习计划；二会充分利用时间学习；三会进行学习小结；四会提出问题讨论学习；五会阅读参考资料扩展学习。

这些学习方法，不一定适合我们每一个人，但这些成功的经验对于我们学习和探索适合自己的学习方法，具有启发意义。

4. 学会学习，要充分利用图书馆资源

图书馆在大学学习中占有极为重要的地位，图书馆里浩如烟海的知识给人无穷的力量，大学生潜在力量的生长点会在图书馆的空间显示出来。图书馆也是课堂学习的延伸，在图书馆读书学习不同于课堂学习，它不受固定学习内容及固定学习形式的束缚，可以为大学生创造完全宽松自由的学习环境。图书馆是培养大学生选择学习能力的最佳场所。由于电脑的普及，许多大学生认为所需的资料或书籍可以通过网络来查寻，但由于网络信息广泛地交叉渗透，文献内容大量重复与离散现象严重，许多高质量的知识信息淹没在大量的低质量甚至低级的信息之中。利用图书馆读书与学习，可以博采众长，自我组建、自我补充、自我探究，更能实现自我提升。科学技术的日新月异使我们懂得：人可以告别学校，但不能告别图书馆。图书馆是大学生学习的永存的场所。

（二）要主动参加各种社团活动，学会与人相处

大学的丰富性是通过课内、课外表现出来的。其中，社团是一个非常好的载体，积极参加社团活动，锻炼自己的组织能力、活动能力、交往能力、表达能力、合作能力等，这正是大学教育的目的。安徽师范大学朱媛媛、张玉凤在《社团活动对大学生健康人格发展的影响研究》一文中指出，大学生社团有利于学生提高思想政治素质，培养科学的世界观和人生观；有利于培养学生的社会公德感；有利于培养学生的创造力；有利于培养学生的良好的情绪调控能力；有利于加快社会化的进程，培养学生适应社会的能力；有利于培养学生人际交往的能力；有利于大学生个性的发展。

大学生社团大致可分为以下五种类型：

1. 思想理论型

以思想理论的研究和宣传为主要活动内容，包括西方哲学思潮研究会、中国传统文化研究会、邓小平理论研究会、毛泽东思想研究会、社会主义研究会等。

2. 学术科技型

以学术研究、科技发明与科技制作为主要内容，范围涉及高校的主干专业和学科，如各种学生专业学会、科技兴趣协会、研究会、科研俱乐部、发明小组等。

3. 文体娱乐型

以陶冶情操、锻炼体魄、发展爱好为主要目的，形式广泛，内容多样，较受学生欢迎。涵盖了体育、艺术、文学、摄影、书法、集藏等多方面。

4. 志愿服务型

这是大学生组织起来服务社会、奉献爱心、锻炼自我的社团组织，包括爱心社、服务社、环境保护协会、动物保护俱乐部等。

5. 创业或综合型

这是市场经济模式下涌现出来的新型社团组织，是科技类社团和服务类社团的深化和延伸，是大学生利用自身专业所长，开发科研成果，依托

校园，以勤工助学和创业为主要目的的自我开发的实体。

（三）要提升自我，做一个有教养的人

教育和教养本应是一体的，但在现实中，往往只有教育，没有教养。教育教给我们的是科学文化知识和逻辑分析能力；而教养则教会我们如何做一个人，如何尊重别人并且得到别人的尊重。

上大学固然是要求学问，但是，学问与人生、"人"与"事"是密切相连的，学会做人与学会做事也是人生永恒的主题。因此，自觉接受道德的熏染，并积极在实践中践行，使自己成为一个高尚的人，这是值得我们用毕生精力去追求的目标。

一是一个有教养的人是追求生活的意义和理想的人，并且把自己生活的意义和价值的实现与基于美好生活的普遍价值联系起来，与自己生活在其中的社会群体联系起来，并且平等地尊重他人的生活理想。因此，他不仅对自己、对他人的生活具有一种价值的担当，而且对社会群体的公共生活有着伦理的责任。

二是一个有教养的人具有一种追求卓越和优秀的精神动力，具有一种对善的渴望，一种在精神上强烈的不断超越的进取心。基于人性的不完美，有教养的人深知个人的人格和社会的现实永远不可能实现完美，但其确信自己能够通过道德追求和自我反省来总结生活中的过失，从而在个人生活和公共生活中更加明智，更加公正。

三是一个有教养的人是具有自主性的人。他把个人的自由看作法治社会中每个人的权利，更把公共生活的价值标准和伦理生活的准则看作对自我的确定，而不是外在力量的强制和束缚。因此，自由对一个具有教养的人而言意味着承担责任和义务，因而自由是一种道德性的实践。

四是一个有教养的人在生活实践中能够形成对理性目的的期望，同时，在追求理性的目的中具有判断能力和慎思能力。一个有教养的人知道什么是正当的，什么是应该做的，知道怎样做更好，这就意味着理性的个人具有个人生活和社会公共生活的洞察力，并具有明智处理社会事务和个人事务的能力。

五是一个有教养的人不是以自我为中心的人，其公平地介入社会的公共活动，平等地对待他人，愿意遵守公共生活中合理的原则和标准，理性

地改变不合理的制度因素，并把改变公共生活的品质看作自己的责任。

六是一个有教养的人是勇于承认自己错误的人，其勇于改正自己的观点，愿意听取批判性意见。其往往尊重和欣赏他人的观点，反思自己可能有的偏见，并认识到自己只有在自由交流中才能获得进步，具有"三人行，必有我师"的谦逊品德。同时也会意识到，对思想自由的宽容是道德精神的表现，也是形成道德精神的社会基础。

七是一个有教养的人反对任何形式的暴力。在面对分歧和冲突时，他会通过平等的辩论、商讨、协调、交流、讨论、倾听、辩护、谈判、仲裁、妥协、让步等理性的方式解决争端，而不是用权势、权威、威胁、恫吓、诱惑和暴力等强制他人服从。其之所以这样做，是因为认识到了任何人都不可能掌握绝对的真理，任何人都不可能掌握终极的知识，任何人随时都有犯错误的可能，因此，任何人都必须在尊重他人的基础上以理性的态度实现公共生活中的合作与协调。

八是一个有教养的人可能不是全面发展的人，也可能不是完美的人，但其是一个能够在社会现实中理智地进行判断、合理地进行选择，所作所为具有伦理性的人。他的教养是公共生活健康的必要条件和显著标志。

大学生作为时代进步的先驱者，必须具有道德能力和理性能力，以及基本的公共德行和个人德行。道德能力包括正义感和善观念的能力。正义感是理解、运用和践行公共生活的正义原则的能力，这是个人公共生活的基础；善观念的能力是个人理性地追求自己合理的利益或生活理想的能力，这是一个人在自由追求个人幸福的同时参与社会合作的关键。除此之外，大学生还必须具有理性能力，这就是实践理性所决定的判断能力、批判思维能力和推论能力，理性能力能保证个人在社会生活过程中作出正确的判断、选择和实践。最后，一个有教养的人还需要有基本的德行，如希望、勇敢、信任、诚实、民主、友善、公正等，这是他在公共生活和个人生活中追求美好生活的基本品质。

培养有教养的人，就是大学的使命。

【阅读链接】

修养的作用

耶鲁大学有一批应届毕业生共22人，实习期间的某一天，他们被导师带到华盛顿白宫的某实验室进行参观。

全体学生坐在会议室里等待该实验室主任胡里奥的到来。这时有秘书给大家倒水，同学们表情木然地看着她忙活，其中一个学生问："有黑咖啡吗？天气太热了。"秘书回答说："抱歉，咖啡用完了。"

有一个叫比尔的学生看着有点别扭，心里嘀咕："人家给你倒水还挑三拣四的。"轮到他时，他轻声说："谢谢，大热天的，辛苦了。"秘书抬头看了他一眼，眼里满含着惊奇，虽然这是句很普通的客气话，却是她今天听到的唯一一句。

门开了，胡里奥主任走进来和大家打招呼，却静悄悄的，没有一个人回应。比尔左右看了看，犹犹豫豫地鼓了几下掌，同学们这才稀稀落落地跟着拍手，由于不齐，掌声越发显得凌乱起来。胡里奥主任挥了挥手："欢迎同学们到这里来参观。平时这些事一般都是由办公室负责接待，因为我和你们的导师是老同学，非常要好，所以，这次我亲自来给大家讲一些有关情况。我看同学们好像都没有带笔记本。这样吧，秘书，请你去拿一些我们实验室印的纪念手册，送给同学们作纪念。"

接下来，更尴尬的事情发生了，大家都坐在那里，很随意地用一只手接过胡里奥主任双手递过来的手册。

胡里奥主任的脸色越来越难看，走到比尔面前时，他已经快没有耐心了。就在这个时候，比尔礼貌地站起来，双手握住手册恭敬地说了一声："谢谢您！"

胡里奥闻听此言，不觉眼前一亮，伸手拍了拍比尔的肩膀："你叫什么名字？"比尔照实回答，胡里奥微笑着点点头回到自己的座位上。早已汗颜的导师看到此情景，微微松了一口气。两个月后，同学们都填好了自己的毕业去向表，而比尔的去向栏里，赫然写着该实验室。有几位颇感不满的同学找到导师："比尔的学习成绩最多算是中等，凭什么选他而没选我们？"

导师看了看这几张尚属稚嫩的脸，笑道："是人家点名来要的。其实你们的机会是完全一样的，你们的成绩甚至比比尔还要好，但是除了学习之外，你们需要学的东西太多了，修养是第一课。"

【思考】

1. 什么是大学？大学的内涵与特征是什么？

2. 大学理念与目标的共性体现在哪三个方面？

3. 什么是人文、人文科学、人文精神、人文教育？这些概念给予了我们怎样的思考？

4. 学会学习必须遵循的基本原理是什么？"三五"进取型的学习方法是什么？

5. 大学生社团大致可分为哪五种类型？

【推荐阅读】

1. 楼宇烈. 中国人的人文精神（2 册）［M］. 北京：北京联合出版公司，2020.

纵观近几百年来的历史，人与自然的关系、人与人（社会）的关系、人与自身身心的关系日趋紧张、恶化，其中重要原因之一，就是以人为本的人文精神的丢失。因此，现在亟须重振以人为本的人文文化，正确地阐释和弘扬中国文化中以人为本的人文文化的真正意义和精神。将中国人文文化贡献给世界，是当前继承和弘扬中国优秀传统文化的重要任务。

2. 纽曼. 大学的理念［M］. 高师宁，等译. 贵阳：贵州教育出版社，2003.

大学通过文学和科学，达到使他们的子民受到更多益处的目的，获得道德习惯和智力习惯……

3. 帕利坎. 大学理念重审：与纽曼对话［M］. 杨德友，译. 北京：北京大学出版社，2008.

在这部雄辩而具有深刻个人特点的著作中，帕利坎这位"有信仰的杰出学者"，与维多利亚时代的"精神同道"纽曼就大学理念问题展开了对话。通过将纽曼的《大学的理想》与西方大学史，尤其是 20 世纪末复杂的大学处境相对接，帕利坎思考了大学的性质和目标，评价了大学的实际功能、指导原则以及社会作用。

4. 张维迎. 大学的逻辑［M］. 北京：北京大学出版社，2004.

如果说大学的理念是为人类创造知识，传授知识，传承人类文明，推动社会进步，那么，大学的教师队伍必须是由真正对研究和教学有特殊偏好，最具有使命感、责任心和创造力，最能作出原创性研究成果的学者组成。

5. 刘琅，桂苓. 大学的精神［M］. 北京：中国友谊出版公司，2004.

站在新世纪的曙光中、全球化的背景下，就大学理念和大学精神作深入探讨和思考，重新审视大学的理念和精神，是我们这个时代的学人无法回避的事情。中国的现代大学应该秉持何种理念呢？本书选录了梁启超、蔡元培、胡适、金耀基等学者对于大学的本质及精神的精彩论述二十余篇，为读者开启了一扇智慧之门。

第二章　人生哲学与价值创造

人是一枝会思想的芦苇。

——［法］帕斯卡尔

有人问亚里士多德："你和平庸人有什么不同？"这位古希腊大哲学家回答："平庸人活着是为了吃饭，而我吃饭是为了活着。"这似乎是咬文嚼字的回答，却揭示了人生意义的哲学命题。人生的内容丰富多彩，人生的学问博大精深。人的一生可以说是在交织着种种矛盾的漩涡中度过的。一个人应如何树立正确的人生价值观？如何认识人在自然界中的地位？如何认识和处理人在社会中的地位？在特定的历史阶段，个人如何尽可能地发挥其潜能进而优化人生？如何解决人生的课题，明确人生的目的，确立人生的理想，端正人生的态度，提高人生的境界，完善人生的历程？这些问题基本反映了人生的基本概况和面貌，描绘了人生发展的轨迹。

第一节　古今中外的人生思考

只有奋斗的人生才称得上幸福的人生。奋斗是艰辛的，艰难困苦、玉汝于成，没有艰辛就不是真正的奋斗，我们要勇于在艰苦奋斗中净化灵魂、磨砺意志、坚定信念。奋斗是长期的，前人栽树、后人乘凉，伟大事业需要几代人、十几代人、几十代人持续奋斗。奋斗是曲折的，"为有牺牲多壮志，敢教日月换新天"，要奋斗就会有牺牲，我们要始终发扬大无畏精神和无私奉献精神。奋斗者是精神最为富足的人，也是最懂得幸福、最享受幸福的人。

——习近平 2018 年 2 月 14 日在 2018 年春节团拜会上的讲话

人生不外乎是生老病死的处境、穷达逆顺的际遇以及喜怒哀乐的感受，那么为什么有些人乐观奋斗，有些人悲观泄气？有些人珍惜每一分每一秒，有些人却像失舵之舟随波逐流、浪费生命？关键的差别就在于每个人对人生的理解不同。

古今中外哲人志士论及人生的著作卷帙浩繁，论及人生的锦言千古流传。中国是一个历史悠久的文明古国，具有丰富而深刻的人生哲学资源。正如张岱年所说："人生论是中国哲学之中心部分……中国哲学家所思所议，三分之二都是关于人生的问题。世界上关于人生哲学的思想，实以中国为最富，其所触及的问题既多，其所达到的境界亦深。"[1] 中国传统人生哲学是中国精神的核心内容，以儒、道、释为主要流派，以儒家人生哲学为主体的传统人生哲学一直是中国社会的主体哲学形态，也构成了中国人生活中的主要精神支柱。随着历史的发展，中国近现代各种人生哲学流派更是精彩纷呈，进化论、无政府主义、社会主义、实验主义（实用主义）、生命哲学、自由主义等都有各自的市场，由于它们思想理论的性质与旨趣的不同，对人生观照的重点和范式也存在很大的差异。有的是精神观照和信仰观照，如佛教信仰；有的是人生行为观照，如道家的"无"化的人生哲学；有的是人生价值与人生意义观照，如儒家思想；有的是对个体生存状态的具体关怀，如存在主义人生哲学。而要想对自己的人生有一个深刻、客观的解释，要想过好自己的人生，就有必要进入先人的思想和灵魂深处，聆听他们对于人生的思考与叹息，利用他们的沉思来辨析与规划自己的人生。

一、中国传统文化中的人生思考

1. 儒家的人生思考

儒家学说本身就是关于人的学说，或者说是关于人生的哲学。儒家人生哲学的根本目的在于教诲人们应该怎样生活和如何做人，道德教化是其显著的特征。从总体上说，儒家人生哲学的基本取向有以下几个方面：

第一，强调人生应"入世"。儒家人生哲学认为，人是宇宙精华、万

---

[1]　张岱年. 中国哲学大纲［M］. 北京：中国社会科学出版社，1982.

物之灵、人生主体，具有自由意志、理性能力。因而认为人生是快乐幸福的，人生的目的和意义就在于对社会的进步与发展有所贡献，人的生命活动具有积极有效的意义。人的生命价值实现的途径在于积极地参与现世活动，在现世生活中发挥自己的能动性、自主性和创造性。而人具有主宰现世活动的能力，正如"人能弘道，非道弘人""为仁由己""我欲仁，斯仁至矣"。人应该发挥个体的能动性、主动性，通过"发明本心""改过迁善""剥落心蔽""收拾精神，自作主宰"，或通过"格物致知""诚意正心"向内促进自我身心的发展以达到自我完善、自我发展、自我超越，向外达到"安人""安百姓""治国平天下"的目的。儒家人生哲学对人生的观照是乐观入世的基调，这种对人生问题的积极、正面的理解，尤其是积极进取、自强不息的人生态度，对人们认识人生、指导人生实践活动起到了重要的作用。

第二，强调个体应该通过锤炼身心以使自己的内在价值转化为外在社会价值，就是"修身齐家治国平天下"，也是"修己安人，内圣外王"。它强调要不断地修炼自身、修养自身，使自己成为一个与社会实体、与人的本质或人的共同体同一的有道德、有德行的人。

第三，重视观照人的精神和道德需要，认为人的精神、道德的需要是最根本的需要。孔子曾指出："君子食无求饱，居无求安。"又有："谋道不谋食……忧道不忧贫。"重义轻利，重精神轻物质，"杀身成仁""舍生取义"，追求道德精神的自我完善，成为儒家人生哲学的主题。值得一提的是，儒家思想提出了道德的黄金律，如"己所不欲，勿施于人"，这一思想至今还闪烁着光芒而成为普世的伦理原则。

必须指出的是，儒家人生哲学由于对人生的论述缺乏深刻的理论依据和严格的世界观、方法论的指导，因此不能对人生的本质和发展的规律作出必然的揭示，对人生的论说大都建立在"应然"的基础上，而对于人生的"实然"解说却是"空场"的。

2. 道家的人生思考

道家思想关注的核心问题是"个人安身立命的根据是什么"，其根据就是"道"，包括"天道"和"人道"。这个问题包括个人与社会的处境关系以及个人面对处境所采取的态度。道家思想的人生观照大都集中在人对自然、社会环境所选取的行为模式方面。道家思想认为，个体应该自然无为、返璞归真，概括起来就是"无"化行为，即"无私""无欲""无为""无我""清心""寡欲""不争""顺应自然"的人生哲学模式。具体来讲，主要包括以下五个方面：

第一，面对世事的纷扰，人生应当致虚守静。"致虚极，守静笃。万物并作，吾以观复。夫物芸芸，各复归其根。归根曰静，静曰复命。"主张人们用虚寂沉静的心境，去面对宇宙万物的运动变化。

第二，"贵生自重，轻利寡欲"。老子说："名与身孰亲？身与货孰多？"道家思想认为，名利和外在的物与人自身的价值相比不再显得那么重要，所以人应该在名利面前自重与自爱，珍惜自身的价值与尊严。

第三，"无私不争"。道家认为，在待人方面，要无私无我，卑弱不争；在接物方面，要无为自然，不骄不矜。老子曰："吾所以有大患者，为吾有身。及吾无身，吾有何患？"道家认为，社会是人的结合体，社会的纷乱起源于人群的不和睦，也就是起源于人群的争端。因此，要泯灭纷乱，必须消除争端，而消除争端，必先化解个人的私执。

第四，"无为"。道家思想认为，在矛盾对立的客观世界中，人应该"无为"，要按照自然界的"无为"规律去办事，以"无为"的方式去化解矛盾，促进自然的改造和发展。

第五，"功成身退"。老子曰："持而盈之，不如其已；揣而锐之，不可长保。金玉满堂，莫之能守；富贵而骄，自遗其咎。功遂身退，天之道也。"也就是说，无论做什么事情都不可过度，而应该适可而止，锋芒毕露、富贵而骄、居功贪位，这些都是过度的表现，倘若如此，难免会招致灾祸。

道家的人生哲学超越国家和民族的界限，站在宇宙和人类的高度提倡人与自然的和谐相生以及对世俗和名利的超越态度，包括对儒家人生哲学的批判精神，具有积极的意义和价值。但是道家人生哲学更多的是一种行为哲学、智慧之学，对人的关怀缺乏深厚的人文精神，再加上其过多地强调人的"无为"，因而这种关怀是一种消极的、封闭的、片面性的关怀。

二、国外传统文化中的人生思考

1. 佛教的人生思考

佛教表面上是以神为中心，其实人才是其探讨的主要对象，只不过佛教对人生一系列基本问题的研究是在宗教的形式下进行的。佛教的人生哲学思想主要集中体现在它的"四谛说"。"四谛"即苦、集、灭、道四种真理。佛教认为人生无论是生还是死，都是一个"苦"字。"苦谛"就是呈现世界之苦，这个世界"一切皆苦"。"集谛"就是寻找造成这些痛苦的原因或根据。它的理想"灭谛"，就是达到佛教的最高境界——涅槃境界。"道谛"就是达到这个涅槃境界、实现佛教理想的方法与途径。因此，佛教人生哲学的人生观照可以概括为以下四点：

第一，人生皆苦，所以要"常乐我净"。佛教认为，"苦"不是某一个人苦、某一些人苦或者是生活中的某一段时间苦，而是所有的人以及人生的整个过程都是苦，所以叫作"一切皆苦"。有生苦、死苦、老苦、痛苦、怨苦、爱别离苦、求不得苦、五阴炽盛苦等。佛教认为，苦谛的真义是要人们改变人生，达到一个"常乐我净"的境界。"常"是一种永恒，不是一种短暂，是要达到一种生命的永恒。"乐"是快乐。"我"是自由，要自由自在，我行我素。"净"是一种清净。

第二，四大皆空，所以要有超脱意识。佛教主张世界万物与人之身体皆由地、水、火、风之四大本质和合而成，皆为妄相，若能了悟此四大本质亦为空假，终将归于空寂，而非"恒常不变"者，则亦可体悟万物皆无实体之谛理。"空"的含义是"性空"。佛法认为，世界上一切事物都是"缘起性空"，其存在必须依赖于众多的条件。缘生的事物不能离缘而存在，这叫作"无自性"，即"性空"。佛教讲"四大皆空"的用意是要人们认清宇宙人生的真相，以解除身心的束缚，获得解脱和自在。能积极进取、淡泊名利、乐于助人、不图回报，既利于社会，又体现自己的人生价值。有些人因不了解"有"的空性本质，过分执着于"有"，把"有"当作一种永恒不变的存在，这是一种贪欲的人生，一个人对"有"看得太重，贪得无厌，欲壑难填，那么他就会烦恼痛苦。因此，对生活要有一种超脱意识、超越意识。

第三，生命无常，所以要加以珍惜。佛教认为人的生命是非常珍贵难得的，也是无常的，死亡随时都会降临到我们身上。所以，佛教特别提醒和告诫我们，一定要加倍珍惜这来之不易的人生，千万不要浪费、虚度这短暂而珍贵的一生，要为随时可能到来的死亡早作准备。佛教强调的是人生的内在精神生命，而忽略物质上的追求。它非常重视生命的质量，佛教将生死看为一体，认为死是生命的一部分，是真实的存在；死并不是结果，而只是过程。它是一个要人们真诚地面对、冷静地思考生命的过程。这样可以让我们时常保持清醒的头脑，它提醒我们要认认真真地过好每一天，以免留下失去了才感到可贵的感慨与遗憾。

第四，注重修行。佛教在人生态度上是非常重视修行的。如果说佛教的清规戒律是对其信徒的人生态度所作的一个引导，那么，注重修行则是佛教对人生的基本态度。佛教认为修行要用"四念处"，即观身不净、观受是苦、观心无常、观法无我的方法面对人生。佛教从人生是痛苦的这一价值判断出发，主张个人出家修行，以便成佛，进入涅槃境界。"涅槃寂静"中的"涅槃"意为"灭""灭度""寂灭""圆寂""不生"。"涅槃"是佛教思想中最高的理想，到了这个阶段也就真正地断除了欲望，超越了生死。为了达到涅槃境界，佛教先后提出"八正道""七科三十七道品""四摄""六度"等修持的途径和方法。佛教的修持方法概括起来主要是戒、定、慧三个方面，称为"三学"，是佛教信徒必须修持的三种基本学业。要努力实现这"三学"，以洗除本性上的无明烦恼，专心致志观悟佛理、探求佛理，以获得佛教的最高智慧，获得最终的解脱，达到涅槃的理想境界。

2. 基督教的人生思考

在基督教文化里，既有欢悦享受人生、崇尚理性与科学的希腊文化的因素，又有苦行禁欲、拓展精神世界与信仰上帝天国的希伯来文化的因素，可以说在一定的经济基础上，"二希文化"的矛盾推动了基督教文化的产生、改革和发展。西方人的人生态度深受基督教教义的影响，他们的人生是宗教人生。基督教徒以虔诚的态度信仰上帝，以毕生的努力赎罚与生俱来的原罪，人生最大的希望是在死后进入天国。概括地说，基督教的人生观主要有以下四点：

第一，肯定人性的两重性。基督教神学家奥古斯丁的《上帝之城》中说，精神与肉体相结合的方式乃是人所不能理解的，然而这就是人生。基督教神学理论认为，人是神按自己的形象造出来的，但又与神不一样。人具有两重性：一方面具有神性，有趋于真善美的无限可能性；另一方面保持着人性，有着无穷的从自我出发的欲念。这两方面在人的内心不断斗争，使人在不断自我斗争中向前发展。基督教在这里并未否定人的现实存在，人们生活在现实社会中，同时又要力求摆脱现实社会的"有限"，去寻找理想中升入天堂的"无限"，以实现自己的终极目标。即主张在肯定现世的基础上努力超越现世、超越有限的人生。当把人性与神性的奥秘摆在人面前时，就已作出了理论归结：这一奥秘就在于不断超越自我，走向上帝。

第二，人的本性是恶。基督教认为罪恶的根源在人自身之中，人由于摆脱不了自我中心，因而有罪。其"罪"（英文为 sin）不是法律、社会意义上的违法犯罪，而是指人由于以自我为中心或沉溺于物欲当中不能自拔，在精神上陷于无限痛苦的一种内心状态。这就是所谓与生俱来的"原罪"。它是邪恶的根源，正是这种罪造成了世间深重的苦难。人类必须为此承受苦难和痛苦。

第三，正视人生的苦难。"人生是苦"的命题是基督教理论的基本内容，基督教承认并正视人间苦难的事实。从古老的《圣经》到当代的神学，都一直把苦难列为严肃探讨的重大主题。世间的苦难多由人类自身的罪与邪恶造成，苦难源于人类，苦难始终伴随着人类。正因为如此，才有了耶稣基督甘愿被钉上十字架牺牲自己来为人类承担苦难的悲壮"圣"迹。如果换一个角度看问题，就会发现，苦难亦是铸造高尚灵魂所必经的。人们无法设想，世上没有苦痛，竟会有同情和慈悲；没有苦难，竟会有坚毅和智慧；没有危险，竟会有谨慎和勇敢；没有不义，竟会有正义和仁爱。正是对苦难或恶的透彻洞察，才使人悟出人生的价值所在。正是从这个层面上说，"人生是苦"的命题是基督教人生观的理论基石。

第四，重视人性的超越。基督教通过对人的本质兼具人性与神性的剖析，揭示了人的内在矛盾并以此向人们指出一个最高的精神境界——超越人性、彻底复归神性、通向上帝的路径，从而达到至善的理想境界。这种至善境界其实是隶属于宗教信仰的一种道德境界。它极其推崇善良、公正、同情和友爱，推崇信、望、爱。"信"即信仰，它意味着接受和献身。"望"是一种强大的道德动力。只有对未来满怀希望，认为世界的存在是美好的人才能够趋向道德上的善，向着至善发展。而"爱"更是为了协调人内心的道德意识。基督教规定人的道德行为的唯一原则就是爱人如己。这种至高的爱指明了道德努力的目标，由信、望、爱三德所构成的现实人生与自然存在物的结合体就达到了至善境界。

三、近现代西方思潮中的人生思考

1. 存在主义的人生思考

在20世纪西方哲学人本主义的思潮中，存在主义既是主流，也是对人生给予最多观照的思想流派。存在主义建立的社会背景决定了它对人生观照的焦点集中在人生存在的矛盾与痛苦上，即对"现代人身陷自由与沉沦、个性与孤独、选择与'自欺'和逃避与抗争的两难困境"的观照。

第一，人是自由的。存在主义的先驱海德格尔认为，人和其他所有一切存在者不同，人不是现成既定的存在者，而是处在未定之中，是其所尚不是而将是的存在，所以人总是不断策划、设计、选择和超越自己，从而获得自己的本质。也正是人的这种特性决定了人生是自由的。人生的自由所指的是人的自由选择性，人之为人的根据是先天规定的而不是某种先验的东西赋予的，因而人注定是自由的。

第二，人是自为的。萨特认为，人的存在不同于其他存在者，因为人本质不是先验和固定的。"人的实在本身除了其固有的虚无之外，什么都不是""人之初，是空无所有"，是"存在先于本质"。因而个人的一切成败都是个人选择的结果，"懦夫把自己变成懦夫，英雄把自己变成英雄；而且这种可能性是永远存在的，即懦夫可以振作起来，而英雄也可以不再成为英雄"[①]。

第三，人生充满焦虑与孤独。萨特还认为，由于人的"自为"而"自由"，人在选择时常常带有一种责任感和使命感，从而带有焦虑和不安。焦虑则是对自我反思的领悟，是自我在面临各种选择的可能性时所具有的情绪体验，正是在焦虑中人意识到自己是自由的，人正是在焦虑中选择自己、领悟自己的。"正是在焦虑中人获得了对他者的自由的意识，如果人

---

① 萨特. 存在主义是一种人道主义 [M]. 周煦良，汤永宽，译. 上海：上海译文出版社，1988：25.

们愿意的话，还可以说焦虑是自由这存在着的意识的存在方式，正是在焦虑中自由在其存在里对自身提出问题。"① 人除了会产生焦虑外，还会产生孤独感。这是因为人在选择时没有可以依靠的力量，只能依靠自己。一切道德价值皆出于人的创造，同时也应由人来负责。

存在主义的人生哲学为我们勾画出了一幅现代西方社会中现代人生存的真实图景。因此，存在主义的人生观照是自由而又悲观的，充满希望而又绝望的。存在主义反对决定论和宿命论，把人的存在等同于人的选择，人的自由同一于人的存在，打破了外在于人的规定性和限制，显现了人的主体性、人的尊严和高贵。同时，存在主义倡导积极地干预生活、塑造自己。这些都对人的主体性的张扬产生了重要的意义。

2. 生态主义的人生思考

当代人类生存的种种困境，遍及全球的生态运动及其与之相连的"红"（社会）、"绿"（生态）革命，就会使原来只局限于自然界的生态学扩展到从根本上解决人与自然、人与社会、人与自身相互关系的生态世界观、人生观、价值观。生态主义者认为当代人类面临着诸多问题，最深层、最根本、最迫切需要解决的问题在于人自身，因而需要确立一种生态人生观。

第一，尽心知性，与天地万物为一体。自然界是一个巨大而充满活力的生命体，人的生命及生命价值皆来自自然。固然，人有创造能力，但绝非自然界的"立法者"，而是自然界"内在价值"的实现者。人是自然界的产物，是自然界的一部分，自然界是生养我们的"衣食父母"，是我们的"根"，它的损伤和毁坏必将引起我们自身的损伤和毁坏。固然，人的生命是可贵的，贵就贵在"与天地合德"。在环境恶化、人与自然对立加深的今天，十分需要"天人合一"的德行及其养成。发挥人的主观能动性，使人的认识和行为符合天道，即符合自然规律，将人融入整个自然之中，以达到"上下与天地同流"的崇高境地。

第二，爱惜物命，珍视天地间的一切生命。既然天人合一、人我一体，那么人就要珍视自己的生命，亦应推己及人，珍视他人、他物及天地间的一切生命。人文化成，陶冶情操，提升德行，"厚德载物""爱惜物命"是古人更是今人的必备素质。现代德国著名思想家、诺贝尔和平奖获

---

① 萨特. 存在与虚无［M］. 陈宣良，等译. 北京：生活·读书·新知三联书店，1987.

得者阿尔贝特·施韦泽提出，一个人只有当他把所有的生命都视为神圣的，并尽其所能帮助所有需要帮助的生命的时候，他才是有道德的。"善是保持生命，促进生命，使可发展的生命实现其最高的价值；恶则是毁灭生命，伤害生命，阻碍生命的发展。"①

第三，合理消费，提高日常生活的质量。现代人陷于生存困境，一个重要的原因是以物质享受为中心的消费观葬送了人的内在价值和意义世界，导致日常生活世界的全面异化。生态人生观反对禁欲主义，同时反对享乐主义，主张按照人的物质和精神需求合理消费，把自己提升到过去只为"伟人"预留的位置上，享受以提高生活质量为中心的更高层次的生活。

第四，实践创造，走自强不息、协调和谐的生态人生之路。"天行健，君子以自强不息。"工业社会极大地激发了人们的自强竞争意识，却导致人际关系疏远、冷漠、对立，许多人陷于"孤独""恐惧""烦恼""忧郁"之中（萨特语）。自20世纪中叶特别是21世纪以来，生态智慧关注人与自然的生态平衡，尤其重视人的内在精神生态、人格生态平衡。人只有在实践中，在积极的创造和奉献中，才能不断地扬弃"旧我"，塑造"新我"，开辟自强不息、协调和谐的生态人生之路。②

第二节　当代人生的三大问题

中国人民是具有伟大梦想精神的人民。在几千年历史长河中，中国人民始终心怀梦想、不懈追求，我们不仅形成了小康生活的理念，而且秉持天下为公的情怀，盘古开天、女娲补天、伏羲画卦、神农尝草、夸父追日、精卫填海、愚公移山等我国古代神话深刻反映了中国人民勇于追求和实现梦想的执着精神。中国人民相信，山再高，往上攀，总能登顶；路再长，走下去，定能到达。

——习近平2018年3月20日在第十三届全国人民代表大会第一次会议上的讲话

---

① 施韦泽. 敬畏生命——五十年来的基本论述［M］. 陈泽环，译. 上海：上海社会科学出版社，2003：19.

② 顾智明. 追寻现代人的澄明之境——生态人生观探析［J］. 福建论坛（社科教育版），2004（11）：103－06.

　　人为什么要活着？在消费主义盛行、人的欲望被充分调动的今天，人应该以何种态度对待欲望？在这样一个充满不确定性和风险的社会中，我们应该用什么支撑人生？这是当代社会多数人都需要面对并给出答案的问题。本节从三部文艺作品谈起，一起思考这个问题。

一、人为什么要活着——从小说《活着》谈起

　　"活着，还是死去，这的确是一个问题。"这是莎士比亚面对人生的苦累进行苦苦思索之后所发出的无奈感叹。300 多年后，中国著名作家余华通过其小说《活着》对人为何要活着给予了深刻阐释和理解。《活着》讲述的是一位叫福贵的普通中国人与生死的斗争史。故事是以福贵的一生展开描述的。在余华衔接自然的笔触下，我们仿佛看到了福贵的内心独白，也追随着福贵充满戏剧性的悲剧经历，看到了生活中的各种苦难。福贵的亲人相继离去，直到他唯一的孙子也走了，他买了一头垂危的老牛，从此和它相依为命。最后福贵依旧活着，仿佛比往日更加洒脱与坚强。他的活着是一个结局，也同样是一个新的开始。

　　这部小说其实就是对"人为什么活着"作了一个回答，即人是为了活着本身而活着，而不是为了活着之外的任何事物而活着。如果活着意味着苦难，如果苦难不是来自社会的不公，如果苦难并不能获得彼岸的救赎，那么，人是否还有必要活着？显然，《活着》的回答是肯定的：人应该活着，并且对这个世界心存善意。

　　"活着"二字充满了力量，它的力量不是来自叫喊，也不是来自进攻，而是忍受，去忍受生命赋予我们的责任，去忍受现实给予我们的苦难、无聊和平庸。"挺住意味着一切。"里尔克这句著名的诗句也说明了这个道理。如果说古典主义的"活着"以神为最高目的，可以理解为为神活着；现实主义的"活着"以社会为最高目的，可以理解为为社会活着；而现代主义的活着以"活着"本身为最高目的。

　　活着是美丽的，尽管活着的时候常有许多痛苦，但和死亡相比，却无疑是一种幸福。死亡犹如飘零的枯叶，没有了生机，没有了梦想，再也无法散发鲜活的清香，而活着还可以感受温馨的阳光，编织各种绚丽的梦幻。曾几何时，我们在煎熬中苦撑度日，在不经意间已是雨过天晴，当初

那似乎致命的阴霾全都化作了虚无。此时，你就会暗自庆幸"我还活着"！

1. 活着就要历尽生活中的"苦难"

人的一生是无序的，充满了变数，甚至是苦难。而人在这种苦难和困境下不断坚持，所展现出的就是一种人性不屈的精神。实际上，每个人都在孤独地活着，但我们要以超然与乐观的态度看待生命。这种超脱并不是历经苦难之后的麻木，它更是一种精神——活着的精神。笑对人生，勇敢地活着。人的一生中，苦难是无法预知的，所有的一切都是命中注定，或疾病，或死亡。苦难是一种无法被拯救的永恒苦痛，但人需要在这样的苦痛中，思索活着的价值，理解活着的意义，求得心灵的净化与解放。

2. 在失败和苦难中人才能获得真正珍贵的东西

有这样一则寓言故事：一个圆圈缺了一个角，它便到处去寻找缺的那个角。它觉得自己有缺陷，感到不快乐。它唱着歌，忍受着烈日的暴晒、冰雨的冲刷，冰雪把它冻僵，阳光又给了它温暖。它因为缺了一角，所以滚得不快，恰又能与树木对话，闻闻花香，超越甲虫，蝴蝶停在它身上。它渡过海洋，穿过丛林，上山下山，走遍天涯海角，不怕路途遥远。当它找到一个角时，问角这是不是它身上缺的那块，角说我不属于谁，我就是我。它发现这不是自己的角，又继续上路了。这里有一个角，结果太小；那里又有一个角，结果又太大。尖锐的角差点把它刺穿，太紧的角被它咬碎，方正的不行，圆滑的也不行……它遇到过很多危险。最后，它终于找到了适合的一个角，从此成了一个完美的圆，没有了任何阻力的它越滚越快，再也停不下来。从此，它不能和小虫说话，也不能闻花香，蝴蝶无法停在它身上，也不再唱歌了……它失去了许多快乐。它感觉自己滚得实在太累了，认为完整的感觉一点也不好。于是，它把那个角轻轻放下，从容滚开。它又快乐地唱起了那首寻角之歌，蝴蝶又停在了它身上……

我们总想寻找一种完美、幸福、快乐的人生，事实上，我们却很难找到。一旦找到了，也就意味着永远的失去，因为奋斗是没有终点可言的。世界上最高的峰是珠穆朗玛峰，而生活永远没有最高峰。当你想得到什么就可以得到什么的时候，就失去了追求与奋斗的空间，生命也仿佛失去了意义。人生正因为生活中的不完美才会显得幸福难能可贵。正是因为人有失败和苦难，才留下了奋斗的余地；正是生活的贫困，才给了我们追求的力量。这是最浅显的道理，只有面对失败、困境和苦难时，才是获得最珍贵东西的开始。

3. 活着就要"忍耐"

在现实生活中，人不可避免会遭受许多意外的打击。有些人选择坚强地活下去；有些人精神崩溃，生活在麻木中；有些人选择自杀这一不归路。人活着就应该分享生命的价值，在有限的人生中实现自我、超越自我，只有这样才能更好地生活，不虚度光阴、不辜负年华。只要地球是运动的，人就不可能总是在一个位置上，总会否极泰来。"塞翁失马，焉知非福"，活着是生命的唯一要求。个体缓解苦难的有效途径就是忍耐，博大的忍耐会使人生变得坚定，以至于再大的苦难来临，也能将之消解于自己的忍耐之中，逐渐形成宽广、坚韧、温婉的性格。"忍耐"其实是对生命的一种彻悟和对受伤心灵的温婉抚慰，是对生命本真状态的思索。

4. 活着的本质就是坚强地"活着"

每一次灾难、失败和打击都会对生命、对"活着"的信念产生一定的冲击。活着最纯粹最本质的理解就是无论尊贵或卑微、舒适或痛苦，只要活着就是最大的幸福。人活在世上，虽然会面临各种各样的苦难，但是我们要坚强地活下来，而且要活得有滋有味、有信心，这是因为生活中还充满了各种各样的温暖、快乐、幸福和希望。正如索福克勒斯笔下的俄狄浦斯在悲剧之后发出了这样震撼人心的声音："尽管历尽艰难困苦，但我年逾不惑，我的灵魂深邃而伟大，因而我认为我是幸福的。"也正如荷尔德林所说，"人生充满劳绩，但诗意地栖居在这块大地之上"。

二、如何看待人生的欲求——从电影《阿甘正传》谈起

电影《阿甘正传》中的阿甘是一个智力障碍者，他在学校里为了不受其他孩子的欺侮，听从朋友珍妮的话开始"跑"。令人意外的是，他就这样"跑"进了大学——被破格录取，成了一名橄榄球明星，得到了肯尼迪总统的接见。大学毕业后，阿甘又应征入伍去了越南。在那里他交到了两个朋友：热衷捕虾的布巴和令人敬畏的长官邓·泰勒上尉。这时，珍妮已经堕落，过着放荡的生活。阿甘一直爱着珍妮，但珍妮却不爱他。在战争结束后，阿甘作为英雄得到了约翰逊总统的接见。在一次和平集会上，阿甘又遇见了珍妮，两人匆匆相遇又匆匆分手。在"说到就要做到"这一信

条的指引下，阿甘最终闯出了属于自己的一片天空。阿甘经历了世界风云变幻的各个历史时期。但无论何时、何处，和谁在一起，他都依然如故，纯朴而善良。

对于阿甘来说，复杂的人生经过他那颗近乎原始、纯朴的头脑过滤后，变得如此简单和清澈，那些曾与阿甘同时代的大人物们虽然个个精明善算，神气十足，但最终结局或昙花一现，或灰飞烟灭。只有善良、单纯的阿甘奇迹般地活了下来，成为历史的见证。影片以一种自然和纯朴的人生欲求来反映当代人类被现代文明所激起的五花八门的欲望和复杂的生存状态。我们一天比一天现实，追求的比昨天更多。阿甘则以简单纯洁的心灵反衬出现代人类的狡诈和精明中所透出的愚蠢。也许人与人之间真正的差别就在于心的容量不同。阿甘不被外在的物质世界所迷惑，保持自己纯真的天性，他的"愚蠢"并不是真正的愚蠢，而是大智若愚。他真诚、乐观、持之以恒，并坚守着他的人生原则——永远爱人、坚守承诺。他总是以"笨人有笨人的方法"为自己的行动作阐释，并且勇敢而坚强地战胜困难，做自己该做的事。以阿甘不带任何偏见、杂质的双眼来看这一切，以他的思维方式引领大家回顾历史，也许这样能更容易感悟到生命的真谛。

在后工业社会，伴随着物质文明的高度发展，人自身严重异化，人文精神严重失落，人身上原有的种种美德也大为丧失。与此同时，人类生存环境被严重污染，现实社会中出现了道德沦丧、物欲横流、人文关怀淡漠、行为方式失范等现象，人们不断陷入现代文明的挤压之中，在纷繁复杂的现代生活中身心疲惫，开始对现代文明感到畏惧、恐慌甚至出现反抗。在这种状态下，我们更需要以一种自然和纯朴的人生欲求来对照当代人类的生存状态，重新反省自己的本质，重新思考如何避免因金钱至上而导致的现代人感情的枯竭和淡漠。

发展科技的目的在于改善物质条件，它的进步确实给我们的生活带来了诸多便利，但同时也使人类的欲望随着经济的发展而不断"升级"，造成很多新的社会问题，如环境保护问题、道德滑坡问题等。今天的人活得很累，甚至大多已经在这个物欲横流的社会中迷失了方向。老子曾说的"五色令人目盲，五音令人耳聋，五味令人口爽"，讲的就是这个道理。在物质空前丰富的今天，当我们面对一桌丰盛菜肴的时候，我们的味觉已完全被它们所麻醉；当我们面对闪烁着霓虹灯的街道时，我们的视觉已完全被它们所占据……

当然，不可否认的是，正是人类的欲望推动了社会的发展。人类为了追求高品质的物质生活，改善和发展了生产力，从刀耕火种到工业革命，再到当今的电子信息革命，在近百年中，人类仿佛一夜之间从桃花源般的自然王国进入了高科技时代的自由王国。这都是以人的欲望为动力产生的，所以说人类欲望的膨胀在一定程度上推动了社会发展尤其是社会经济的飞速发展。人类也为此付出了惨痛的代价，人类赖以生存的环境在社会经济发展的过程中遭受到了无休止的甚至是毁灭性的、无法挽回的破坏。人类一边享受着舒适的生活方式，一边遭受着状态日益严峻的环境威胁，直至生命的威胁。

人生路上，鲜花、名望、金钱等诱人的东西太多了，我们要学会甄别，学会辨别是非美丑，使灵魂洁净、情操高尚，让高雅的生活情趣占据我们的心灵。善的欲望需要发扬，恶的欲望需要压抑。除此之外，还有非善非恶的欲望，如正常的生理需要等，虽然这些欲望本身没什么过错，但它们一旦和我们的贪、嗔、痴、烦相应，就会介入恶的成分而变质。

幸福和快乐是我们一致追求的目标。当然，这种感受取决于人们的心态，而不是存在于什么地方。只要我们每天在工作之余，抽出几分钟的时间坐下来对自己说："这几分钟是属于我的，我要非常单纯地去享受这几分钟的美妙时光。"时时保持着单纯的心态、广阔的视野，运随心转，幸福和快乐也会如期而至。知足常乐、无欲自然、心如止水其实离我们并不遥远。如果我们能多一点热情投入人生这场长跑中，简单一些、自然一点，少一些恐惧怀疑、多一份执着专一，生命便会返璞归真。

三、我们应该用什么支撑人生——从电影《肖申克的救赎》谈起

电影《肖申克的救赎》改编自惊悚大师斯蒂芬·金的同名小说，讲述了一位年轻有为的银行副总裁安迪，因被误判杀妻及其情夫而锒铛入狱。他在狱中生活长达19年，从年纪轻轻到两鬓斑白，从无辜入狱受尽折磨和毒打到运用自己的理财能力改变了在狱中孤立无援的处境，还结交了朋友，最后凭借着一张海报以及一把仅仅可以雕琢小石子的小锤子逃出了牢

笼，获得自由之身，不仅如此，他还帮助狱中老友瑞德实现了愿望。该片深刻地探讨了希望、自由、救赎和友谊，充满了对人生和社会的反思。

被送进黑暗残暴的肖申克监狱，无疑是落入了人间地狱，安迪的救赎之旅是充满绝望和无比沉重的，在这个过程中，究竟是什么使他面对冤枉时没有感到不安，面对压制时没有变得狂暴，面对困境时没有感到绝望，而始终保持一种冷静的心态、顽强的斗志？答案是很清楚的，那就是安迪身上所表现出来的异于常人的理性和坚定的信念。

1. 人生需要理性支撑

安迪的理性使其淡定地接受了现实恶劣的环境，虽然被监禁，但他的灵魂是自由的。他始终保持清醒，冷静地应对着残酷的现实带给他的一切。安迪在那个残酷吞噬肉体和灵魂的魔域里始终没有丧失善良的人性，顽强地完成了对人性的坚守，即对作为一个人的情感、权利、价值的顽强自我意识的肯定。安迪自始至终都没有放弃对知识和理性的坚守，他让身体沉默，用理性的力量支撑人性，怀着对生命的渴望和对自由的憧憬，借助"知性的绝对势力"，为实现自我拯救而不懈努力。理性使安迪永不认命，使他深信人性不会被泯灭，使他对自由始终怀着希望和憧憬，使他为实现自我救赎和人身的真正自由而不懈努力。理性使他能够自如地在得失之间求取平衡，不再带有仇恨，超越自我，最终到达自由的彼岸。

人的一生始终都需要一个清醒的头脑，要具有独立思考的能力，能够在理性的支配下，自如地在灵魂与肉体、善良与邪恶、冲动与克制之间找到平衡，用一种智慧的生存方式，达到自由的境地。因为"人是理性的动物"。其中，思想与知识是人性价值设定的基础和标准，知性是一切势力中最惊人和最伟大的，甚至可以说是绝对的势力。

理性是人类存在的精神前提，是人之为人的一个重要维度。从族类产生的角度来说，没有理性的形成，就没有人类的形成；从一个个体成为人的角度来说，理性的形成是他真正成为人的一个根本标志；从人的现实存在的角度来说，失去了理性，人就失去了人之为人的一个根本条件。

而理性的养成基础在于知识的获取，正如著名哲学家培根所提出的"知识就是力量""人的知识和人的力量结合为一""达到人的力量的道路和达到人的知识的道路是紧挨着的，而且几乎是一样的"。因而，人生需要知识来支撑和发展，应尽可能做到以下三点：探求知识——向它求爱，认识知识——与它同在，信仰知识——为它而乐。在对知识和理性的追求中，人们不仅能使主观认识同客观事物及其规律相符，而且自身也能受到理性品格的陶冶，达到思想境界的升华。但必须强调，对知识的追求必须是全面的、无功利的，因此要追寻自然知识与人文知识的融合获取，自觉加强自然知识和人文知识修养，不断提升自己的生存境界。自然知识能够给人带来生存和发展的技能，而人文知识蕴含着人们对美好生活的追求和渴望，在自己的灵肉和人格显现中，也能看到自己改造世界的本质力量。

2. 人生需要坚定的信念

在残酷的生存环境下，安迪的理性和坚定的信念使他不断改变自己的处境，并一步步靠近自由之门。正如导演弗兰克·德拉邦特所说，《肖申克的救赎》是一部似乎可以把勇气借给需要勇气的人的电影。在当今这样一个信念严重缺失的时代，该片对于大学生树立坚定的信念、培养坚强的意志有很大的帮助。

影片中主人公安迪正是一个具有坚定信念和顽强意志的人。在19年的监狱生活中，他创造了一个又一个奇迹，许多在常人看来几乎是不可能的事在他的身上都变成了现实。由此可见，不论任何人，只要坚持信念，顽强拼搏，最终一定能获得成功。现实生活中没有一个人可以获取绝对的自由，但只要心存希望，我们便有了生活下去的勇气。《肖申克的救赎》为信仰缺失、精神生活匮乏和人文生态失衡语境下的观者们提供了精神盛宴。

第三节　人生价值的创造与实现

我从来不把安逸和享乐看作生活目的的本身——这种伦理基础，我叫它猪栏的理想。

——［美］爱因斯坦

传说古希腊犬儒学派哲学家第欧根尼（约公元前412—公元前323）常常在大白天点着灯走路。每当人们诧异地问他时，他便回答："我正在找人。"亚历山大国王问他需要什么，他说："希望你不要遮住我的阳光。"

哲学家以"点灯找人"的行动告诉人们：人是很难真正配得上"人"这一称呼的，并寓意一个真正的人是追求阳光和真理，崇尚自由和幸福，追求和创造人生价值的人。人生的价值创造是人生观的重要问题，其核心是人生的意义何在，人生追求的最终价值是什么。这一问题关系到自身命运，是每个人都无法回避的现实问题。数千年来，人们一直苦苦思索、不懈探索人的价值创造问题，为的是使自己活得更幸福。

一、哲学意义上的人生价值创造

1. "人生价值创造"是人生哲学的一个范畴概念

在哲学语境里，人生价值创造是指人们在社会生活实践中关于活动或行为的对象性的自觉认识，并表现为活动或行为的自觉的对象性，也就是人的一切行为的共同目的，是人们生活的实际追求。人生价值创造是人所特有的自觉目的性而区别于动物的精神现象。马克思指出："最蹩脚的建筑师从一开始就比最灵巧的蜜蜂高明的地方，是他在用蜂蜡建筑蜂房以前，已经在自己的头脑中把它建成了。劳动过程结束时得到的结果，在这个过程开始时就已经在劳动者的表象中存在着，即已经观念地存在着。他不仅使自然物发生形式变化，同时他还在自然物中实现自己的目的。"人生价值创造是在人的社会实践活动过程中产生的，它的产生并不是由自我所决定的，而是取决于自我所处的具体经济状况和社会存在。因此，一个人的价值创造的形成，是主观愿望与客观现实相互作用的过程，是人的社会化的重要体现。人的社会化是一个无止境的过程，人生价值创造观念的强化是一个与社会文明的推动同步、不断深化、不断完善的过程。

"人生价值创造"的哲学问题讨论由来已久。由于人们所处的阶段地位不同、政治经济地位不同、生活经历和境遇不同、人们的需要不同、认识能力不同，就会形成各种不同的观点。

2. 对几种不同的人生价值创造观点的探讨

（1）禁欲主义。

在欧洲的中世纪，基督教的"原罪说"和"赎罪说"极力贬低人对物质幸福的追求，认为只有来世的天国生活才是真实的、永恒的和幸福的。禁欲主义主张人们应该放弃对现实生活的追求，摆脱尘世欲望的束缚，进修道院或过禁欲生活。以朱熹为代表的中国宋明理学宣扬"存天理，灭人欲"，也属于这种人生目的观，是对现实人生的一种虚幻、歪曲的反映。

（2）享乐主义。

享乐主义把人生看成人的生理本能需要，把追求感官快乐，满足个人物质欲望、享受作为人生的目的。中国古代思想家、哲学家杨朱宣扬人生在世应该及时行乐，尽情享受。英国法理学家、功利主义哲学家边沁则把"不能为了别人而牺牲自己的享乐"作为人生的原则。快乐固然是人生的需要，痛苦是人生应当避免的。但为了实现自己人生目的的人，可能会成为一个"痛苦的苏格拉底"，而不会做"快乐的一头猪"。穆勒曾经把"痛苦的苏格拉底和快乐的一头猪"相比较，而人生更应以成为"快乐的苏格拉底"为目标。

（3）实用主义。

实用主义把追求"有用""方便"作为最基本的人生准则。实用主义的主要代表詹姆斯认为有用的就是真理。实用主义者认为生命的意义完全凭个人的主观创造，其目的和价值只在于"实用"。实用主义的人生目的在现实中的一个主要表现是离开国家和人民的利益，置道德与文明于不顾，片面地追求个人的实用。

（4）存在主义。

存在主义以追求个人意志的绝对自由为人生目的。存在主义的主要代表人物萨特认为，人对自己行为自由选择的可能性是存在主义最重要的本质。他认为存在的就是合理的，既无客观根据，也无道德准则，完全是随心所欲地"自由选择"。这实际上是一种空想的"自由观"。存在主义还提出"他人即地狱"的命题，认为人和人的关系是冷漠的、讨厌的、互相监视的，人的一生只能是"自我实现"，一旦不能实现"自我"，就会走向"自我毁灭"。存在主义采取的是目空一切的人生态度，否定了社会客观规律的作用，否认了人与人之间的信任与合作，否认了个人与社会的统一。

（5）虚无主义。

虚无主义认为人生就是苦难，整个世界就是一片苦海，人生充满了苦恼，毫无乐趣，生活既无目的又无意义，死亡才是摆脱痛苦的捷径。这种人生目的从对现实的不满出发，对社会和人生持完全否定态度，因而消极、悲观，甚至逃避现实、轻生厌世。当代一些青年人也受此影响，当在生活中遭受挫折后，就认为人生是痛苦、渺茫的，由此产生一种虚无主义人生观。有的人"看破红尘，涉世无缘"；有的人"浮生若梦，得过且过"；还有的人"混世轻生"，在现实面前忘却了自己的存在，推卸了自己应承担的社会责任。

（6）权力意志主义。

权力意志主义的特征是"官本位"，追逐政治权力，认为有权力就有一切，拜官崇权，趋炎附势。19世纪德国唯心主义哲学家尼采就是权力意志主义的典型代表人物之一。他认为，人人都有统治别人、奴役他人的意志，人不仅有求生的欲望和意志，而且有谋取权力的意志。在尼采看来，人生的价值和目的就在于获取统治别人、管理别人的权力，实现"权力意志"。

（7）拜金主义。

拜金主义是从金钱的作用出发，不择手段地牟取暴利。在有些人眼里，金钱是万能的，"有钱能使鬼推磨"，金钱不仅能买到山珍海味、高楼大厦，而且可以买到名誉等。拜金主义者只认识"钱"，为钱活着，为钱奋斗，金钱成了他们人生的最高目标。在当今社会，也有一部分人存在着拜金主义思想，认为"前途、前途，有'钱'就图"。有的人甚至说："为人民币活着。"钱是人谋生必不可少的东西，通过诚实劳动和正当手段掌握一定数量的资金是必要的，是达到人生目的的一种手段。但是，赚钱不是人生的根本目的，一个人如果被金钱迷住了心窍，忘记了自己做人的品质，也就失去了人生的真正意义。

二、人生幸福的追求

一般来说，人幸福快乐的情感是人生目的的直接反映。幸福快乐是人生价值创造的现实追求，它离不开功利和效用，离不开现实的、多方面的需要和满足，脱离了这一点，人生价值创造就是空洞无内容的东西。但人生不是纯粹的精神快乐，人生的目的是通过改造社会来完善自我。自我实现又不是一个纯粹追求功利的过程。因为人有高尚的理性和自由的意志，也有丰富的精神生活。结合哲学意义上的人生目的论，人生目的和追求分为"物质""精神"和"自由全面发展"三个层面。因此，幸福快乐是建立在人生价值实现之上的人的情感，人生现实生活的意义必须以崇高的精神形态的人生价值和自由全面发展的最高目标来引导功利的幸福感受，否则将会脱离人的社会本质，陷入欲望的满足之中。

幸福是同人生目的、意义以及现实生活和理想联系最为密切的道德价值现象。古人曾说，"福喜之事，皆称为幸""幸福，盈也"。幸福有广泛的含义，如理想、抱负、爱情、家庭、劳动成果、艺术享受，以及文化修养、经历、境遇、性情、习惯、心情、爱好等都能给人带来幸福。人的需要被满足或其目的实现后，就会产生一种被称为幸福感的愉快心情。美国著名经济学家萨缪尔森有一个反映人的需要目的的最有名的公式：幸福＝效用÷欲望。效用是指个人所得到和享受的客体的有用性。由此可以看出，效用越大人越幸福，幸福存在于人类为满足需要而进行的创造活动中，要创造更多更大的价值，因为人们享受自己的劳动成果本身就是一种幸福。另外，欲望越小越幸福，有欲望不是坏事，但欲望是幸福的分母，与幸福成反比。因而要处理好幸福与欲望的关系，知足者常乐。人在各方面的需求还与其主体在社会中的地位有关，即人的欲望和需求是社会关系的反映。

幸福的一般意义是指个人的自我奋斗，更高更深刻的幸福则表现为个人自我目标的实现和对社会的创造与贡献，即自我实现与无私奉献相统一。人生实践的主体应具有建立在为人为己价值观之上的人生幸福观。"为人为己"是现实社会生产关系要求人们遵从的道德准则；"为人为己，利人利己"是人们自觉顺应市场经济规律的客观要求所作出的价值选择。

值得说明的是，在"人人为我，我为人人"的命题中，众多的主体"人人"与个体的主体"我"并存，"人人为我"是社会视角的特征，不是特定的个体"我"能够达到的价值取向，因而不是个体"我"的价值观和人生观。社会或群体的价值观念是从社会群体的众多人的角度来思考问题的。马克思、恩格斯在《德意志意识形态》中指出，对于个人来说，出发点总是他们自己，这是个体的规定性。若失去这一个体性，任何个体都可以相同，社会则失去了存在的意义。"人人为我，我为人人"就是社会所倡导的一种社会道德价值理想，个体的人可以实践这种"我为人人"的社会价值思想，而其中的"人人为我"不是由个体的人所左右的，这其中充满了变数，因而"人人为我，我为人人"不是个体的价值观。"人人为我，我为人人"是西方历史上很早就有的一种思想，其来源于苏联的"大家为一人，一人为大家"，也是从基督教教义"一人为大家幸福，大家为一人幸福"的价值理念中提炼出来的。再追根溯源，在古希腊就出现了这样的思想。

作家柳青曾说："人的一生很漫长，但关键的只有几步。"青年时期确定一个人的人生目标和发展方向，对于人生成功与否至关重要。青年大学生只有努力树立为人为己的思想，才能体会幸福的真正含义。正如恩格斯所言：一个人专为自己打算的时候，他追求幸福的欲望仅在非常罕见的情况下才能得到满足。历史承认那些为着共同目标而劳动因而使自己变得高尚的人是伟大人物，人们经常赞美的是那些为大多数人带来幸福的人，并认为他们才是幸福的人。可见，在人我关系层面上，幸福的最高境界就是既能为自己创造幸福，也能为他人和人类谋幸福。

三、人生价值创造的实现

一个人终其一生，不管是成功还是失败，只要他不断致力于创造和实现人生价值，他的人生就是有意义的。相反，如果终日碌碌无为，毫无目标地活着，成功和失败也没有意义可言。大学生们应该努力追寻自己的人生目标，积极创造有价值的人生。

创造人生价值是人生的最高境界。"人生靠自己书写，创造人生是人生最高的境界。""一个人的生命应该是这样度过的，当他回首往事的时候，他不因虚度年华而悔恨，也不因碌碌无为而羞耻。"这些至理名言，旨在呼唤我们创造有价值的人生，但这未必是追求同一种模式、同一种境界、同一种目标。五彩缤纷的世界，需要七彩人生。只要爱岗敬业、持之以恒，淡泊明志、宁静致远，奉献爱心、回报社会，即使生活十分平凡，也会显现出人生的伟大之处。创造人生又是情感、意志、智慧的结晶，没有激情，人就会颓废；没有意志，人就会凋零；没有智慧，人就会平庸。人生需要培育、需要磨炼、需要积淀、需要厚积薄发，这样才能创造辉煌的人生。

正确地理解和处理人的自我价值与社会价值的关系，使两者有机统一和协调发展，是人生价值创造中的重要课题。首先，我们应该承认，自我价值与社会价值是同时并存且不可偏废的，不能以否定或贬低其中的一方来肯定和抬高另一方。譬如，改革开放为自我发展和个人进步提供了良好的条件，但并不能因此忽视和贬低人生社会价值的意义。其次，我们还要认识到，人在追求自我需要的时候，如果同时也满足了社会的需要，便是将自我价值与社会价值统一起来了。也就是说，当一个人把社会需要内化为自我需要，自我价值实现时也就实现了社会价值，使自我需要与社会需要相统一，如我国的科技精英、奥运健儿以及其他各行各业的创业者，他们事业的成功既满足了社会需要，同时也使自我价值得到实现，这是人生价值的最高体现。

事实上，人的价值实现总是离不开社会实践和社会评价，即使是人的自我价值，也必须在得到社会肯定的前提下才能真正实现，从这个意义上说，人生的自我价值必须与社会价值相结合，并通过社会价值表现出来。个人只有把自己同社会和他人联系起来，积极地为社会和他人作贡献，才能实现自我价值，否则，囿于"自我"的封闭圈里，必然处处受阻，陷入无法摆脱的孤独和空虚。最后，决定人生价值大小的另一个重要因素是人生活动所追求的目标以及所满足的需求。人发展和追求高层次的需求，不仅本身能创造较大的人生价值，而且高层次的需求往往能使自我价值与社会价值相一致。人生价值的外在尺度与根本标志之间有时是不相符的，但社会主义社会的发展趋势是求得两者的一致性。人生价值的评价原则与价值评价的五个统一原则相同。

人生价值意识、人生价值评价和人生价值取向构成了人生价值观的内容。人生价值观指导着人生价值实践。人生价值观指导人生价值实践表现在两个方面：一是人生价值目标的确立，二是人生价值实现途径和手段的选择。当有人问当代中国知识分子的杰出代表、大学生成长的楷模王选成功的感受时，王选教授总结自己的人生之路说："人的一生会碰到很多机会，但机遇只偏爱有准备的头脑。多方面的知识和实践经验，对社会需求（包括未来需求）的敏感，对技术发展方向的正确判断，一丝不苟和锲而不舍的精神，都有助于把握机遇，取得成功。风风雨雨几十年来，我经历了多次人生抉择，每一次都给我带来非凡的意义，甚至命运的转折。一个人必须把自己的事业和前途同国家的前途命运联系在一起，才有可能创造出更大的价值奉献于社会。就这样，我下决心选择了计算数学专业，这是我一生中第一次大的抉择。实践证明，这一选择是完全正确的，它为我今后的科研工作奠定了第一块基石。"王选认为一个人的成功在于其人生价值目标的选择，不可人云亦云，随波逐流，而应结合社会的发展，把自己的事业和前途同国家的前途命运联系在一起，确定自己的努力方向，并为之艰苦奋斗，百折不挠，在为社会服务中实现自己的人生价值。

人生价值目标的实现还要考虑主观条件和客观条件的制约。主观条件主要表现在人生价值目标实现过程中人的理想信念、意志品质等所起的作用。为了实现自己的理想和目标，不断地努力、创造，脚踏实地、一步一个脚印地接近理想目标。人生价值目标的实现过程不会总是平坦、顺畅的，真正有价值的人生都是在战胜种种困难和挫折、在坚持不懈地奋斗的过程中实现的。一个人的人生价值是与自己的努力、奋斗和创造分不开的，但实现人生价值还受很多客观的社会和自然物质条件等不可控因素的影响。

恩格斯早就对此作过精辟的论述："最终的结果总是从许多单个意志的相互冲突中产生出来的，而其中每一个意志，又是由于许多特殊的生活条件，才成为它所成为的那样。这样就有无数互相交错的力量，有无数个力的平行四边形，由此就产生出一个合力，即历史结果，而这个结果又可以看作一个作为整体的、不自觉地和不自主地起着作用的力量的产物。因为任何一个人的愿望都会受到任何另一个人的妨碍，而最后出现的结果就是谁都没有希望过的事物。所以到目前为止的历史总是像一种自然过程一样地进行，而且实质上也是服从于同一运动规律的。但是，各个人的意志——其中的每一个都希望得到他的体质和外部的、归根到底是经济的情况（或是他个人的，或是一般社会性的）使他向往的东西——虽然都达不到自己的愿望，而是融合为一个总的平均数，一个总的合力，然而从这一事实中决不应作出结论说，这些意志等于零。相反，每个意志都对合力有所贡献，因而是包括在这个合力里面的。"

人生价值目标是产生人的积极性行为的原动力，人生目标的设立是大学生学习成才的原动力。大学生须恪守奉献社会的价值理念，形成为发展社会主义市场经济生产力作贡献的普遍、持久、强烈的道德动因，并将其内化为大学生个性心理素质和道德精神，外化为努力学习、奋发成才的实践行动。

【阅读链接】

我为什么而活着

对爱情的渴望，对知识的追求，对人类苦难不可遏制的同情心，这三种纯洁而无比强烈的激情，支配着我的一生。这三种激情，就像飓风一样，在深深的苦海上，肆意地把我吹来吹去，吹到濒临绝望的边缘。

我寻求爱情，首先因为爱情给我带来狂喜，它如此强烈以致我经常愿意为了几小时的欢愉而牺牲生命中的其他一切。我寻求爱情，其次是因为爱情可以解除孤寂——那是一颗震颤的心，在世界的边缘，俯瞰那冰冷死寂、深不可测的深渊。我寻求爱情，最后是因为在爱情的结合中，我看到圣徒和诗人们所想象的天堂景象的神秘缩影。这就是我所寻求的，虽然它对人生似乎过于美好，然而最终我还是得到了它。

我以同样的热情寻求知识，我希望了解人的心灵。我希望知道星星为什么闪闪发光，我试图理解毕达哥拉斯的思想威力，即数字支配着万物流转。这方面我获得一些成就，然而并不多。

爱情和知识，尽其可能地把我引上天堂，但是同情心总把我带回尘世。痛苦的呼唤经常在我心中回荡，饥饿的儿童，被压迫被折磨者，被儿女视为负担的无助的老人以及充满孤寂、贫穷和痛苦的整个世界，都是对人类应有生活的嘲讽。我渴望减轻这些不幸，但是我无能为力，而且我自己也深受其害。

这就是我的一生，我觉得值得为它活着。如果有机会的话，我还乐意再活一次。

【思考】

1. 如何看待中西方关于人性假设的不同？

2. 人生为什么需要信仰支撑？信仰对人生的价值有哪些？

3. 你认为科学、理性、有价值的人生目的是什么？

【推荐阅读】

1. 弗兰克尔. 追寻生命的意义［M］. 何忠强，杨凤池，译. 北京：新华出版社，2003.

这本书将会成为你阅读过的最重要的书之一。

2. 契克森米哈赖. 生命的心流［M］. 陈秀娟，译. 北京：中信出版社，2009.

当你沉迷于一项活动，完全忘记了时间的存在和身在何处时，"心流"便是意义感的重要组成部分。这本书将为你指明人生的方向。

3. 布朗森. 这辈子，你该做什么？（上）［M］. 黄孝如，徐昀晴，译. 北京：华夏出版社，2010.

我们都问过自己这个问题——布朗森曾引导数百名美国人反省自己。这本书收录了许多令人感动、鼓舞人心和含义深刻的故事。

4. 兰格. 专注力［M］. 徐佳，译. 北京：中国人民大学出版社，2007.

我们很多人总是会稍不留神就被生活"绊倒"。我们经常被日常工作所困扰，而忽视了周围的事物。只有摆脱这种状况，才能释放我们的创造性和找到生活的意义。

第三章　道德品质与道德修养

有两种东西，我们愈是时常愈加反复地思索，它们就愈是给人的心灵灌注了时时翻新、有加无已的赞叹和敬畏——头上的星空和心中的道德法则。

——［德］康德

道德是人类社会特有的现象。人类在一定的社会关系中生存和发展，为了维护这种关系的和谐与稳定，必须有一定的准则来调节人与人之间的关系，并对个人的行为进行必要的约束。道德就是调节和约束的重要手段之一。从此意义上讲，道德是为人处世的行为准则。而道德在个体思想和行为中的稳定体现就是一个人的品质或者德行。品质栖身于人的精神世界，外显于人的行为之中。每一个人都通过行为展示着自己的品质，并向世人告知什么是邪恶或善良。

第一节　道德的起源与内涵

道德是一种在行为中造成正确选择的习惯，并且，这种选择乃是一种合理的欲望。

——［古希腊］亚里士多德

在古阿拉伯广为流传着这样一段格言："有道德的人，即使没有金钱，还是有人敬重他；一只雄狮，虽然静坐不动，依然有人畏惧它；没有道德的富翁，虽然家资百万，依然免不了受人轻视；一只狗，虽然戴着金银首饰，绝没有人敬重它。"可见道德对人的生命有多么重要的意义。日本小说家、剧作家武者小路实笃曾说："想要把我们当动物般地奴役，可以使用暴力；想要诱惑性地支配我们，最有效的手段可能是金钱和美女；而如果要用理性的、提高人的价值的方法支配我们，唯有道德的力量，道德能告诉我们错误的根本所在，能使我们日渐变为纯粹的人。"① 这就是道德的力量。为什么道德会有如此大的影响力呢？我们先从理论上考察道德概念的来源与本质。

一、道德的起源

谈到道德，我们很自然地就会想到道德起源的问题。道德起源的问题是一个非常复杂的问题，也是伦理学史上争议颇多的问题。在伦理思想史上，许多思想家都曾对道德的起源问题进行了研究和探讨，并提出了各自不同的观点和学说。概括起来，主要有以下几种：

一是神启论。这种观点把道德的起源看作上帝的启示或"天"的意志，认为道德是上帝或"天"的意志的创造。基督教、天主教讲上帝创造万物，人的美德也是上帝给予的。古希腊哲学家柏拉图认为，是神把"善的理念"放到人的灵魂中并形成了不同等级的不同道德，如智慧是最高的德行，只有统治者才具有；勇敢是保卫国家所必备的德行，为武士所具有；节制是对欲望的控制，为平民所具有。中世纪经院哲学家托马斯·阿奎纳认为，人们所具备的美德都来自上帝的启示。

在中国，一些人把道德看作天命或神的意志，是上天通过"启示"或"征兆"指示皇帝制定出来的行为规范。孔子说："天生德于予。"他提出道德来源于上天的思想，董仲舒对这一思想作了进一步发挥，提出"天人感应"说，认为人们行为的好坏，是和天相通并交互起着感应作用。

二是天赋论。这种观点把道德看作人与生俱来的一种本性，先天存在，是人的内心活动或主观意识的产物，即道德起源于人性本身。孟子认为，人天生具有一种善性，即"仁""义""礼""智"四种道德萌芽，这就是通常所说的"四心"或"四端"。他认为："仁义礼智，非由外铄我也，我固有之也。"也就是说，关于这四种道德的意识不是外界对人的影响所形成的，而是人与生俱来的本性，不需要通过任何社会生活实践的体

---

① 武者小路实笃. 人生论［M］. 顾敏节，译. 杭州：浙江人民出版社，1986.

验便会产生。

三是本能论。这种观点以达尔文的进化论来说明人类的道德观念、道德情感和道德意识，认为道德起源于动物的社会本能。本能论者主张感觉、欲望或人性是道德的起点，道德是人的生理本能、感觉需要的产物。人的本性就是趋利避害、趋乐避苦，道德是由人的苦乐感觉所决定的。在这种观点看来，动物或在一起生活的异种群和同种群之间都具有一种互助精神，这种互相帮助和互相扶持比互相竞争要重要得多，它对种群的生存和发展来说是必要的。道德乃是动物的互助精神、合群感等社会本能的延续和复杂化。

以上关于道德起源的观点，都在不同程度上反映了人们在探寻这一问题的过程中所获得的认识成果，但是从总体上看，这些观点都是片面的或者非科学的。人所具有的人类的一切东西都是在社会关系的影响下对人的"动物"本性进行改造而发展起来的，任何从动物界、从社会关系之外寻求道德起源的做法都不可能得出科学的答案。

（一）社会关系的发展为道德的起源提供了直接基础

道德是社会关系的产物，只有形成了人与人、人与社会之间的相互关系，才会产生道德。"动物不对什么东西发生'关系'，而且根本没有'关系'；对于动物来说，它对他物的关系不是作为关系存在的。"不仅如此，如果人只是作为孤立的个体而存在，不与社会、他人发生关系，那么，他的行为也不具有任何道德意义。18世纪法国著名思想家爱尔维修曾说："如果我生在一个孤岛上，孑然一身，我的生活就没有什么罪恶和道德，我在那里既不能表现道德，也不能表现罪恶。"① 原始的人类由于受客观条件和自身能力的限制，不得不以群体活动的方式来从事生产活动，以维持群体的生存。在集体活动中，人与人之间客观上便存在着一些最简单的交往和关系。为了协调行动，维持群体内的秩序，事实上就有了萌芽状态的道德。然而，当时人们还不能自觉地认识到自己的行为与他人和群体之间的关系，所以这时存在的道德萌芽，只是作为行为惯例或是一种风俗，直

---

① 普列汉诺夫. 唯物主义史论丛 [M]. 王太庆，译. 北京：生活·读书·新知三联书店，1961.

接体现在共同的生产活动和相互交往中。但随着社会分工的发展，人与人之间的社会关系变得逐渐明确，个人与氏族部落、个人利益与氏族部落利益之间的矛盾也日益突出。这样，在原始氏族内部，就产生了调整个人与整体关系以维持氏族部落内部秩序的自觉要求，利用某些传统的风俗习惯作为个人行为规范来调节一定的社会关系，便为社会发展和人们生活所必需。在这种情况下，道德最终成为一种特殊的社会现象。

（二）人类自我意识的形成与发展为道德的产生提供了主观条件

当人们意识到自己作为社会成员与其他动物的根本区别，意识到自己与他人或集体的不同利益关系以及产生了调解利益矛盾的迫切要求时，道德才得以产生。

原始社会初期，人们只是具有一种浑然一体的原始意识。但随着劳动分工的日益复杂化，在集体劳动过程中由于需要分工协作，要求彼此相互了解，个人的活动必须服从集体的目的。这就要求个体必须清楚地认识到自己同他人、集体的关系，并反思自己的行动及其结果是否有利于群体的协作。人们开始把个人需要视为原始集体的共同需要或者把原始集体的需要视为自己的需要，从而在把个人同社会（集体）不可分割地联系起来时，就必然产生了原始集体主义性质的道德。

（三）劳动是人类道德起源的第一个历史前提

首先，劳动活动创造了道德主体。劳动和分工促进了人类意识的产生，人类不仅开始意识到自己的存在和利益，而且意识到他人和群体的存在和利益。于是，比较明确地调整个人与群体关系的要求便开始形成了，即个人在面对群体利益时该做什么、不该做什么的行为准则，并通过群体的舆论使之趋于稳定。人们也逐渐意识到如果不按这些共同生活的行为准则办事，群体就不能维持，个人也无法生存，因而在内心产生了维护群体利益的义务感和荣辱观念，从而使自己成为道德的主体。

其次，劳动活动创造了对道德的需要。随着劳动分工的产生和剩余产品的出现，个人在劳动中的地位和作用逐渐显现，个人的利益观念和追求也逐渐产生了。利益的追求造成了人与人之间的差别，也随之产生了个人同与之相互交往的他人和群体之间的利益矛盾。当矛盾关系上升为社会的主导关系时，社会就需要调整这种矛盾关系，道德也就应运而生。

最后，劳动创造了道德产生与发展的动力。劳动在促进交往，带来利益矛盾和冲突的同时，也带来了对人全面发展的要求。这种要求一旦形成，就会孕育出强大的生命力，成为道德发生的积极动因，推动道德的产生和发展。劳动不仅能满足生存需要，也会使人感受到人的本质和力量，萌发出对前景的想象和展望，从而将处理好个人与他人、个人与社会的关系作为全面发展自己、完善自己的手段。可见，道德不仅是社会和谐、发展的保证，而且是社会成员自我发展、自我完善的追求。

二、道德的内涵

在我国古籍中，"道"与"德"两个词最早是分开使用的。"道"表示道路，如"周道如砥，其直如矢"，后来引申出原则、规范、规律、道理或学说等方面的含义。据汉语界的学者考证，"道"和"德"这两个字是先有"德"，然后才有"道"。早在3 000多年前，商代甲骨文中已经有"德"的记载，但其含义很笼统，直到西周大盂鼎铭文中出现"德"，才开始有"按规范行事有所德"的意思。这里，"德"本义为"得"。"道""德"两个字连用，始现于春秋战国诸子的著述中。荀子在《劝学》中说："故学至乎礼而止矣，夫是之谓道德之极。"至此，汉语"道德"一词的演绎才完成。孔子在《论语》中说："志于道，据于德，依于仁，游于艺。"又说："朝闻道，夕死可矣。"这里讲的"道"是指做人治国的根本原则。"德"，即"得"，人们认识"道"，遵循"道"，内得于己，外施于人，便称为"德"。这里的"道德"主要是指调整人们相互关系的行为准则和规范，有时也指个人的思想品质、修养境界、善恶评价，乃至泛指风俗习惯和道德教育活动等。

在西方古代文化中，"道德"一词起源于拉丁语的"摩里斯"（mores），为风俗和习惯的意思，引申其义，也有规则、规范、行为品质和善恶评价等含义。古希腊的哲学家苏格拉底指出，罪恶即对于道德所应知的许多事物的无知，道德即知识。近代法国唯物主义者霍尔巴赫把道德规定为善的行为，他说，做善事，为他人的幸福尽力，扶助他人，就是道德。道德只能是为社会的利益、幸福、安全而尽力的行动。德国思想家黑格尔认为道德是"主观意志的法"。中外思想家关于道德的种种见解表明，道德概念是随着社会实践的发展和人们认识能力的逐步提高而逐渐完善的。他们对"道德"一词的理解，大体都包含了社会道德和个人道德品质的内容，都是指用来调节处理人们之间关系的行为准则或规范，是人类社会普遍存在的特有现象。

一般说来，道德既指普遍的法则以及存在的根据，又被赋予了社会理想、道德理想等意义，反映了人的品质、原则、规范与境界。因此，概括地说，道德是社会规则与个人品性的统一体，它是人类在满足自身生存和发展需要的实践理性的指导和驱动下创造的一种特殊的精神世界、精神生活方式。具体分析，道德具有以下三层含义：

（一）道德是一种具有特殊的规范调解方式的社会意识

这一层次的含义既表明了道德是一种社会意识，又表明了它与其他社会意识形态有所不同。道德作为一种社会意识，是在一定的社会经济关系之上产生的一种社会意识形态，它反映人类社会发展的要求，反映特定的阶级利益。道德的内容、特征、发展和演变都受社会经济关系的制约，因此，社会经济结构的性质直接决定各种道德体系的性质，经济利益决定道德体系的基本原则和主要规范，社会经济关系的变化将会引起道德的变化。

道德作为一种具体的社会意识形态，它有着自己的特殊性。通过比较各种社会意识形态的异同，不难发现，道德是一种由原则、规范、意识、信念和行为习惯构成的特殊的调解规范体系。道德不同于其他社会意识形态的根本特征就在于它特殊的规范性，表现为以下三点：其一，道德规范是一种非制度化的规范。即道德规范并不是被颁布、制定或规定出来的，而是处于同一社会或同一生活环境中的人们在长期共同生活的过程中逐渐积累形成的要求、秩序和理想，它表现在人们的视听和言行上，深藏于品格、习性、意向之中。其二，道德规范手段是非强制性的。道德规范的实施主要是借助传统习惯、社会舆论和内心信念来实现的。传统习惯是一种行为准则，社会舆论的力量是"精神法庭"，内心信念是无形的"法官"，任何不道德的行为都难逃道德的"审判"。同时，教育、宣传、大众传媒也常是道德规范实施的重要手段。其三，道德是一种内化的规范。道德规范只有在为人们真心诚意地接受，并转化为人的情感、意志和信念时，才能真正得到实施。也就是说，人们出于内在的善良愿望而遵守的才称为道德，迫于外界压力而循规蹈矩的人在法律意义上是好公民，但不一定是道德意义上的好人。

（二）道德是一种品质

长期以来，一些权威性的伦理学论著习惯于在特殊的社会意识形态和"社会规范总和"的意义上界定道德，并据此阐述道德的本质、特征等，这种方法其实没有在整体上把握道德的本义。在我国，道德是由"道"与"德"这两个不同的概念演变而来的。"道"的基本含义是独立于个体而存在的社会规范和行动准则，"德"是个体得社会之"道"而形成的"心得"，即个人的道德品质。所以古人云："德者，得也。""道"与"德"的逻辑关系自荀子加以贯通连用为"道德"后，就含有社会道德原则规范与个人道德品质两层含义，后者实则为"德（得）道"。西方人从古希腊开始便主要将道德归结为个人的道德品质或素质，认为"道德是一种在行动中造成正确选择的习惯，并且，这种选择乃是一种合理的欲望"，是"行为、举止的正直（正当）和诚实"。

可见，不论是在传统还是现实的平台上，人们总是习惯于把道德作为一种与自己休戚相关的精神世界和精神生活来看待，感到"道"是"身外之物"，但道德却实实在在地存在于自己的日常生活中，不仅人与人之间、个人与群体之间相处、交往与合作需要那些既成的道德，而且自己的心理感受也离不开它们，处在有道德的环境中就会心情舒畅。也就是说，生活在现实道德世界中的人们所关注的往往不是现行的"道"，而是传统的"德"及其营造的道德环境。从这个意义上讲，"道"的建设和繁荣对于社会的道德发展和进步是必不可少的，但同时也必须"德（得）道"，以养成与经济发展和整个社会文明进步相适应的个人道德品质。

（三）道德是一种实践精神

道德作为一种精神现象，还具有指向实践的意义。其实道德具有双重属性，一方面，所谓道德是一种精神，即属于意识形态，属于观念和思想性的东西；另一方面，它又指向实践，以规范、落实人们的行动和实践为目的，必须见之于行动。也就是说，道德不仅是思想和观念的东西，同时还具有规范性、指向实践的品格，而规范性的东西最重要的特点或本性是根源于实践又见之于行动，不只是停留于思想和观念上。

因此，道德还是一种实践精神，是人类掌握世界的特殊方式和完善发展自身的活动。道德作为一种实践精神，是通过价值方式掌握现实世界的，即以评价对象、调节社会关系、预测社会发展、形成行为准则的方式来认识、反映、改造和完善客观世界，同时，人们通过特殊的意识信念、行为准则、评价选择和理想追求等价值体系发展个人品质，提升个人精神境界。具体说来，道德对于世界的改造主要是以精神的手段来调节人与人的关系，通过形成特殊的社会秩序和行为准则来实现社会的稳定、和谐和发展。这种精神的手段主要是评价，道德评价不仅是按特定的道德准则进行，同时还会创造出新的行为规范，制约和指导人们的行为，形成新的道德环境。道德对于人类自身的完善主要是指加强人的主体意识和提高人的选择能力，动员全部身心力量克服恶行，培养善行，提或自身的精神境界。由于社会中善与恶、高尚与卑劣总是相伴存在，因此道德必然要求人们在道德冲突中自觉选择高尚而弃绝卑劣，从而完善人格，提升品性。

第二节　道德品质的内涵、价值与构成

夫君子之行，静以修身，俭以养德，非淡泊无以明志，非宁静无以致远。

——［三国］诸葛亮

对于大学生而言，每个人都有相对独立的个人道德品质。一个人道德品质的修炼是一个漫长的过程，需要用一辈子来学习，从理性高度把握道德品质的时代要求并内化于自身，是现代人生存的基本需要。

一、道德品质的解析

道德品质也被称作德行，它是一定的社会道德在个人思想和行为中的

体现，是一个人在一系列道德行为中所表现出来的比较稳定的特征和倾向。道德品质或德行一般分为伦理德行和理智德行。前者受社会风气影响，后者来自人自身的思考，靠教导而生成，由培养而提升。

道德品质实际上是一个人履行社会生活客观要求所赋予的义务的素质和能力，这种素质和能力是由个人道德认识、道德情感、道德意志、道德信念以及个人的行为习惯等诸因素构成的。

道德品质是一种具有统驭、推动、导航作用的巨大生命力量，是人创造美好生活、实现自我价值的内在动力资源。道德品质可以使人的心灵超越外在的物质世界，净化灵魂，也可以引发人的道德情感，使人具有坚定的人生信念和行为。道德品质与道德一样，都是一种规范，但道德更多的是指未转化为个人内在心理和人格的规范，而道德品质是已经转化为个人内在心理和人格的规范。我们可以从两者的关系对比中发现，道德品质是道德意识和道德行为的统一，是更高层次的规范要求。有时我们会误认为社会只是要求我们遵行某一套规则，其实社会更高的要求是要我们具有一定的道德品质。

我们在认识道德品质时，应看到以下四个基本特征：

（1）稳定性。

亚里士多德强调，一个人做一件好事算不得是一个善人，就像一个暖日并不是春天一样，一个人必须终身行善，才是一个有道德的人。道德品质是一种习惯，是个人凭借意志力审慎选择之后逐步形成的。人们在每一个时期、每一个场合的行为选择都具有自觉性，只有凭借顽强的意志力，在拔除了种种妨碍道德行为的阻隔之后，道德上的恒久习惯才能养成，优秀的道德品质才有可能成就。

（2）自觉性。

叔本华说过："具有真正道德价值的行为还有另一个特点，它完全是内在的，因此不太明显。"道德品质的着眼点只是一种个人品性的培养或一个人的精神提升活动。现代人所谈论的道德往往是要求人们共同遵行一些现行的准则，现代的道德规则常常是客观的，带有外在强制性的特征，而道德品质所讲求的却是个人对幸福人生的自觉体验，所以用我们中国古老的哲学术语来说，道德品质是"为己之学"，即人之所以为人的一种学问。成熟的道德品质以主体的自觉自愿、自主抉择为基础，而非主体对社会生活的本能适应。社会道德不仅已经内化成个体的内在法则，而且已经转化成了个人的价值追求。

（3）开放性。

成熟的道德品质主体会不断接受新的道德观念，拔除旧的道德干扰，并在道德品质发展的过程中表现出自己的创造个性，在实践过程中不断体会、理解和深化它。

（4）终极性。

人的一生总在实现各种目标，这些目标构成了人生的终极价值。亚里士多德把对幸福的求取看作个人的最终目标。"幸福"如同一个盒子，里面可以装各种不同的内容，而所装的这些内容需要每个人根据自己的生活实践来加以选择。一个人之所以幸福，其实质内容必然离不开道德品质，因为道德品质是能使我们获得幸福的内在品质。

一般情况下，道德品质通常是指善德或美德。其实道德品质是一个中性的价值概念，它是主体在长期的、一系列的道德行为中表现出来的综合稳定状态。而稳定的德行状态具体指向什么方向，还需要善与恶来具体规定。通常情况下，我们将有利于维护他人和社会利益的道德品质称为善德或美德，将有损于他人或社会利益的道德品质称为恶德。善德与恶德的评判主要以主体行为利害后果为依据。

善德是一种自我牺牲精神。有位西方伦理学家说："每一种善德都压抑了欲望、侵犯了自由。"因为善待他人的美德，如"大公无私""公正""报恩""同情""爱人""诚实""慷慨"等，压抑的是利己的欲望，实现的是利他的欲望，牺牲的是利己的自由，实现的是利他的自由。也正因为善德是一种利益付出，把他人的欲望与自由摆在优先位置，善德才显出其高贵。应该说明的是，善德倡导的自我牺牲是相对的，并不意味着个人利益牺牲得越多越好，也不意味着个人在任何条件下都要自我牺牲，它只是要求在别人比自己有更迫切需要之时，赋予他人利益优先权。

集体主义名义下的自我牺牲不是利益的白白流失，而是利益的转移，是个人利益向他人或社会的让渡。从总量上看，社会利益不仅没有减少，相反，它还可能带来利益总量的增加，因为自我牺牲可以使利益向最需要的人发生转移，从而产生更大的效用价值。即便在特殊境遇下出现利益让渡受阻，如一个人舍身抢救落水者却不幸与落水者一起遇难，这种自我牺牲的行为也不是白费，它虽然在物质意义上蒙受了利益损失，在精神意义上却获得了利益丰收，社会的道德精神会因此更显高贵。但这时的集体主义必须是"真实的集体"，即集体利益与个人利益要根本一致，集体利益的实现可以更好地实现个人利益。

即便不从总体效益的角度分析自我牺牲，也还存在这样一种情况：曾有一位大学生为救助一位老农民而牺牲了自己的生命，事后有人表示怀疑，认为用一个知识青年的生命换取一个暮年老农的生命是不值得的，这样的事迹不值得提倡。这种思想和说法是错误的，实际情况是，青年人发现有人处于危急之中，他考虑的并不是用自己的生命去救助别人的生命将可能付出极高的代价，他是在实践自己的道德义务。

善德是一种美好的自律境界。以善德为追求的自律者因拥有善德而快乐和幸福。因此，追求善德的人遵守道德是无条件的，不论善德能否带来利益，他都会一如既往地赋予善德那份神圣。反之，如果一个人只是处于善德他律的境界，即遵守道德是被迫的，而不遵守道德是自愿的，只要有可能，他便会背弃道德。这样，他便不可能长期、稳定地遵循道德，也许有一天他会成为恶德之人。①

当前，社会上流行着所谓的合理的利己主义，提倡"主观为自己，客观为别人"。英国功利主义思想家孟德维尔用著名的"蜂巢理论"证明了这一观点的合理性。在他看来，人类社会就像蜂巢，人就像蜜蜂。蜜蜂因冲动和虚荣心去投机钻营，身上充满了"败行与恶习"，它的私利也得到了满足。假定每只蜜蜂都投机钻营，私利都得到满足，最后就实现了所有蜜蜂的公共福利。人类社会亦是如此，每个人的自私行为都极为丑陋，但合起来则成了一个极乐世界。孟德维尔的观点从文字上看似乎很有道理，但在现实中并不合理。因为当所有社会成员以"败行和恶习"谋求个人利益时，必然会引起剧烈的利益冲突，膨胀的私欲会使人以损害他人利益为代价来成全自身利益，"公利"当然无从谈起。即便所有的人都利己不损人，"公利"也无法实现。在社会利益总量有限的情况下，一部分人的利益满足总是要以另一部分人的利益缺失为代价。如果每个人都抱有利己动机，结果只能是利己能力超强的人才能得到利益，势必导致有限利益的分

---

① 王海明. 新伦理学［M］. 北京：商务印书馆，2001：144–148.

配不公，恶德只会带来恶果。

二、道德品质的价值内涵

有些人认为道德排斥人性，道德约束使人性中许多自然、正常的东西得不到应有的释放和满足，认为道德压抑人性，摧残人们的身心健康，主张将人们从道德的束缚下解放出来。其实，作为内在精神，道德品质具有不可怀疑的存在价值，我们每一个人都是善良品德的受益者。古罗马伟大的演说家西塞罗认为，道德上的善之所以值得追求，完全或主要是因为其本身的价值。正是由于道德品质存在着一定的价值，人们才要培养德行，提高个人品质。

（一）道德品质的精神价值

道德品质的精神价值也可以称为德行价值、内在价值。道德品质最根本的精神价值表现为它是人的生命价值之源。表现为以下几个方面：

首先，道德品质使人成为人。道德品质作为人类理智的标志存在，可以最直接地实现对人的动物性的否定，从而使人显示出超越其他动物的高贵。正如帕斯卡尔所声称的"真正的人性是一种品行和习性"。没有德行就没有真正的人性，没有道德品质的根基，人性就会沦为兽性。正因德行的渗入，使其性欲转化为爱情，本能转化为理性，人性才会提升，也才称得上真正意义上的人。因此，也可以说道德品质是安身立命之本。

其次，道德品质使人与人相区别。一个人具备了优良的品德，就会在自己的群体中获得归属感、安全感甚至荣誉感，感受到做人的价值和尊严。反之，品德低下的人则不能获得社会的价值认同，不能有尊严地参与社会生活，他会因此被遗忘、被忽视甚至被遗弃，继而产生失落感和孤立感。现代著名哲学家方东美认为，中国人酷爱生命，所以中国人尊重生命的价值，对于生命，总是力求其流衍创造，以止于至善。中国人深知，如果生命离开德行的润泽，宇宙将蹈于空虚和诞妄，而空虚和诞妄就是一个人缺乏德行润泽的表现。

再次，道德品质提升人生的价值目标。亚里士多德曾说："德行确定一个正确的目标，明智则提出达到目标的手段。"实践已经表明，德行有助于确立人生正确的价值目标，提升人的品格。人是一种有限的、以物质利益为满足形式而存在的动物，人的生理需求只能在有限的意义上实现，人既没有必要也没有能力在无限的意义上寻求生理满足，超越生理能力之外的物质对人也不再是享受而是负担。所以，理性之人绝对不会将价值的追求局限于物质本身，因为纯物质的追求必然会使人变得没有追求，人因而失去生活的意义。所以，理性的人会将物质的追求上升为精神的追求，从而克服物质的有限性而让追求趋于无限。例如金钱对于比尔·盖茨已经失去意义，但他仍然在追求利润，用他自己的话说，是为了实现一个小小的愿望，即让全世界每个家庭的桌子上都摆上一台电脑。可见，推动他追求的显然不是物质本身，而是品德赋予的精神力量。人到了青年时期，难免会思考希望自己成为什么人，成为怎样的人；思考怎样的生活是最好的生活，是最有价值的生活。在这里，道德品质的价值判断起着重要作用。所以，我们所追寻的好生活不仅不能与道德品质相违背，恰恰需要探寻的是具有什么样的道德品质才能使我们获得好生活，才能确立生活的正确原则，才能提升我们人生的价值目标，从而提升生命的价值。

最后，道德品质可以将快乐转化为幸福。快乐不等于幸福，快乐的人不一定幸福，但幸福的人却一定快乐。古代希腊哲学家伊壁鸠鲁说，身上长满疥疮的人也可以体验到挠痒的快乐，但没有一个人愿意享受这种快乐，因为它要以更大的痛苦为前提。一般来说，快乐是感性的，幸福是理性的；快乐是短暂的，幸福是稳定的；快乐是个人的，幸福是社会的。所以，明智之人追求的是快乐的幸福，并且将快乐转化为幸福。现实生活中，人的快乐可以由不同的诱因导引出来。物质利益虽然可以带来身体享受，给人以短暂的快乐，但难以让人真正进入幸福的境界，因为身体器官的感觉具有局限性，能降低人对快乐的体验。当一个人处于物质上的无节制状态时，感觉器官的刺激感应性会自然降低，对物质的快乐体验也会相应减少。幸福意义上的快乐务必从精神层面去寻找，所以亚里士多德指出，既要重视快乐的价值又要避免纯粹感官的快乐，获得幸福的途径应符合一定的道德标准。因为"对一切沉溺于口腹之乐，并在吃、喝、情爱方面过度的人，快乐的时间是很短的，就只是当他们在吃着、喝着的时候是快乐的，而随之而来的坏处却很大"。生活中应避免物质欲望的需求过高，否则会使人的心灵躁动不安，难以体验生活真正的幸福。道德品质的功能在于它将个人的快乐与他人的快乐相联系，从而使人在为他人服务的过程中产生心灵上的愉悦体验，实则是地道的人间幸福。

（二）道德品质可以促进社会经济利益最大化

道德本身是人类经济活动的产物，人们之所以接受道德的规范，绝不是为了用道德来约束自己的利益追求或追求一个经济利益以外的目标。相反，道德能够为主体求得最大化的利益实现。诺贝尔经济学奖获得者道格拉斯·诺斯认为："即使在最发达的经济中，正式规则也只是决定行为选择的总体约束的小部分，大部分行为空间是由习惯、伦理等非正式规则来约束的。"诺斯的观点充分表明了道德对经济运行的质态意义，也认同了道德对经济的功利价值。

1. 道德品质对经济的功利价值

作为内在的道德，道德品质的功利价值主要表现在以下几个方面：

（1）为功利化的经济活动提供了最具效率的理念支持。

资本主义经济在 19 世纪和 20 世纪得到高速发展，正是斯密为资本主义经济制度找到了迄今为止最具效率的道德定位，才使得资本主义经济有今天的发展格局。道德发展到今天，已经有了相对完备的准则体系，它通过规范主体行为降低了市场交易的执行成本和监督成本，积极促进经济效益的提高。

（2）通过激励，为主体的风险性经济行为提供精神动力。

经济学中有"风险与收益成正比"的理论，这意味着最大的收益往往可能伴随着最大的风险。如果经济主体都因不可预测的后果而畏缩不前，这无疑会导致社会经济资源的巨大浪费，经济利益的最大化也将成为泡影。正是为了避免这种情况的发生，当今的道德用"开拓""进取""智慧"等伦理精神对经济主体给予激励，这势必引导更多的人进行理性风险投入，从而为个人和社会利益的最大化创造条件。

（3）通过协调，为良性竞争环境的营造奠定基础。

经济主体的最大利益只能存在于良性的竞争环境之中，而道德把营造良性竞争环境作为自己的职责。它以确认经济主体的人格平等为前提，充分肯定每个人追求自身利益的合理性。道德在倡导竞争的同时，也提倡经济主体之间的相互合作。道德致力于协调竞争关系的结果是使经济压力转化成了经济动力，经济利益最大化的目标亦更趋现实。

2. 道德品质可以增加单个利益的效用价值

当人们在善德的导引下进行利益让渡时，利益会朝着最有需要的人发生转移，利益本身的效用价值可以得到超水平实现。比如，一个面包对一个吃饱饭的人来说只是一个面包而已，但当它转移到一个濒临饿死的人时，则意味这个面包可以拯救一个生命。假定整个社会在道德品质上进入了高水平阶段，则意味着社会利益效用价值的扩张，这将惠及社会全体成员，特别是社会中的弱势群体。

3. 道德品质可以减少社会利益的无意义损耗

在道德无序状态下，由于社会成员之间利益冲突频繁，社会主体人心涣散，社会整合力降低，社会管理成本增加，必然会在客观上降低社会利益的生产效率与分配效率。同时，社会为了应对包括违法行为在内的各种不道德行为，还要从有限的社会财富中拿出相应的利益来进行社会防范，这在客观上造成了社会利益的无形损耗，降低了单位利益的效用价值。相反，当人们有了普遍化的善德之后，情况就会发生根本性改变，社会利益矛盾会大大减少，由利益矛盾引发的利益损耗将会有效终止，社会的防范成本会降低，社会的每一个人都将因此受益。

三、道德品质的基本构成

人类文明在长期发展过程中形成了源远流长的优良道德传统，这些优良道德传统内涵丰富、博大精深，是人类文明发展的重要精神财富。在此我们主要对以下几种美德加以阐释：

（一）仁爱

崇尚仁爱是中华民族最具代表性的传统美德之一。孔子对"仁"作了理论的升华和概括，使之成为其博大精深的思想学说的核心。孔子的仁爱就是一种爱护人、重视人的"人本主义"精神。"樊迟问仁，子曰：'爱人。'"孔子认为仁的基本内容就是爱人，人要有同情心，人和人之间应相互关心、相互爱护、相互尊重。孟子也很重视仁，孟子说的仁就是"仁也者，人也"，即把人当成人看待，要爱人。孟子不仅把"仁"推为首德，而且把"仁"与人性紧紧地联系在一起。在他看来，人性本善，其第一位的善端就是"恻隐之心"，由此发扬光大就为"仁德"。因而，仁爱主义精神是人之为人的根本精神。比孔子稍后的春秋战国时期的思想家、政治家墨子提出的"兼爱"说，也是我国仁爱思想的一个重要方面。墨子认为，人人都是欲富贵而恶贫贱的，所以道德应该以兴天下之利、除天下之害为最高目的，因此，要"兼相爱，交相利"。墨子的"兼爱"广博，要求对一切人都同样爱，没有区别，没有等级。要把别人的国看成自己的国，把别人的家看成自己的家，把别人的身体看成自己的身体。一句话，就是要爱他人如同爱自己一样。此后，历代中国伦理思想家都基本沿着孔孟创立的仁爱思想发展下去，使仁爱主义精神在中国源远流长，对整个中国社会的历史发展产生了巨大的影响。

当然，孔子和孟子所讲的仁爱是按照血缘关系分等级的，就是说爱要从侍奉双亲开始，由近及远。在西方，"仁爱"也有着悠久的传统，它曾经是基督教伦理的主要德目。与孔子倡导的有差别的爱不同，西方的仁爱思想强调平等之爱，它要求人们"爱人如己"，不仅要爱自己的亲友，而且要爱一切人，包括自己的敌人。

"仁爱"的内涵非常丰富，对我们而言，从个人层面践行仁爱道德品质显得尤为重要。

首先，要有人道主义精神。人道主义就是要求尊重人的价值、发展人的个性、强调人的尊严、追求人的自由，从而形成一种以"人"为中心的思想体系。仁爱思想提倡尊重人、关心人、爱护人，闪耀着人道主义的光辉。在今天的社会生活中，我们应当大力发扬人道主义精神，尊重人、关心人，特别是要保护儿童、尊重妇女、尊重老人、关心帮助鳏寡孤独和残疾人。人与人之间要互相关怀、互相同情、互相体谅、互相帮助，一方有难，八方支援，把他人的困难当成自己的困难，通过心中的仁爱把人与人紧密地联系起来。

其次，要视人若己，克己为人。孔子认为，实现"仁爱"的基本方法就是忠恕之道。忠恕之道，从另一个角度来说就是"己所不欲，勿施于人"，从积极方面来说就是"己欲立而立人，己欲达而达人"。总之，就是将心比心、推己及人。这两句话也成为全球伦理道德的黄金规则。要爱人，一方面必须视人若己，把别人当成自己来看待。能像爱自己一样去爱别人，去爱天下人，不仅说明这种爱是真诚的，而且说明这种爱是深厚的、博大的，它不是局限于一定范围的亲属、朋友之间的爱，更不是为了一己私利的爱。凡是自己认为是好的事情，都应该推及他人身上，自己所希望建立的事业，也应该希望他人能建立，自己如意、幸福，也要帮助他人如意、幸福。推己及人还有另一方面，就是自己不喜欢的和厌恶的，自己不愿意干的，不要要求也不要希望别人去干，更不能勉强别人去干。这不仅是对别人的尊重，而且也是对别人一种深厚的爱。要爱人，就要克己，克己才能爱人。要真正做到爱人，就必须严格要求自己，从提升自身的修养做起。要控制自己的欲望和感情，甚至牺牲个人的利益，按照一定的道德要求去行动，去践行自己应尽的义务。

最后，要依良心行事。法国著名思想家卢梭曾经唱出一曲良心的颂歌："良心呀，良心！你是圣洁的本能，永不消逝的天国的声音。是你在不差不错地判断善恶，使人形同上帝！是你使人天性善良，让行为合乎道德。"依良心行事，就是在自己的行为过程中充分考虑他人的需求与感受，即把自己当作目的，同时又把别人当作目的。有良心之人时刻会想起自己对他人的责任，不会损人利己，而会力求利己利人，必要时甚至会舍己利人。在良心引领下的行为过程，实质上是一个向他人表达仁爱之心的过程。一个有良心的商人不会唯利是图，一个有良心的政府公务员不会亵渎人民赋予他的权力……可以说，良心所在之处，也是仁爱彰显之处。

（二）公正

公正是一种古老的道德美德，是人类社会具有永恒价值的基本理念和基本行为准则，与正义相通，古希腊哲学家柏拉图把公正看作四大美德之首。公正作为人类的永恒追求，具有普遍性、绝对性和至善性。公正是人类社会所必要的因素，因为一方面人类需要社会合作，人与人之间具有利益的一致性；另一方面，个体的私己性又会使社会成员之间产生一定的利益冲突。所以，维护社会的公共性，协调社会成员之间的利益，就需要一个大家都共同遵守的规则，这就是社会的公正原则。古希腊的公正女神手里拿着丈量土地的二角规，代表着不偏不倚。公正虽然是根源于个人公正品质的个体德行，但它又通过公正行为表现于外而关系到其他人的幸福，因而公正又是"非个体的个体德行"。也就是说，公正既是个体德行又是社会德行。公正的人以德行对待自己，也以德行对待他人，公正与个体德行具有本质的区别，这也正是把慷慨和仁慈等德行称为"个体德行"，而把公正称为"非个体的个体德行"的原因。

因此，公正一般分为"个人的公正"和"社会的公正"两种，我们指的作为道德品质的公正主要是针对个人的公正而言的。所谓个人公正既指个人行为的一种根本原则，又指个人的一种优良道德品质，主要表现在个人的为人处世中，能以当时社会的法律、规章、惯例等为准绳，严格规范自己的行为，正直做人，公正办事，从而保持自己行为的合法性、合理性和正当性。在个人公正概念中，还可以进一步细分为"立约者的公正"和"公断者的公正"。其中，立约者的公正主要是指立约人在买卖、雇佣、借贷、交易以及其他契约行为中，能忠实履行契约，从而成为一个诚实、守信、正直的人。公断者的公正主要是指社会公共事务管理者的公正，也就是指他们在处理社会公务、判断人间是非、决定功过赏罚、分配权利义务等活动中，能忠实履行公务、严格按照有关规章制度办事，不偏不倚、不徇私。

在市场经济条件下，公正道德品质包含两方面的基本内容。

一是公正体现着权利与义务的平等。权利与义务是基于利益分配关系基础上而产生的社会关系范畴，是社会主体在特定的社会条件下，按照当时"公正"的道德和法律规范，采取某种行为或不发生某种行为的社会意识和社会制度。所谓权利，就是社会主体在特定的社会条件下向他人、向社会要求某种行为或不发生某种行为。所谓义务，就是社会主体在特定的社会条件下应该向他人、向社会提供某种行为或不发生某种行为。根据道德标准和法律标准，权利与义务分为道德权利、义务，以及法律权利、义务。权利与义务无论是作为道德法律观念，还是作为道德法律制度，两者在产生的时间上是同步的，在价值取向上是相对立的，在价值量上是相等的。公正体现在个人的利益关系上，就是要使享有的权利与应尽的义务或应负的责任对等。如果一个人只有权利，没有义务、责任，或反过来，只有义务、责任，没有权利，显然都是不公正的。拥有公正美德的人一定是一个既享受权利又知道履行义务的人。权利与义务相伴随，是一个民主社会的公正法则，也是一种公民美德。

二是公正意味着自己权利与他人权利的平等。在制度设计中，处理具有平等对称地位的社会成员之间的权利关系时，公正是唯一合理可行的法理原则。在个人行为中，谋求个人权利的同时尊重他人权利是最基本的伦理要求。任何藐视或损害他人权利的行为都是对公正原则的践踏，它不仅可能对他人利益构成现实侵害，而且可能造成对他人的人格贬损。一个拥有公正善德的人一定会是一个充分尊重他人权利的人，他不仅对他人权利给予尊重，而且会通过对自己义务的履行去促成他人权利的实现。

公正的真正实现，最终要依赖公正的道德品质的养成。西方伦理学家麦金太尔说，只有具备正义德行的人，才可能知道怎样施行规则。非公正的人即使有法律的规定，也未必能做出公正的事情，更不可能积极地行使公正的权利。公正的人恰恰相反，他公正的品质先于公正的行为，因此他在适当的时机具有履行公正行为的趋向，具有自己典型的德行。他拥有的德行告诉他应该如何做，并且促使他做出德行，而他的德行正是公正行为。

（三）诚信

据 2001 年 11 月 28 日新加坡《海峡时报》报道，有家公司被几个新聘来的中国学生弄得很被动，原因是这些学生不讲信用，他们被录取后又决定放弃这份工作，既不去上班，也不打个电话提前告知，结果让这家公司白等了多日而蒙受损失。这些学生虽然学习成绩优秀，但显然缺乏诚信。

诚实守信是中华民族的传统美德，哲人言："人而无信，不知其可也。"诗人云："三杯吐然诺，五岳倒为轻。"民间语："一言既出，驷马难追。"这些都极言诚信的重要性。几千年来，"一诺千金"的佳话不绝于史，广为流传。

中国儒家思想首倡诚信为道德哲学，孔子、孟子、荀子对于"诚""信"都赋予了极高的道德意义。在儒家经典《礼记·大学》中，"诚意"作为"八条目"之一，成为连接"格物""致知"与"正心""修身""齐家""治国""平天下"的重要环节，成为道德内养与外成的关键点，具有促进道德完善、家庭和睦、国家兴旺与天下安宁的多种社会功能。"信"也成为为人与为政不可移易的基本准则。孔子十分强调"信"在治理国家中的重要作用，他认为治理国家时即使"去兵""去食"，也不能"去信"，因为"民无信不立"。孟子把"诚""信"与道德修养联系起来，

"诚"成为体验道德本体、规范人们道德行为的一个重要概念。所谓"诚者，天之道也，思诚者，人之道也。至诚而不动者，未之有也；不诚，未有能动者也"。孟子在这里不但把诚信看成"天"的本性和自然界的规律，而且看成最高的道德范畴和做人之道，孟子还进一步把"朋友有信"与"父子有亲、君臣有义、夫妻有别、长幼有序"并列为"五伦"，成为中国封建社会道德评价的基本标准和伦理规范。荀子则认为"诚"乃"政事之本"，把"诚"从做人之道扩展为治世之道，同时把是否有"信"作为区分君子与小人的重要道德标准。

什么是诚信？"诚，无伪也，真也，实也。""诚，审也。""诚"与"实"的规范含义仍存在细微差别。"诚"是人的态度，指人以一种求真的态度去对待事物，以一种忠实于事物的真的态度去反映事物，所以诚又有忠诚的意思。"实"是实在，以实在表现真，指事物的本真状态，是说事物的真、存在的真。"信"的含义主要有三个：一是言行相符、严守信用的道德品质，二是信实的态度和执着追求的精神，三是慎言守诺的负责精神和态度。在中国古代，诚与信往往具有同等的意义，因而人们常常把诚与信联系在一起，或者认为诚与信是互训的。程颐说："诚则信矣，信则诚矣。"一般而言，诚信的基本含义是守诺、践约、无欺。通俗地表达，就是说老实话、办老实事、做老实人。人生活在社会中，总要与他人和社会发生关系。处理这种关系必须遵从一定的规则，有章必循，有诺必践，否则，个人就会失去立身之本，社会就会失去运行之规。

诚信是现代社会个人安身立命的必然要求。由于社会分工的细化，社会流通的加剧，人在现代社会的交往范围已经大大超过了传统社会的五伦关系范围。从某种意义上说，现代社会已经成为交往社会。在这个人们每天都要面对大量陌生人的社会中，个人的发展不仅需要能力、智力作基础，还要以良好的道德品质和完善的人格作条件，两个方面都不能缺少。在现代社会，诚信是促进个人发展的道德条件的核心，它对人的立身、生活、工作、交友、为政都有着重要的作用。

首先，诚信道德是人的立身之本。诚信道德经过几千年的道德实践，已成为中华民族的传统美德，成为人与人之间相互共处、互爱互助的基础，成为处理人际关系的精神纽带，深深地积淀在人们的生活和意识里。在现实生活中，真诚老实、言而有信的人往往深受他人的尊重和爱戴，而那些虚伪狡猾、言而无信者则受到世人的鄙视。因此，现代社会越来越提倡说老实话、办老实事、做老实人，越来越需要以信待人、以信取人、以信立人。没有诚信，人无以立身。其次，诚信是人的成事之宝。在现代条件下，一个人要想在事业上取得成功，不仅仅是能力和智慧的事情，从长远来看，更重要的是诚信道德在起作用。因为市场经济是一种法制经济，也是一种道德经济，它需要诚实守信。诚信是个人事业中的一张"金质名片"，是事业取得成功的法宝，是人的事业的生命线。最后，诚信是人的交际之道。在现代社会，人不可能孤立地生活，要发展就必须建立良好的人际关系，取得更多的社会资源。而要建立良好的社会关系，诚实守信是要遵守的第一原则。同时只有在交往中对他人以诚相待、言而有信，才能得到他人的尊重和信任，这样才能建立长久的良好关系。

诚信作为个体重要的道德品质，主要有以下三项基本要求：

一是诚实信仰、忠诚信奉。诚实信仰是诚信道德的最高境界和要求。《礼记·祭统》中有云："身致其诚信，诚信之谓尽，尽之谓敬，敬尽然后可以事神明，此祭之道也。"这里说的诚信是一种深厚的宗教感情。孔子说过"祭思敬，丧思哀""祭如在，祭神如神在"，它既要求人们有一种恭敬、审慎的心理，又表达出诚信道德内蕴的诚实信仰、忠诚信奉、恭敬尊重等道德要求。

二是诚实信用、诚实守诺。守信用、重承诺是诚信道德的基本要求。在古人看来，作为伦理学概念的诚信既是一种道德品质，又是一种成德成圣的道德修养方法、境界和能力。《中庸》有云"君子诚之为贵""诚之者，择善而固执之者也"。由此可见，诚信道德蕴含着诚实守诺、真实不欺、不妄不伪、言行相符等德行要求。

三是忠诚信义、真诚负责。在遵守承诺的基础上自觉地取信于义、真诚负责，是诚信道德的最终归结。诚信道德蕴含着公正、正义、诚直、负责、守时、赏罚分明等道德要求。诚信必须与信义、道义相结合，才能体现社会的公正、公平和正义，体现忠于职守的责任感和义务心。

（四）宽容

宽容一词来源于拉丁文"tolerare"，在《不列颠百科全书》中"宽容"被定义为："容许别人有行动和判断的自由，对不同于自己或传统的观点的见解的耐心公正的容忍。"《布莱克维尔政治学百科全书》对"宽容"的解释为："宽容是指一个人虽然具有必要的权利和知识，但是对自己不赞成的行为也不进行阻止、妨碍或干涉的审慎选择。"青年学者贺来认为："宽容是一种建立在对人与世界的多样性、真理的相对性与人性的多面性自觉意识基础上的理性和明智的思维方式、行为方式与人生态度，是人处理人际关系所存在的差异、矛盾和冲突时所表现的一种成熟通达的美德和境界。"① 对个体而言，宽容是面对他人的过失或伤害表现出来的一种心理的大度，是仁爱之心的深层次表达。宽容让我们不将自己的观点强加在他人身上或不公正地限制他人的自由，让我们欣赏人类丰富的差异性，欣赏来自各种背景以及不同人种、宗教、国家的人们的许多正面的品质和贡献。唯宽可以容人，唯厚可以载物。海纳百川，有容乃大。日月称其明者，以无不照；江海称其大者，以无不容。

宽容是一种美德，是一种境界，是对人对事的包容与接纳。雨果说："世界上最宽阔的是海洋，比海洋更宽阔的是天空，比天空更宽阔的是人的胸怀。"宽容并不是懦弱，宽容的人之所以宽容，不是因为害怕，而是因为仁慈；相反，宽容甚至是一种勇敢，它需要当事人付出比常人更多的勇气。有人认为，宽容是对邪恶的放纵，其实，宽容是一种强大的精神力量。我们如果能以宽容之心待人，我们也会得到他人的宽容，这样可以让他人和自己都获得一份愉快的心情。

从更深层上讲，宽容精神实际上是对客观规律的遵循，对他人、社会甚至人类利益的尊重。这是因为世界的本质是一种多样性存在，世界的本质是"多"而不是"一"，差异性是一种客观的普遍存在。现代民主社会实际上是一个合理的、价值多元的社会，人的思想认识都是相对的，且经常是互不相同的，总是存在差异、分歧甚至冲突，谁也没有理由压制他人的思想认识，而是应该让有差异、分歧甚至是相互矛盾的思想观念自由平等地存在。人之所以选择某种价值观，是因为他信仰这种价值观。真正的信仰不是因为外力的原因，而是内在心灵的确信，谁也不会把信仰盲目地交由他人来决定取舍，因而外力不能够改变人们已经形成的对事物的内在判断。当代大学生的思想与行为呈现多种多样的态势，不同的个体有不同

① 贺来.宽容意识［M］.长春:吉林教育出版社，2001:7.

的个性和长处。既然物各有性，物各有宜，那么就应该有宽容不苟、兼收不同的思想。大学生思维还具有动态开放性，这使得他们在对各种信息的评判和吸纳上会不断地实行动态调节，表现出反复易变的特点。对于动态发展中还未成形的思想和行为，需要以宽容的精神吸纳。

在日常生活中，宽容主要是指什么呢？

一是要容人之言。要容得善语好言，更要容得独见愚言，甚至逆耳之言。容言的背后实质是尊重他人的自主权，容许他人对待事情有自己的意志、主张和选择。这需要具有宽阔的胸怀：他人在其自主权范围内所做的事情，尽管和自身的意愿相对立，但他有那样做的权利，个人决不应干涉和包办，决不因此而侵犯他人的自主权。

二是要容过。人非圣贤，孰能无过？对别人不能求全责备，而是应该辩证地对待他们的过错，以发展的眼光看待他们，勿一锤定音。

三是容人之个性特点。应宽容地对待他人所具有的和自己不一样的气质、情感、思维等，互相理解、互相尊重、平等相处，对差异性容忍和认同而不是对抗，充分发扬每个人的自主精神，允许他们有独立思考、自由判断并自己选择自己的生活方式和道德理想的权利。

当然，宽容是有限度和边界的，法律是界定宽容程度的基本准绳。也就是说，凡是危害社会和他人利益的事物都不属于宽容之列。但这一标准也不是绝对的，特别是对青年人，由于他们受社会政策、社会文化、社会成年人的综合影响，他们的问题常常能反映出社会的责任状况，而且他们的思想、行为还处于发展期，因此在界定宽容的范围时，还应综合考虑他们的行为动机及将来发展的可能性前景。

那么，如何才能做到宽容呢？

一是要有开放精神。开放的本质是学习的、批判的、多元综合的、竞争的。而只有具备开放精神，才能允许多元存在和多种文化共存，才能更加理性地对待一切人类文明的先进成果。一个眼光短浅、心胸窄小，有市商心机、小农意识的人，是无法达到宽容境界的。从某种意义上说，开放就是要在信任中放宽心态，吸纳一些合理化程度较高的新观念、新准则和新规范，虚心借鉴或学习别人先进的东西，共享信息与资源，容纳更多的情感、理念、价值、内容形式、模式、机制，在更加丰富的资源配置中构成新的活力。

二是要有民主和自由竞争精神。宽容和尊重他人的教育是民主的必要条件，反过来，民主是社会宽容和个人宽容的基础。民主的意义不在于尊重与自己意志相一致的他人的自主选择，而主要在于当别人的自主选择与自己的意愿不一致时，仍然要予以尊重。因此，具备民主的道德品质和作风就必然会具有宽容的精神。宽容既不是恩赐，也不是无原则地隐忍退让，而是一种使个人和社会发展的机会空间得以最大化的规则和制度。如果没有自由竞争精神，就不可能创造出最大化的机会空间，也就没有宽容的生根之处。从这个意义上说，自由竞争精神创造了现代人的宽容精神，使他们自觉自愿地遵守宽容法则。自由竞争精神可以将宽容引向更高境界，打破和消解一个个不宽容的森严壁垒。

第三节　道德修养的现代价值与基本方式

没有教养、没有学识、没有实践的人的心灵好比一块田地，这块田地即使天生肥沃，但倘若不经耕耘和播种，也是结不出果实来的。

——［德］格里美尔斯豪森

道德修养是一个含义广泛的概念。"修"指切磋琢磨，"养"指涵养熏陶。其原意包括修身养性、反省自新、陶冶品行、涵养道德，今天指人们在道德品质和道德人格方面的自我锻炼和自我改造以及所达到的境界。作为人类对自身生活的自觉省思，道德修养是道德的题中应有之义，是人类主体精神的自律和一种高级的精神活动及其行为实践，体现了人类要求完善自我和社会的道德愿望与思考。

一、道德修养的现代价值

在现代社会中，"利益""科学技术""市场规则""法制"等成为日常生活中的主题词，谈道德修养问题似乎不合时宜，由此带来了这样的问题：道德修养在现代社会中还有没有存在的价值？道德修养在人们行为中的位置还能不能确立？

（一）道德修养与物质利益追求

由于经济的强大推动力，现代社会功利价值观念深刻影响人心，人们物欲高涨，对物质利益的追求达到了前所未有的程度。一些人认为人生最重要的事就是努力实现个人利益最大化，人的一切行为归根到底是经济行为，人生的意义在于占有尽可能多的金钱和物质财富。但经济繁荣发展的同时，也造成了一些人的精神贫困，在行为方式和生活态度上追求低级趣味。有的人深切感受到了社会生活中的人情淡漠、关系疏远、孤独寂寞和个人精神中的浮躁、空虚、失落、颓废。人们的精神世界、价值信仰和美德追求被物欲主义的泛滥、功利主义的狂热所淹没。当我们面对强烈的物欲骚动、巨大的金钱诱惑、尖锐的善恶冲突时，必须清醒地看到，在现代社会，物质利益的追求不是现代人和现代社会的唯一价值坐标，更不能因此将之看作现代人人格理想的全部内涵。

人的生存在根本上还是意义和价值的生存，物质天堂的诺言根本无法消灭生命的痛苦。其实，焦虑并非只是来自直接的贫困，当"幸福"越来越和"名牌""流行""档次"相联系，并以货币的拥有量为标志时，"幸福"便开始远离平凡、远离信仰世界的平衡，成为一种物化的生活标准，一种对不断上升的欲求的满足。这时，我们不仅要关注功利，而且要关注灵魂。因为没有德行的看护，一些人将会利欲熏心，面对不义之财铤而走险。更为重要的是，如果说功利、富足是人们幸福和社会安宁的物质前提条件，那么美德与文明则能直接、深刻地给人们和社会带来幸福与祥和。西方最著名的伦理学家之一麦金太尔之所以重新呼唤人们重视德行的价值，就是因为在功利化的过程中，德行在生活中没有位置。这种丢失扭曲了社会生活，扭曲了人性。道德给予个人欲望和行为的限制非常重要，没有这些传统信仰中的美德的作用，仅是物质生活的提高并不一定能带来真正幸福的生活。

（二）道德修养与科学技术发展

科学技术在现代社会对人的生活世界产生了极大的影响，许多人为了寻求发展，越来越相信科技的力量，相信依靠科学技术就可以得到所需要的一切。而与此相对应的是教育中和人们观念中愈来愈重自然科学知识、轻社会人文知识的思想，即使是对社会科学知识的学习，也是追求它的实用性，其结果是形成了日益严重的唯科学主义倾向，痴迷于对科学技术知识和技能的掌握。问题是，对于现代社会和个体来说，仅有科学技术的发展就能促进社会和个体的发展吗？这个问题又不由得让人想起"卢刚事件"。卢刚，一位从事天体物理研究的中国留美博士，智商极高、科研能力很强，但疏于道德品质的养成，不能正确地处理与竞争对手的关系，最终酿成悲剧。"卢刚事件"绝对不是一个偶然性事例，单纯凭借知识技术论人才的观念是有局限的，它造成了现代社会唯科学主义的知识霸权，只注重人生活动的某一具体目标而忽略了人对自身存在和发展的深刻关切和根本思考，只注重行动可计算的实际效益而忽视了行动本身的价值意义，只注重人的知识技术训练而忽视了人的全面素质特别是思想道德素质的培养，这些导致了现代社会和现代人道德的严重缺失。人是一个有机整体，只强调科学技术的单方面获取所形成的发展必定是失衡的，不但会使发展缺乏动力，也会失去生存的意义。

人的道德修养虽然不直接关乎效用，不是属于生产的实际知识，但是它的地位和作用却不容低估。道德修养强调统一性、整体性、和谐性和思辨性，它必将影响到人的宇宙观、人生观和价值观，培养人明辨是非的眼光、惩恶扬善的气魄、坚持原则的勇气，将人文关怀和博爱精神纳入科学理性的轨道。一个德、智、体、美、劳全面发展，具有高品位的创新人才，一定是一个既具有科学精神又具有道德修养的人。另外，道德修养具有智育功能，对文化知识的学习、良好心性的形成、价值追求的导向都具有重要意义。

强调道德修养还有更为重要的原因，那就是它是培养人全面发展的根本保证。我们培养的人不仅仅是科学家，同时也应该是具有良好人文道德素养的思想家、哲学家，并能够自觉地把科学研究活动同整个人类的命运、前途和未来结合起来，把个人所从事的科学研究深深地置于一种哲学探索之中。道德修养更是人文精神的修养，我国著名学者杨叔子曾对此强调说："一个国家，一个民族，没有现代科学，没有先进技术，一打就垮；而一个国家，一个民族，没有优秀历史传统，没有民族人文精神，就不打自垮。"

（三）道德修养与行为规范

有人认为在现代社会只要遵守学校或单位的规章制度、遵守法律和道德规范就足够了，只要外在的规则、规范完善和成熟了，就能保证个体的行为规范，根本无须再提升个体自身内在的道德修养。规章制度、法律甚至包括道德规范的积极作用是显而易见的，但仅有这些是不够的。因为规章制度、法律甚至包括道德在内的各种规范毕竟总是以外在于人的形式存在的，只要人还没有形成内在的德行，还没有成为真正自由的道德主体，就有可能出现在规范、制度的压力、强制下产生某些合于道德却又并非出于道德的行为。在现代社会中，随着市场经济的发展，人们偏重于对外在行为的整合，具有外在性的诸种规范（尤其是法律规范）的地位上升了，而具有内在性的德行的地位却相应降低，人们自我的道德直觉能力因日益强化的社会伦理约束而慢慢退化，日渐迟钝。对于个体来讲，不仅要遵守道德规范，更需要既"得于心"又"形于外"的德行，这使得人的行为不仅要合乎道德，而且要出于道德，不为外在的道德所拘役。无论伦理规范系统多么周全和完备，如果缺乏个人自主美德的内在心理基础，都不可能内化为人们实际行动的、健全有效的伦理规范。道德的首要任务是告诉人们如何认识自己的生活目的，并为实现一种善的生活的内在目的而培植自我的内在品格和美德，使人知荣辱、辨善恶、重人格、讲国格、身心和谐、宁静幸福，体现人的尊严与价值，并在潜移默化中形成社会和谐的秩序。

美德的培养是要靠自我道德修养来实现的。如果说行为规范侧重于规范善恶及其对人的约束，那么，道德修养则更重视那些具有动机的、遵循原则的行动者自身素质的养成。如果说道德规范是道德善恶一般标准的具体化，道德品质是道德价值标准和义务规范在行为个体身上的内化和凝结，那么，道德修养则是实现这种内化和凝结的根本途径，是联系规范与美德的桥梁和纽带。通过修养将客观的义务变成主体"我想""我要"的愿望，将社会的道德规范转化为个人的内在信念、情感、意志和良心，从而促进个人和社会的健康发展，这是道德修养的现代价值所在。

现代人不能远离道德领域，而且必须更加自觉地提高道德修养，承担更多的道德责任，在更高的层次上发展和完善自身。

二、加强道德修养的基本方式

从古至今，人们根据不同的社会形势总结了一些宝贵的加强道德修养的方式，包括道德修养的途径与方法两个方面。

（一）加强道德修养的途径

与社会实践相联系，是进行道德修养的根本途径。道德修养并不是脱离实际的闭门思过，而是与社会实践相联系的个体道德的自我反省与自我升华。因此，道德修养要与道德主体改造客观世界和主观世界的实践活动相联系，与道德主体具体的道德行为相联系，与道德主体的全部道德实践过程相联系。一个人不参加社会实践，就不可能培养出优良的道德品质和高尚的道德人格。

除了根本途径之外，加强道德修养还有以下基本途径：

一是学思并重。学习是获得知识的最主要的途径，也是提高自身修养层次的最主要的方法之一。一般来说，学习的程度越高，修养就越好，对自我修养的实践就越有益。学习的过程是克服愚昧、求得知识的行为过程，是安贫乐道、笃志好学、学而不厌、虚怀若谷、躬行实践、迁善改过的过程，也是自强不息、学道相融、浑然而一的境界。因此，我们应该博学之、审问之、慎思之、明辨之、笃行之，奠定自己学识和修养的基础。同时，也要善于思索、辨别善恶、学善戒恶，以涵养良好的德行。

二是省察克治。即通过反省、检查以发现和找出自己思想与行为中的不良倾向、坏的念头，并及时抑制和克服。有句话叫"人贵有自知之明"，心理学上将其称为人的自我知觉。这种自我认识的途径，就是"内省"。应该说这是大学生进行自我修养的最佳途径，从本质上说，内省是一种发自内心的自觉活动，是一种理性的自我反思，理性反思有助于大学生养成"吾日三省吾身"的习惯，使自我修养达到理想的境界。陈毅之所以能成为一位伟大的无产阶级革命家，与他反求诸己、谦卑律己、"中夜尝自省，悔愧难自文""灵魂之深处，自掘才可能"的内省精神分不开；恽代英每日会写下一张反思表；雷锋每天入睡前要通过"过电影"的方式对自己的行为进行反省等。这些都值得青年大学生借鉴和学习。

三是慎独自律。即在无人知晓、没有外在监督的情况下，坚守自己的道德信念，自觉按道德要求行事，不因无人监督而恣意妄为。慎独自律是进行自我修养的又一重要途径。刘少奇在《论共产党员的修养》中强调有修养就是"没有个人的得失和忧患，即使在他个人独立工作、无人监督、有做各种坏事的可能的时候，他也能够'慎独'，不做任何坏事"。青年大学生应该学会慎独，自觉在"隐"和"微"上下功夫，不因善小而不为，不因恶小而为之。唐太宗曾说，凡大事都是由小事引起的，如果小事不追究，大事就不可挽救。"千里之堤，毁于蚁穴"就是这个道理。

四是知行统一。即把提高道德认识与躬行道德实践统一起来，以促进道德要求内化为自己的道德品质，外化为实际的道德行为。知行统一能克服大学生自我修养认知上的不足，大学生通过社会交流、互动，使自我修养认知更具全面性、深刻性和准确性；能使大学生在实践中坚定提升自我修养的意志，因为自我修养是一个不断反复、不断提升、循序渐进的过程，意志力是自我修养的基础，实践性是意志力的特性，实践越充分，意志力就越会得到磨炼，意志品质就越会得到巩固。知行统一，便于及时矫正与肯定。

（二）加强道德修养的方法

根据道德修养的根本途径和基本途径，我们可以寻找到如下加强道德修养的方法：

一是理论与实践相结合的方法。理论与实践相结合，是进行自我修养的桥梁和纽带。通过实践，提高认知能力，磨炼意志，培养丰富的情感，完善自我。实践可以促使个人对思想道德行为进行自我反省，在比较选择中检验是否真正做到了知行统一，从而提高自己的道德品质。实践证明，大学生进行自我修养，只有将所学理论和实践结合起来，用科学的理论和广博的知识来指导行动，用实践来丰富自己的知识，才能保证人生奋斗和努力的方向的正确性。

二是社会教育与自我教育相结合的方法。社会教育是一种外在教育；自我教育是一种内在教育，并以自律或自育的形式表现出来。苏联著名教育家苏霍姆林斯基曾说，能促使人进行自我教育的教育，才是真正的教育。大学生要积极内化，变社会指向为自我指向，变学习客体为学习主体，变只重单向外界灌输为重自我内导，坚持社会教育与自我教育的紧密结合和有机统一。只要坚持不懈，就能使自我修养获得新质，跃升到一个新台阶。

三是批评与自我批评相结合的方法。大学生作为一个尚未步入社会的青年群体，社会阅历和人生经历都明显不足。因此，开展批评和自我批评对提高大学生的自我修养来说尤为重要。在批评与自我批评中，自我批评则更为重要，因为对于一个人来说，敢于批评是敢于斗硬的表现，它与勇气相关；善于自我批评是诚信的表现，它与慎独相关。大学生应努力学会掌握批评与自我批评的武器，在自我修养的实践中不断提升自己、完善自己。

四是学习先进的陶冶情操的方法。历史上许多政治家、科学家、思想家、艺术家、仁人志士以及时代英雄，在个人道德品质、为人处世、理想情操、学习求知、勤奋成才以及良好的心理品质等方面树立了榜样，为世人留下了宝贵的财富。他们身上闪现的高尚人格魅力给人们以启迪、激励和感召，催人奋进。他们在思想、品德、知识、技能、行为等方面的修养方法，对于大学生提高自我修养有重要的借鉴意义。

人生有限，宇宙无穷，人的自我修养是没有止境的。只要我们坚定正确的修养目标，躬行践履，持之以恒，不断进取，就一定会成为一个有修养的人、一个受社会欢迎的人。

【阅读链接】

习近平 2014 年 5 月 4 日在北京大学师生座谈会上的讲话（节选）

广大青年树立和培育社会主义核心价值观，要在以下几点上下功夫。

一是要勤学，下得苦功夫，求得真学问。知识是树立核心价值观的重要基础。古希腊哲学家说，知识即美德。我国古人说："非学无以广才，非志无以成学。"大学的青春时光，人生只有一次，应该好好珍惜。为学之要贵在勤奋、贵在钻研、贵在有恒。鲁迅先生说过："哪里有天才，我是把别人喝咖啡的工夫都用在工作上的。"大学阶段，"恰同学少年，风华正茂"，有老师指点，有同学切磋，有浩瀚的书籍引路，可以心无旁骛求知问学。此时不努力，更待何时？要勤于学习、敏于求知，注重把所学知识内化于心，形成自己的见解，既要专攻博览，又要关心国家、关心人民、关心世界，学会担当社会责任。

二是要修德，加强道德修养，注重道德实践。"德者，本也。"蔡元培先生说过："若无德，则虽体魄智力发达，适足助其为恶。"道德之于个人、之于社会，都具有基础性意义，做人做事第一位的是崇德修身。这就是我们的用人标准为什么是德才兼备、以德为先，因为德是首要、是方向，一个人只有明大德、守公德、严私德，其才方能用得其所。修德，既要立意高远，又要立足平实。要立志报效祖国、服务人民，这是大德，养大德者方可成大业。同时，还得从做好小事、管好小节开始起步，"见善则迁，有过则改"，踏踏实实修好公德、私德，学会劳动、学会勤俭，学会感恩、学会助人、学会谦让、学会宽容、学会自省、学会自律。

三是要明辨，善于明辨是非，善于决断选择。"学而不思则罔，思而不学则殆。"是非明，方向清，路子正，人们付出的辛劳才能结出果实。面对世界的深刻复杂变化，面对信息时代各种思潮的相互激荡，面对纷繁多变、鱼龙混杂、泥沙俱下的社会现象，面对学业、情感、职业选择等多方面的考量，一时有些疑惑、彷徨、失落，是正常的人生经历。关键是要学会思考、善于分析、正确抉择，做到稳重自持、从容自信、坚定自励。要树立正确的世界观、人生观、价值观，掌握了这把总钥匙，再来看看社会万象、人生历程，一切是非、正误、主次，一切真假、善恶、美丑，自然就洞若观火、清澈明了，自然就能作出正确判断、作出正确选择。正所谓"千淘万漉虽辛苦，吹尽狂沙始到金"。

四是要笃实，扎扎实实干事，踏踏实实做人。道不可坐论，德不能空谈。于实处用力，从知行合一上下功夫，核心价值观才能内化为人们的精神追求，外化为人们的自觉行动。《礼记》中说："博学之，审问之，慎思之，明辨之，笃行之。"有人说："圣人是肯做工夫的庸人，庸人是不肯做工夫的圣人。"青年有着大好机遇，关键是要迈稳步子、夯实根基、久久为功。心浮气躁，朝三暮四，学一门丢一门，干一行弃一行，无论为学还是创业，都是最忌讳的。"天下难事，必作于易；天下大事，必作于细。"成功的背后，永远是艰辛努力。青年要把艰苦环境作为磨炼自己的机遇，把小事当作大事干，一步一个脚印往前走。滴水可以穿石。只要坚韧不拔、百折不挠，成功就一定在前方等你。

核心价值观的养成绝非一日之功，要坚持由易到难、由近及远，努力把核心价值观的要求变成日常的行为准则，进而形成自觉奉行的信念理念。不要顺利的时候，看山是山、看水是水，一遇挫折，就怀疑动摇，看山不是山、看水不是水了。无论什么时候，我们都要坚守在中国大地上形成和发展起来的社会主义核心价值观，在时代大潮中建功立业，成就自己的宝贵人生。

【思考】

1. 道德的内涵是什么，道德品质有哪些基本特征？

2. 道德品质有哪些精神价值？

3. 如何理解道德品质在个人成长中的意义和作用？

4. 谈谈你对"仁爱"品质的理解。

5. 谈谈当代大学生该怎样树立诚信品质。

6. 在当代社会，如何认识道德修养与物质利益追求之间的关系？

7. 当代大学生应该怎样提高自己的道德修养？

【推荐阅读】

1. 李萍. 公民日常行为的道德分析［M］. 北京：人民出版社，2004.

本书在对公民日常行为进行实证调查的基础上，分析了公民日常行为的道德现状，阐释了与公民道德相关的若干论题，提出了提升公民道德的途径和方式，探赜索隐，开拓创新，可谓目前公民道德研究方面的扛鼎之作。

2. 松梅尔. 21 世纪道德观［M］. 王再励，译. 北京：知识出版社，2006.

本书是在社会出现道德观缺失的危机之后，人们经过长期反思，以重新构建道德观为出发点，意在追求真正道德的路上，找到使人们感受幸福和快乐的力量。作为哲学家的松梅尔先生长期苦苦寻求针对当下社会道德状况的"救心丸"，在这种力量的指引下，"对21世纪的道德哲学提出了自己独到的见解，阐释了深刻的道德理念，激励读者行动起来，不断探索和改造自己的生活，找到真正的自我价值"。

3. 胡振平，贺善侃. 心中的律令——道德建设论纲［M］. 上海：上海大学出版社，2004.

本书针对当前的重大问题，总结实践经验，进行理论阐发，力图为我们的道德建设，包括基础性的道德——社会公德、职业道德、家庭美德提供一些看法。正如康德墓碑上刻着的一句名言——"天上灿烂的星空，道德律令在我心中"，表达了他对于自然规律和道德律令的敬畏。

4. 何怀宏. 伦理学是什么［M］. 北京：北京大学出版社，2008.

本书是为所有关注"伦理学是什么"以及愿意反省道德问题的读者写的，内容主要分为两个方面：一是介绍知识，即介绍了伦理学学科的基本概念和主要原理，以及中外哲学史上一些重要的伦理学流派和哲学家的观点；二是分析实例，其中包括对现实生活中发生的案例进行分析。

第四章　民族精神与爱国主义

中华文明有着5 000多年的悠久历史，是中华民族自强不息、发展壮大的强大精神力量。我们的同胞无论生活在哪里，身上都有鲜明的中华文化烙印，中华文化是中华儿女共同的精神基因。

——习近平2014年6月6日在会见第七届世界华侨华人社团联谊大会代表时的讲话

在几千年的发展过程中，中华民族形成了以爱国主义为核心，团结统一、爱好和平、勤劳勇敢、自强不息的伟大民族精神。中华民族的历史之所以悠久和伟大，离不开爱国主义作为一种精神支柱和精神财富所起的重要作用。爱国主义是一种深厚的感情，是一种人们对于自己生长的国土和民族所怀有的深切的依恋之情。这种感情在历史的长河中，经过千百年的凝聚，以及无数次激发，最终被整个民族的社会心理所认同，升华为爱国意识，因而它又是一种道德力量，它对国家、民族的生存和发展具有不可估量的作用。当代中华儿女，尤其是年轻的大学生们，理应继承和弘扬这笔宝贵的民族精神财富，做一个忠诚的爱国者。

第一节　弘扬和培育中华民族精神

为什么中华民族能够在几千年的历史长河中顽强生存和不断发展呢？很重要的一个原因，是我们民族有一脉相承的精神追求、精神特质、精神脉络。

今天，中华民族要继续前进，就必须根据时代条件，继承和弘扬我们的民族精神、我们民族的优秀文化，特别是包含其中的传统美德。

——习近平2014年5月30日在北京市海淀区民族小学主持召开座谈会时的讲话

中华民族精神，是在中华民族 5 000 多年的历史发展中形成的。它既植根于我国优秀的民族文化传统之中，又同中国共产党领导人民在长期革命、建设和改革中形成的优良传统和时代精神相结合，它是中华民族生生不息、发展壮大的强大精神动力。

一、"中华民族"的概念

"中华民族"是梁启超在《论中国学术思想变迁之大势》中提出的概念，目前"中华民族"是生活在中华大地上所有民族及海外华人的统称。中华民族分布在亚洲的东部和中部。经过民族识别，现今共有 56 个民族。除此之外，也有数个未被中华人民共和国官方确定的未识别民族，包括土生葡人、夏尔巴人以及中国犹太人等。因此"中华民族"并不是单纯的民族、种族、公民的人群分类概念，它还是一个政治概念及国族概念，是中国近代民族主义及国族建立的重要概念。从爱国主义的角度来看，"中华民族"一词已成为民族精神、民族情感的凝聚和象征，是"海外赤子"思乡、报国的指向。从感性意义上讲，"中华民族"应该是"中华儿女"等词语的引申和发展，具有广泛的涵盖意义。同时，现代概念上的"中华民族"也是广义上中国的一个代称。

"中华民族"是我们常用的词，充满了上下五千年的历史沧桑感。实际上，这一概念的提出，距今仅一百余年的时间，它是由具有悠久历史的"中华"一词和近代以来由西方传入的"民族"一词结合而成的。

"中华"一词出现甚早，古代华夏多建于黄河南北，以其在四方之中，因称之为中华。后各朝疆土渐广，凡所统辖，皆称中华，亦称中国。"中"侧重自然（天），寓意天下之中；"华"侧重民族（人），一般代指中国。据文献记载，最早出现"华夏"二字，是在《左传·定公十年》中，即"裔不谋夏，夷不乱华"，孔颖达曰："夏，大也。中国有礼仪之大，故称夏；有服章之美，谓之华。华、夏一也。"意即因中国是礼仪之邦，故称"夏"，"夏"有高雅的意思；华夏族的服饰很美，故作"华"。历史学家认为"华"是源于上古的华胥国（位于今陕西西安附近），也有人说"华"是因华山而得名，"夏"是因夏水（汉水）而得名。久而久之"中华"便成了"中国""华夏"的代名词。

　　而"民族"一词，作为近代以来民族学的一个术语，是一个外来词汇，是在 19 世纪末由日本传入中国的。此前，在中国古代文献中，指称人们共同体的词汇有"人""民""族""家"等，这些词都单独使用。偶有把"民""族"二字连起来使用的，但那是指称中国古代社会的各种社会组织和群体的复数概念，如唐代李筌著《太白阴经》序中有"愚人得之以倾宗社、灭民族"之言。"宗社""民族"是指古代社会的各种社会组织。"宗"是指祭祀共同祖先的社会组织，"社"是指祭祀土地的社会组织，在宗社聚会祭祀时，特别注意等级秩序。"民"是指日常生活中的各种群体，如古代称士农工商为"四民"（见《谷梁传·成公元年》），今尚存"农民"称呼。"族"是指有共同地缘的社会群体，如"四闾为族"（见《周礼·地官》），"闾"是指相邻的二十五家，相邻百家则为族；"族"也指有共同血缘关系的社会群体，如父子孙为三族（见《周礼·春官》），自高祖至玄孙为九族。在《太白阴经》序中，"民""族"二字虽连用，但与近代以来的"民族"一词在意义上有明显的差别。

　　"中华民族"一词，乃由近代的梁启超首先提出。1902 年，梁启超在《论中国学术思想变迁之大势》中指出："上古时代，我中华民族之有海权思想者，厥惟齐。故于其间产出两种观念焉，一曰国家观；二曰世界观。"

　　1912 年，孙中山提倡"五族共和说"。"今日中华民国成立，汉满蒙回藏，五族合为一体。"孙中山在中华革命党正式改组为中国国民党以后，主张重提民族主义并扬弃五族的说法："有人说，清室推翻以后，民族主义可以不要。这话实在错了。……现在说五族共和，我们国内何止五族呢？我的意思，应该把我们中国所有各民族融化成一个中华民族。……并且要把中华民族造成很文明的民族，然后民族主义乃为完了。"

　　尽管"中华民族"这个词出现的时间不长，但中华民族实体远在"中华民族"这个族称出现之前的数千年就形成了，而且从中华民族内部结构来看，数千年来，内部各族族称在不断变化，数百年一易。族称的演变显示出了其中历史内涵的变化：一些族兴起了，一些族衰亡了，一些族迁徙了，一些族与其他族融合后改换族称了。中华民族的内部结构在不断变化，特别是中原政权的更迭，常常导致一些族群向边疆乃至海外迁徙；而另一些边疆族群则向中原汇聚，并建立政权。但不管其内部怎样变化，中华民族本身始终是一个数千年以来包容中国各族共同发展的恒久的主体。

二、中华民族精神的丰富内涵

所谓民族精神，是指一个民族在长期共同生活和社会实践中形成的，为本民族大多数成员所认同的价值取向、思维方式、道德规范、精神气质的总和。民族精神集中体现了一个民族在一定的自然环境和社会历史条件下生存和发展的独特方式，反映了一个民族的心理特征、文化传统、精神风貌，是一个民族赖以生存和发展的精神支柱。

中华民族精神博大精深，源远流长，是中华民族生命机体中不可分割的重要部分，其实质是中华民族文化的主体精神和品格。在5 000多年的发展历史中，中华民族形成了以爱国主义为核心的团结统一、爱好和平、勤劳勇敢、自强不息的伟大民族精神。

（1）爱国主义。

爱国主义是中华民族精神的核心。在中华民族的悠久历史中，爱国主义始终发挥着民族精神的核心作用。正是出于对自己故土家园、骨肉同胞和灿烂文化的眷恋与热爱，中华各民族才能够求同存异、维护整体，在自己的国土上繁衍生息，相互学习、相互帮助，共同劳动、共同生活、共同发展，创造灿烂的中华文明。为了维护国家主权和领土完整，捍卫民族的尊严和利益，中华民族同侵略者展开了不屈不挠的斗争。正如习近平所提出的那样，近代以来，中国人民为争取民族独立和解放所进行的一系列抗争，就是中华民族觉醒的历史进程，就是中华民族精神升华的历史进程。这种民族觉醒和民族精神升华，在抗日战争时期达到了全新的高度。面对民族存亡的空前危机，中国人民的爱国热情像火山一样迸发出来。全体中华儿女众志成城、共御外侮，为民族而战，为祖国而战，为尊严而战，汇聚起气势磅礴的力量。中国人民抱定了"我们万众一心，冒着敌人的炮火前进"的决心，抱定了血战到底、抗战到底的信念，谱写了惊天地、泣鬼神的爱国主义篇章。热爱祖国是贯穿中国历史发展的一条主线，也是中华民族精神的核心。

【阅读链接】

民族英雄邓世昌

邓世昌（1849—1894），清末海军名将、民族英雄。邓世昌原名永昌，字正卿，广东番禺人，自小立志海军，以御强敌。1867 年，考入船政学堂海军驾驶班第一期。1874 年，以优异的成绩毕业于船政学堂，被船政大臣沈葆桢奖以五品军功，派任"琛航"运输船大副。次年任"海东云"炮舰管带。时值日本派兵侵犯台湾，他奉命巡守澎湖、基隆，获升千总。后调任"振威"炮舰管带，代理"扬武"快船管驾，获荐保守备，加都司衔。

1880 年，北洋大臣李鸿章"闻世昌熟悉管驾事宜，为水师中不易得之才"，遂将其调入北洋水师，任"飞霆""镇南"炮舰管带。是年冬，随记名提督丁汝昌赴英接收订造的"超勇""扬威"两巡洋舰，1881 年 11 月，回天津大沽。次年升游击，任"扬威"巡洋舰管带，获"勃勇巴图鲁"勇号。1887 年春，邓世昌率队赴英国接收清政府向英、德订造的"致远""靖远""经远""来远"四艘巡洋舰，是年年底回国。归途中，邓世昌沿途安排舰队操演练习。因接舰有功，荣升副将，获加总兵衔，任"致远"舰管带。1888 年，邓世昌以总兵记名简放，并加提督衔。是年 10 月，北洋海军正式组建成军，邓世昌任中军中营副将，仍兼"致远"舰管带。

1891 年，李鸿章检阅北洋海军，邓世昌因训练有功，获"葛尔萨巴图鲁"勇号。邓世昌是第一批近代中国自己培养出来的优秀海军将领。他"执事惟谨""治事精勤"，刻苦钻研海军战略战术理论，学习西方海军的先进技术和经验。在他的精心训练下，"致远"舰"使船如驶马，鸣炮如鸣镝，无不洞合机宜"，成为北洋舰队中整训有素，最具战斗力的主力战舰之一。

1894 年 9 月 17 日，在中日黄海海战中，邓世昌指挥"致远"舰一直冲杀在前，在"阵云缭乱中，气象猛鸷，独冠全军"。后在日舰的围攻下，"致远"舰多处受伤，身体倾斜。邓世昌对全舰官兵说："吾辈从军卫国，早置生死于度外，今日之事，有死而已！""然虽死，而海军声威弗替，是即所以报国也！"毅然驾舰全速撞向日本第一游击舰队旗舰"吉野"号，决意与敌同归于尽。日舰官兵见状大惊失色，拼命逃窜，并向"致远"舰连连发射鱼雷，"致远"舰躲过一发泡沫飞溅的鱼雷后，不幸被另一发鱼雷击中而沉没。邓世昌坠落海中，其随从以救生圈相救，被他拒绝，并说："我立志杀敌报国，今死于海，义也，何求生为！"他养的爱犬"太阳"亦游至其旁，口衔其臂以救，邓世昌誓与军舰共存亡，毅然按犬首入水，自己亦同沉没于波涛之中，与全舰官兵250余人一同壮烈殉国。

邓世昌壮烈牺牲后，清廷谥以"壮节"，按提督例从优议恤并追赠太子少保衔，入祀京师昭忠祠。山东威海百姓感其忠烈，于1899年在成山上为邓世昌塑像建祠，以志永久敬仰。1996年12月28日，中国人民解放军海军命名新式远洋综合训练舰为"世昌"号，以示中国海军风骨。

（2）团结统一。

中华民族是由56个民族组成的大家庭。各族人民在中华民族的形成和发展过程中，在为祖国的兴盛和进步的团结奋斗中，都作出了自己的贡献。中国历史上虽曾出现过暂时的分裂现象，但民族团结和国家统一始终是中华民族历史的主流，是中华民族进步和社会发展的重要保障。在中国历史上，一些杰出的政治家站在维护民族团结的高度，坚持"和为贵"和宽厚仁爱的原则，用信义、和平的方式处理复杂的民族矛盾，"化干戈为玉帛"，使各民族和睦相处，亲如一家。各族人民在长期实践中，特别是近代以来，在反对外来侵略的斗争中，切身感受到国家的统一是民族生存和发展的基本前提，他们用自己的实际行动谱写了一曲又一曲维护统一、反对分裂的颂歌。

（3）爱好和平。

在长期的历史发展中，中国人民同世界各国人民在经济、政治、文化各方面进行了友好的合作与交流。爱好和平的优良传统，使中华民族具有宽阔的胸怀，大胆地汲取世界上优秀的文明成果，也努力为世界文明的进步作出贡献。"礼仪之邦""协和万邦""德莫大于和"等观念深深地扎根于中华民族的传统之中。"亲仁善邻""讲信修睦"等观念充分表现了中华民族在处理民族问题上的宽宏胸襟。

（4）勤劳勇敢。

中华民族的伟大生命力，就蕴含在勤劳勇敢这种民族精神绵延不绝的传承之中。在中国人的心中，勤劳是一切事业成功的保证，是兴家立国之本。在中华民族的历史上，勇敢是被广为推崇、褒扬的美德，人们无论是遭遇险风恶浪，还是面对残暴权势，都要有无所畏惧的精神；为追求真理、坚持正义，要有置个人得失、贫富、生死于度外的勇气。中国人民正是依靠这种精神，不断战胜自然和社会带来的各种艰难险阻，使得中国作为人类文明的发祥地之一，在漫长的历史进程中，文化传统始终没有中断。即使到了民族最危险的时刻，也总能转危为安，由弱变强。在新的历史时期，这种精神仍然是中华民族保持勃勃生机的力量源泉。

（5）自强不息。

作为中华民族精神的重要内涵，它具体体现为"富贵不能淫、贫贱不能移、威武不能屈"的坚贞刚毅品质，体现为"夸父追日""精卫填海""大禹治水""愚公移山"等不屈不挠的精神，体现为"因时而变""随时而制""与时偕行""与日俱新"等精神。中华民族之所以能在 5 000 多年的历史进程中历经挫折而不屈，屡遭坎坷而不馁，靠的就是这样一种自强不息的精神。这种自强不息的精神，在瞬息万变的今日世界中，更加显示出了其重要性。

作为中华民族精神在当代的杰出继承者和弘扬者，在领导中国人民进行民主革命、社会主义革命和社会主义建设的长期实践中，中国共产党适应时代和社会发展的要求，不断丰富和发展中华民族精神，把中华民族精神提升到了一个崭新的高度。

在革命战争年代，以毛泽东同志为核心的第一代领导集体非常重视民族精神的社会作用。毛泽东强调"人总是要有一点精神的"。中国共产党人创造了井冈山精神、长征精神、延安精神、红岩精神、西柏坡精神等革命精神。中华人民共和国成立后不久，毛泽东就号召全党同志一定要保持革命战争时期的那么一股劲，那么一种革命热情，那么一种拼搏精神，把革命工作做到底。在社会主义建设时期，中国共产党又塑造出了雷锋精神、焦裕禄精神、铁人精神等。

在改革开放新时期，以邓小平同志为核心的第二代领导集体同样重视民族精神的社会功能。邓小平强调，要教育全党同志发扬大公无私、服从大局、艰苦奋斗、廉洁奉公的精神，坚持共产主义思想和共产主义道德。他还要求全党同志坚持发扬五种精神，即坚持革命和拼命精神，严守纪律和自我牺牲精神，大公无私和先人后己精神，压倒一切敌人、压倒一切困难的精神以及革命乐观主义、排除困难去争取胜利的精神。江泽民同志大力倡导"64 字"创业精神、孔繁森精神、"两弹一星"精神、抗洪精神；

胡锦涛同志更是进一步提出了抗击"非典"精神、载人航天精神、抗震救灾精神、北京奥运精神等。

伟大事业孕育伟大精神，伟大精神推动伟大事业。进入新时代，习近平同志更加重视中华民族精神。他在第十三届全国人民代表大会第一次会议上深情礼赞：中国人民是具有伟大创造精神的人民，是具有伟大奋斗精神的人民，是具有伟大团结精神的人民，是具有伟大梦想精神的人民。中国人民在长期奋斗中培育、继承、发展起来的伟大民族精神，为中国发展和人类文明进步提供了强大的精神动力。

在此，习近平深刻阐释了中华民族精神，赋予了其新的时代内涵。红船精神、井冈山精神、长征精神、延安精神、西柏坡精神、大庆精神、"两弹一星"精神、改革精神、抗洪精神、抗震救灾精神……这些精神铭刻在中华民族的精神图谱中，融入中华民族精神血脉，滋养着伟大创造、伟大奋斗、伟大团结、伟大梦想精神。总之，实现中华民族伟大复兴，弘扬民族精神，就必须坚定地维护民族精神。

中国共产党人倡导和培养的这些精神，都是以爱国主义为核心的团结统一、爱好和平、勤劳勇敢、自强不息的伟大的中华民族精神的新发展，体现了继承与创新的统一。坚持结合时代特征，弘扬和培育中华民族精神，不断增强中华民族的凝聚力，是中国共产党通过总结多年来的实践所概括出来的宝贵经验。

三、中华民族精神在民族发展中的作用

任何一个民族要存在，要在世界上占有一席之地，不能没有民族精神。一个民族要发展，若没有振奋的精神和高尚的品格，则不可能自立于世界民族之林。任何一个民族，都是以它自身的特点与其他民族相区别，同时也以自身独特的精神品格与其他民族共同发展。近代著名学者章太炎曾精辟地指出："民族精神存，则国存；民族精神亡，则国亡。"教学科研工作者杨叔子院士的话更是一语中的："一个国家，没有先进的科技，一打就垮；没有民族精神，不打就垮。"由此可见民族精神在民族生存和发展过程中所起的重要作用。

中华民族是勤劳勇敢的民族，在它的发展过程中，中华民族精神对于

中华民族的生存和发展起到了十分重要的作用。

（1）维护了统一的多民族国家的发展模式。

从远古时代开始，中华先民就在华夏大地上繁衍生息，建立了紧密的联系。2 000多年前，先民们就建立了幅员辽阔的统一的多民族国家。随着统一的多民族国家的形成，"大一统"的观念日益深入人心。千百年来，国家政权虽屡次更迭，间有盛衰，但中华各民族在迁移、聚集和战争中形成的民族大融合却从未中断过，崇尚统一、反对分裂的观念日益深入人心。正如孙中山先生所指出："中国是一个统一的国家，这一点已牢牢地印在我国的历史意识之中，正是这种意识，才使我们能作为一个国家而被保存下来。"分裂是暂时的，统一是长期的，民族团结和国家统一始终是历史的主旋律。在中华大家庭内部，各民族团结统一、和睦相处，共同创造了灿烂的中华文明，为世界文明作出了独特的贡献。

（2）使中华文明传承不辍，成为世界上唯一没有中断的文明。

世界其他文明古国都出现过大幅度的文明断层现象，甚至盛极而衰。唯有中华文明，虽历尽沧桑，饱经磨难，却在跌宕起伏中传承不辍，享誉世界。其根本原因在于民族精神作为中华文明的灵魂，为其注入了持久的生命力，使之具有自主性、主动性和创造性。中华文明在发展过程中，特别是在应对外来文明的挑战中表现出高度的自觉性，不是被动地受到对方的影响，而是积极、主动地选择、取舍、改造、融合，使之成为自身新的有机组成部分，并不断使中华文明得到新的发展。

（3）使中华民族饱经沧桑而不亡，历尽磨难而新生。

中华民族在历史上是一个屡遭劫难的民族，天灾频繁、人祸不断。中华民族在艰难困苦中表现出了惊天地、泣鬼神的精神。每当国家处于危难关头，人们总是能团结起来同仇敌忾。中华儿女从来不在侵略者面前低头，他们有着热爱自由、维护民族尊严和国家独立的传统。日本帝国主义侵略中国的时候，中华民族众志成城，用血肉筑起抗击日军的新长城，与敌人血战到底，为救亡图存进行了艰苦卓绝、不屈不挠的斗争。经过全民族的十四年抗战，终于赢得了民族的解放、国家的独立。中华民族又以巨人的姿态重新屹立在世界的东方。许多试图征服中国的侵略者在遭到中华儿女，特别是普通百姓的拼死抵抗时，都不约而同由衷地感叹"中华民族是不可征服的"。拿破仑曾说："中国像一只沉睡的雄狮，它一旦醒来，整个世界都将为之震颤。"其根本原因在于，无论中华民族面临着怎样的危机，都没有失掉民族自信心，而是愈挫愈勇，用自己的生命捍卫民族的尊严。这是一种不可抗拒的力量。

四、大力弘扬和培育中华民族精神

建设中国特色社会主义事业，是一项充满艰辛、具有创造性的壮丽事业。伟大的事业需要并产生崇高的精神，崇高的精神支撑和推动着伟大事业的发展。面对世界范围内各种思想文化的相互激荡，更要大力弘扬和培育民族精神。作为一名大学生，更应该自觉弘扬和培育民族精神，把实现中华民族的伟大复兴作为自己的历史使命。

弘扬和培育民族精神，既要弘扬中国古代的民族精神，更要大力弘扬和培育近代以来中国人民在争取民族独立和人民解放、实现国家富强和人民共同富裕的历史进程中形成的伟大民族精神。这些在时代发展中不断被提出的精神，是伟大的中华民族精神的发扬光大，是中华民族长期形成的民族精神在现当代历史中震撼人心的新表现，为中华民族精神增添了富有时代精神的新内涵，值得每一个中华儿女倍加珍惜。

弘扬和培育民族精神，绝不是主张狭隘的民族主义。在改革开放的今天，一个民族要生存，就要密切关注世界的发展趋势，要在继承本民族优良传统的基础上，积极吸收借鉴人类文明的优秀成果，创新本民族的精神。除了中华民族之外，世界上还有许多其他的民族，其与中华民族一样，在自己民族的发展过程中创造了优秀的文化，形成了自己特定的民族精神。在各民族相互融合的当今时代，作为一名大学生，一方面要尊重其他民族的精神，深刻认识到该民族所特有的民族特点，不能以自己民族的精神作为评价所有民族精神的标准，不能因为自己民族的伟大而忽视其他民族的存在，更不能把自己民族的精神强加于其他民族；另一方面要善于吸取其他民族精神中的优秀精神为我所用，借鉴其他民族的优点来不断深化我们的民族精神。我们应认识到，中华民族的精神正是在吸取其他民族优秀的文化传统的基础上逐渐形成的。故步自封不可为，妄自菲薄同样不可为。当代大学生要学会与不同国家、不同民族打交道，尊重每一个民族的风俗和传统，学会容纳不同的民族信仰，以开放的态度创新民族精神。

第二节　继承和发扬爱国主义传统

我荣幸地以中华民族一员的资格，而成为世界公民。我是中国人民的儿子。我深情地爱着我的祖国和人民。

——邓小平

爱国主义就是人们对自己故土家园、民族和文化的归属感、认同感、尊严感与荣誉感的统一。中华民族不仅以勤劳勇敢、酷爱自由、富有创造力著称于世，而且素来具有爱国主义的光荣传统。自古以来，热爱祖国就是中华儿女引以为豪的崇高品德和宝贵的精神财富。正是这种爱国主义精神，使中华儿女团结统一、众志成城，克服了无数艰难险阻，创造出了无与伦比的华夏文明，使我们伟大的祖国成为世界文明古国之一。

一、"祖国"的内涵及意义

爱国主义的"国"，具有较为宽泛的含义，既可以指祖国，也可以指一个人、一个民族曾休养生息、血脉相连，而今已无国民身份的故土，即"祖籍国"。

"祖国"是"自己的国家"。当某人加入某一国家的国籍后，他就成为这个国家的公民，这个国家就是他的祖国。我国法律不承认双重国籍。中国是外籍华人的"祖籍国"，所以外籍华人也被称为"华人"或"华裔"。

祖国是什么？古今中外，人们都把自己的祖国比作母亲，对她怀着极其深厚的感情，英文中称"祖国"为"motherland"，就是将"母亲"与"土地"两个词合在一起。我国古代盛行祖宗崇拜，"祖国"二字就有"祖先的国度""父母之邦"的含义。

现代意义上的祖国比"祖先的国度"和"父母之邦"的内容更加丰富和深广，它至少包含三种要素：第一，自然要素，即由本民族赖以生存的特定区域内的土地、海洋、山川等自然风貌和矿产、森林、物产等自然资源所构成的国土；第二，社会要素，即由共同的经济生活、风俗习惯、社会心理、语言文化和历史传统等纵横交织的社会关系紧密连成一体的国民或人民；第三，政治要素，即为了维护社会共同体的秩序、主权、安全和稳定而建立起来的实施阶级统治的政治机构——国家。从这种意义上说，祖国是一个集自然、政治、经济、文化与历史为一体的综合概念，是由一定社会历史阶段、一定区域内的国土、国民和国家机器等基本要素构成的人类生存的社会共同体。正如列宁所说，祖国就是本国人民赖以生存和发展的"政治的、文化的和社会的环境"。

对于一个中国人来说，无论是土生土长的内地中国人或是港澳台同胞，还是旅居海外的华侨，以及拥有中国血统的华人或华裔，爱祖国或爱祖籍国都有着十分重要的意义。

（1）爱国主义是中华民族的优良传统。

中华民族的爱国主义传统和中华民族的历史一样悠久。古往今来，中华民族代代相传、经世不衰的爱国主义优良传统，一直激励着中国人民为祖国的统一、发展和强大而努力奋斗，成为团结凝聚国家和民族、推动历史前进发展的强大的精神力量和宝贵的精神财富。

（2）爱国主义是民族进步与发展的强大精神支柱。

在人类发展史上，中国从未间断地保持、延续着本民族一脉相承的文明传统，尽管经历了如此多的内忧外患，饱受了种种苦难，却从未被外来的敌人所征服。纵观历史，曾与中国一起被列为世界文明古国的其他国家，几乎无一例外都衰落在历史的风尘中。古老的中华民族之所以能够顽强地走到今天，一个重要的原因就是，在千百年来的历史长河中，逐渐形成并不断得以发展的爱国主义传统，已经深深地融入我们的民族意识之中。爱国主义唤起了整个中华民族对祖国的热爱，并由此激发了强大的民族凝聚力和国家凝聚力，成为动员和鼓舞人民团结奋斗的强大动力。为此，才有了"天下兴亡，匹夫有责"的豪言壮语；才有了生生不息、代代崛起的"位卑未敢忘忧国"的仁人志士。正是这种伟大的爱国主义精神，推动我们这个古老的民族自强不息、艰苦奋斗，历经磨难而不衰，屹立于世界民族之林。

（3）爱国主义是祖国统一和民族团结的强大纽带。

中国是一个地域辽阔的多民族国家，中华民族是生长在中华大家庭中的 56 个民族的总称。在这样一个多民族的国度里，维护祖国统一和民族团结，反对国家分裂，是各民族人民的应有之义，符合全体人民的最高利益。历史已证明，只有在祖国统一和民族团结的条件下，才有可能实现人民的安居乐业和国家的繁荣富强。从夏朝开始到现在的 4 000 多年中，粗略计算，前两个千年基本统一，后两个千年（秦帝国之后）的统一时期为 1 400 多年，分裂内乱时期则不到 800 年。总的来说，中华民族的统一占据了主流，分裂内乱终归统一。而一个不容否认的基本规律是，统一时期的中国强盛，分裂内乱时期的中国则积贫积弱。这充分说明，团结统一始终是中国历史发展的主要趋向，而爱国主义则是维系这种趋向的强大动力和纽带。

（4）爱国主义是中华民族伟大复兴的强大动力。

中国曾在世界上处于领先地位，曾为人类文明作出了卓越的贡献。只是到了近代，由于封建统治的腐朽和帝国主义的侵略，中国因落后而被"挨打"了。世界文明的发展经过 20 世纪的空前繁荣后，已迈入更加充满希望的 21 世纪。这一重要的历史时刻，蕴含着人类发展的难得机遇，关乎世界上每个国家的境况。因而各国之间包括经济、教育、科技、军事等领域的综合国力的竞争，在和平与发展的大趋势下愈演愈烈。中华民族要想得到更大的发展与进步，要想在新世纪争得较为有利的国际地位，就必须最大限度地团结和调动全国各族人民，包括一切爱国的海外同胞，万众一心、奋发图强，为建设强大的中国而奋斗。也就是说，爱国主义是中华民族伟大复兴的强大动力。

二、中华民族的爱国主义传统

作为中华民族精神的核心部分，爱国主义经历了长期的历史发展过程。一部中华民族的发展史，就是一部爱国主义的奋斗史。可以划分为古代的爱国主义、近现代的爱国主义和当代的爱国主义三个时期。

（1）古代的爱国主义。

古代的爱国主义，是指从中华民族产生起至 1840 年鸦片战争爆发前的爱国主义行为。这段时期的爱国主义主要表现为：维护和捍卫祖国的统一及民族的团结；反抗阶级压迫、民族压迫和外敌入侵，维护国家主权和民族独立；开发祖国河山，创造灿烂的中华文明。

（2）近现代的爱国主义。

近现代的爱国主义，是指自 1840 年鸦片战争开始到 1949 年中华人民共和国成立的爱国主义行为。近现代爱国主义优良传统主要表现为：反对帝国主义侵略，维护民族独立和国家主权完整；反对封建压迫，推翻封建专制制度。中华民族在长期的历史发展过程中，形成了反帝反封建的爱国主义传统。1911 年辛亥革命推翻了封建专制，建立了民主共和的国家；20 世纪 30 年代，面对日本帝国主义的入侵，中华民族进行了旷日持久的抗日战争，最终取得了世界反法西斯战争的胜利。在反帝反封建的斗争中，"我国人民从不屈从于任何外力，为了救亡图存，推翻三座大山，进行过不屈不挠、前仆后继的斗争，涌现出许多永垂史册的志士仁人和英雄豪杰。一部中国近代、现代史，就是一部中国人民爱国主义的斗争史、创业史"①。

【阅读链接】

抗日烈士张自忠

张自忠（1891—1940），汉族，字荩忱，山东临清人，抗日将领。1911 年在天津法政学堂求学时秘密加入同盟会。1914 年投笔从戎。1917 年入冯玉祥部，历任营长、团长、旅长、师长等职。1930 年中原大战后，冯玉祥军事集团瓦解，张自忠所部被蒋介石收编。1931 年后，张自忠曾任第二十九军第三十八师师长、第五十九军军长、第三十三集团军总司令兼第五战区右翼兵团司令等职。

1937 年，上海、南京相继沦陷后，日本侵略者又把兵锋直指徐州，志在夺取这一战略要地。1938 年 3 月，日军投入七八万兵力，分两路向徐州东北的台儿庄进发。待至临沂、滕县时，同中国军队发生了激烈的战斗。当时守卫临沂的是庞炳勋的第三军团。由于实力过于悬殊，伤亡惨重，庞部急待援军。张自忠奉调率第五十九军以一昼夜 180 里的速度及时赶来增援。张自忠与庞炳勋原是宿仇，但他以国家、民族利益为重，不再想个人恩怨，率部与庞部协力作战。敌军在飞机大炮的掩护下，配合坦克、装甲车向茶叶山阵地发起进攻。张自忠以"拼死杀敌""报祖国于万一"的决

---

① 1990 年 5 月 3 日，江泽民作《爱国主义和我国知识分子的使命》讲话内容。

心，与敌激战，反复肉搏。在茶叶山下的崖头，刘家湖阵地失而复得达三四次，战况极其惨烈。经过数天鏖战，敌军受到重创，节节败退。中国军队相继收复蒙阴、莒县，共歼敌 4 000 余人。不久，日军再派坂本旅团向临沂、三官庙发起攻势，妄图有所突破。张自忠和庞炳勋两军奋力拼杀，经彻夜激战，日军受到沉重打击，其向台儿庄前线增援的战略企图被完全粉碎，保证了台儿庄大战的胜利。1940 年 5 月，日军为控制长江水上交通线，调集 15 万精锐部队发起了攻占枣阳、襄阳、宜昌等地的枣宜会战。张自忠将军本来率部防守襄河以西，当日军攻破第五战区第一道防线，直扑襄阳、枣阳时，身为集团军总司令的张自忠将军，毅然率领预备七十四师和军部特务营东渡襄河，抗击来犯之敌。他写信给河东的第五十九军，"只要敌来犯，兄即到河东与弟等共同去牺牲"，"为国家民族死之决心，海不枯，石不烂，决不半点改变"。渡河后，张自忠将军率部在南瓜店附近顽强抗击日军，重创日军，并截断了日军后方补给线。在日军以重兵对张自忠将军进行合围后，为牵制日军，我军对日军实施反包围，张将军力战不退，与敌搏杀，最后身中 7 弹。弥留之际，张自忠将军留下最后一句话："我力战而死，自问对国家、对民族、对长官可告无愧，良心平安！"旋即被日军杀害，一代名将张自忠壮烈殉国。

张自忠将军率部截敌后路并阻敌西进，彻底粉碎了日军进攻襄樊、威胁老河口的企图，使整个战局转危为安。张自忠将军壮烈殉国后，重庆成千上万的人们哭拜英灵，为其送葬。他的部下悲愤地唱着复仇之歌："海可枯，石可烂，死也忘不了南瓜店！"表示要坚决为张自忠将军报仇。翌年 5 月，其部在当阳地区将围攻张自忠将军的日军酋首横山武彦击毙。

1940 年 8 月 15 日，延安各界 1 000 余人隆重举行张自忠将军的追悼大会。毛泽东同志亲笔为张自忠题写"尽忠报国"的挽联。中华人民共和国成立后，人民政府追认张自忠将军为民族英雄，将张自忠烈士墓扩建为张自忠烈士陵园，并于 1986 年 10 月，由民政部批准为第一批全国重点烈士纪念建筑物保护单位。北京、天津、武汉等大城市相继恢复了"张自忠路"的名称，以示对这位抗日烈士的永远纪念。

（3）当代的爱国主义。

当代的爱国主义，是指 1949 年中华人民共和国成立后的爱国主义行为。当代爱国主义的主要特征是：在中国共产党的领导下，实现了爱国主义和社会主义的统一，开创了建设中国特色社会主义的伟大事业，为实现中华民族的伟大复兴而奋斗。面对新世纪，中华民族从来没有像今天这样扬眉吐气、豪情满怀。经过中华人民共和国成立以来特别是改革开放以后多年的建设，我国的综合国力空前提高，人民生活水平显著改善，香港、澳门相继回归，中国正迈开巨人的步伐，阔步奔向美好的未来。

中华民族的爱国主义在不同历史阶段有着不同的特点，但始终贯穿着一条主线，那就是热爱祖国山河，世代相承地发展祖国的物质文明和精神文明，为人类文明的发展作出贡献；反对民族和国家分裂，始终把维护民族团结和祖国统一作为各族人民的最高利益和神圣职责；实行民族平等、和睦，反对民族压迫，不畏强暴，誓死捍卫祖国领土完整和主权独立，坚决反抗外国侵略；与一切阻碍历史发展和进步的反动阶级与社会势力进行英勇斗争，推动祖国不断前进。

三、中华民族爱国主义的内容和要求

爱国主义最基本的内容和要求是对祖国的热爱。既然爱国主义所忠诚、热爱、报效的祖国是由国土、国民和国家组成的社会共同体，那么，对祖国的热爱应体现为爱河山、爱人民与爱国家的统一。

（1）热爱祖国的大好河山是中华民族爱国主义的基本要求。

俗话说："一方水土养一方人。"对于生于斯、长于斯的每一个人来说，祖国就是我们脚下这块世世代代劳动、生息、繁衍、发展的辽阔大地。祖国具有永恒的魅力，无论我们走到哪里，都不会忘记自己的祖国。

当然，我们生存的这片土地和世界上其他国土一样，并不是十全十美的，也存在着一些不尽如人意之处。如山区面积广大，平原面积有限；旱涝、台风、地震等自然灾害频发，造成严重危害；资源总量虽丰富，但人口基数大，人均占有资源量相对贫乏，人均国土和人均耕地占有量仅相当于世界人均值的1/3，人均森林占有量仅相当于世界人均值的1/5，人均矿产资源储量仅相当于世界人均值的3/5……这些不足之处尽管说明了我国不发达的现实，却能够激起我们的忧患意识和责任意识，促使我们倍加珍惜祖国的山川河流、田野矿藏，更好地保护、开发和完善这片国土，尽可能地改善这些不足之处，协调、平衡人与自然的关系，使我们的故土家园更加美好。人们因国土优越而赞美她、热爱她，是爱国的表现；发现了她的不足之处而关心她、改善她、建设她，更是爱国的重要表现。这种对故土家园、祖国山河的热烈、深沉、充满责任的爱，是爱国主义的基本要求。

（2）热爱各族人民是中华民族爱国主义的核心要求。

热爱各族人民是热爱故土山河的深化和拓展，是爱国主义更深层次的要求。正因为拥有世世代代生息在这片国土上的勤劳、勇敢、善良、智慧的各族人民，他们共同创造了祖国悠久的历史、灿烂的文化，我们的祖国才成为一个源远流长、繁荣昌盛的国度。

中国是世界上最早的民族国家之一。在沧海桑田的历史变迁中，中国始终保持着大一统的国家格局，形成了由 56 个民族组成的统一大国。也正是由于各族人民世代的努力，在促进 56 个民族不断融合的过程中开发了祖国的资源，美化祖国的河山，才使原始的自然成为人化的自然，成为我们热爱的美好家园。

没有人民的祖国是不存在的，离开人民谈爱国也是不切实际、毫无意义的。一切真诚的爱国者都是热爱人民的。鲁迅先生曾说，我国自古以来就有埋头苦干的人、拼命硬干的人、为民请命的人、舍身求法的人，他们不愧为"民族的脊梁"。古人尚能如此，当今时代的爱国者就更应当热爱人民，"横眉冷对千夫指，俯首甘为孺子牛"，为祖国、为人民鞠躬尽瘁，死而后已。

（3）热爱自己的国家是中华民族爱国主义的政治要求。

国家和祖国是两个既有联系又有区别的概念。如果说祖国是由人民组成的社会共同体，那么国家则是这种社会共同体的政治表现形态，是一个政治共同体。其职能的发挥对其统治之下的民族和人民起着十分显著的制约作用，它的兴亡盛衰与其统治下的民族和人民的生存发展息息相关、休戚与共。国家稳定、发达、团结、兴旺，生活于其中的民族、家庭、个人就会安居乐业、幸福健康；国家动乱、分裂、衰败、危亡，生于其中的人民就会颠沛流离、民不聊生。爱国家是社会政治稳定和统一的需要，是社会经济文化生活健康发展、人民生活幸福的需要，也是维护国家主权与独立的需要。因此，许多国家都把热爱自己的国家作为爱国主义的政治要求写入宪法。我国宪法就明确规定：中华人民共和国公民有维护祖国的安全、荣誉和利益的义务，不得有危害祖国的安全、荣誉和利益的行为；保卫祖国、抵抗侵略是中华人民共和国每一个公民的神圣职责。

世界各国均重视对自己的国民，尤其是青少年进行爱国主义教育。爱祖国不是抽象的，而是具体的。祖国的大好河山，自己的骨肉同胞，民族的灿烂文化，是同具体的国家相联系的。我们每个人的发展都是同国家的发展和进步紧密联系在一起的，爱祖国就要心系国家的前途和命运，就要把国家和人民的利益摆在首位，为祖国的统一和繁荣、为人民的自由和幸福贡献力量。

第三节　做一个忠诚的爱国者

人类最高的道德是什么？那就是爱国心。

—— ［法］拿破仑

爱国既是爱山河、爱人民与爱祖国的统一，作为人们的一种主观精神和行为状态，又表现为爱国情感、爱国觉悟和爱国意志行为三种不同层次相互联系、渗透的发展阶段。爱国主义不仅代表了人们对自己祖国的深厚感情，更体现为现实的义务和责任。做忠诚的爱国者，应当成为每一个中华儿女的基本追求。

一、爱国是情感、觉悟和意志行为的统一

一个真正的爱国者，不仅要有爱国的情感、爱国的觉悟，还必须有爱国的意志行为。爱国是情感、觉悟和意志行为的统一。三者是相互联系、相互渗透、逐层递进的。爱国情感是爱国觉悟的感性基础，爱国觉悟是爱国情感的理性深化，爱国意志行为则是爱国情感、爱国觉悟的必然归宿和实践升华。

（1）爱国情感是爱国主义精神的感性基础。

爱国情感是人们对祖国这个社会共同体的一种直接感受和情绪体验，

具有强烈的感染力和激发力。爱国情感是一种自发、朴素、纯洁的人类感情，一般而言，每个理智健全的人都有一定的爱国情感，但人们爱国情感的强烈程度有所不同。有的人爱国情感淡薄，只能停留在情感层面，无法达到爱国觉悟与爱国意志行为的高度。只有具有强烈爱国情感的人，才会有爱国觉悟和爱国意志行为。

爱国情感的表现十分丰富，如对祖国美不胜收的绿水青山、锦绣家园的衷心赞美和深深依恋之情；对富饶辽阔的国土、悠久的历史和优良的传统、灿烂的物质文明和精神文明，以及各种举世闻名的辉煌成就所产生的钦佩感和自豪感；对各族人民和骨肉同胞的亲和感、归属感和尊崇感；对中华民族所表现出的强大生命力、发展能力及其对整个人类历史发展所作的贡献和价值而产生的民族自信心；对维护祖国的荣誉和民族的尊严，维护国家的国格和民族成员的人格的强烈要求而产生的民族自尊心；对祖国无限忠诚，对国家的前途、命运无比关心和充满责任感，愿意为祖国的独立统一和繁荣昌盛，为各族人民的安居乐业和幸福生活而献身的责任感、义务感和献身感。当然，那种对损害国家和民族利益的一切言行、人物和事件所产生的否定、憎恶、仇恨、义愤的情感同样也是爱国情感的重要组成部分。

人们的爱国情感是在社会实践中逐步形成的。任何人总是生活在一定的社会环境之中，生活在民族国家之中，总要受到一定的自然环境、语言文化、风俗习惯、政治经济关系的影响和熏陶，使得人们对故乡的山川景物、文化习俗、亲朋故旧和生活群体的眷恋之情更加浓烈，这种质朴的自然情感或家园情感是一种刻骨铭心的基础感情，是产生高层次的爱国主义道德情感的基础。随着社会实践范围的不断扩大和这种朴素的家园情感的日积月累，人们逐步从对故土家园的爱扩展到对民族和国家的爱，从对故土家园的依恋之情扩展到对民族和国家的归属感和自豪感，逐步树立起对民族和国家的自信心和自尊心、责任感和义务感，"祖国"在人们心目中渐次成了一个神圣的、崇高的概念。只有当人们真正意识到个人与祖国的关系，个人对祖国应尽的责任和义务时，高层次的爱国主义道德情感才会自觉产生，并坚定稳固地被建立起来。

（2）爱国觉悟是爱国主义精神的理性基础。

爱国觉悟是人们正确而深刻地认识到个人与祖国的关系，从而通过一定的方式来表现对祖国的热爱。当一个人正确深刻地认识到个人与祖国的本质关系后，就会激发出强烈的爱国情感，意识到并愿意承担自己所肩负的社会责任和历史使命。如有"天下兴亡，匹夫有责"的历史使命感和主人翁责任感，有"先天下之忧而忧，后天下之乐而乐"的忧国忧民意识和奉献精神。

爱国觉悟要求人们从本质上理解个人与祖国的关系，从世界观、人生观的高度确立爱国主义的信念。它要求我们每个人从三个方面正确处理好个人与祖国的关系。其一，爱国主义作为规范每个公民与国家关系的重要政治原则，强调每个公民对祖国的政治责任和义务。热爱祖国、保卫祖国是每一个人都应履行的政治责任和法律义务。其二，爱国主义作为调整个人对国家、民族行为的道德规范，把爱国、报国、兴国、强国、救国看作爱国主义的高尚道德，而把卖国、辱国、祸国、乱国、叛国视为对祖国和民族不道德的丑恶行为。人们对祖国发自内心的爱一旦升华为高尚的爱国主义道德观念，便会对每个人自身的思想和行为产生自觉而又持久的引导和制约作用。其三，爱国主义作为正确认识个人与祖国价值关系的人生价值准则，提倡一种集体主义的人生价值观，强调社会整体利益或祖国利益高于个人利益，倡导一种报效祖国，为社会、为国家献身的精神，并认为只有祖国繁荣富强才能为个人正当利益的实现、个人尊严的维护、个性的全面自由发展创造最好的社会环境。同时，人们也只有在这种为祖国、为社会、为集体的全心全意的无私奉献中才能最大限度地实现个人的人生价值。

对所有中国人来说，爱国觉悟就是在正确认识今日中国的基础上，热爱中华人民共和国。我们的祖国虽然还不很发达，但是，半个多世纪以来，我国所取得的举世瞩目的成就说明，只有社会主义才能救中国，只有社会主义才能发展中国。同时也应看到，我们的祖国尚处于社会主义初级阶段，还需要一个发展、完善的过程。这个过程需要各族人民团结一心，共同努力，将自己的爱国热情化作爱国行动，投身到改革开放的建设中，改变祖国还不发达的现状，而不能因为祖国贫弱而嫌弃、背离祖国，更不能损害、背叛祖国。只有正确看待祖国的历史和现实，意识到自己的责任和义务，才能真正把爱国情感提升到爱国觉悟的高度。

（3）爱国意志行为是爱国主义精神的客观外化。

爱国意志行为是指人们坚定爱国志向，将爱国情感和爱国觉悟外化为爱国行为，为祖国的繁荣昌盛尽心尽力，作出贡献。只把爱国停留在口头上，空谈爱国情感、爱国觉悟和爱国志向而不付诸实践的人，只能称作"口头爱国者"；只有将爱国之情、爱国之心、报国之志化作报国之行，做到言行一致的人，才称得上是一个真正的爱国主义者。

要想实践爱国行为，首先，应把爱国情感和爱国觉悟转化为明确、坚定的爱国志向。爱国志向是以爱国情感为基础、爱国觉悟为导向，确定献身祖国的人生奋斗目标，并决心为此而克服困难、勇敢行动。只有把爱国情感、爱国觉悟转化为报国之志，才会产生目标远大、方向明确、勇敢顽强、坚定不移的爱国行动。其次，必须掌握报国本领。报国本领是指建设祖国和保卫祖国必须具备的基本能力和技能。有了报国本领，实现报国之志才有了条件和途径，才能具体实施报国行动，否则爱国行为只能流于空谈。最后，必须发扬献身精神、实干精神和艰苦奋斗精神。在实施爱国行动时，由于种种主客观因素的制约，人们常常会遇到许多难以想象的困难，为了实现爱国的奋斗目标，人们必须最大限度地发挥主观能动性去克服困难。因此，发扬献身精神、实干精神和艰苦奋斗精神对于实施爱国行动非常重要。

【阅读链接】
暨南大学附属第一医院驰援湖北医疗队陈祖辉：
守护队友平安的"感控"人

大年三十中午，暨南大学附属第一医院感染控制办公室主任陈祖辉接到医院紧急来电，听说医院要派出一支医疗队赶赴武汉，他毫不犹豫报了名。

迅速收拾好行李、草草吃个晚饭，陈祖辉赶往医院集结。深夜1：45，暨南大学附属第一医院第一批驰援湖北医疗队的9名队员乘飞机抵达武汉。卸下行李、整理好物资，到达酒店已是凌晨五点。

队员们顾不上休息，年初一紧锣密鼓地筹划排班，年初二上午10：00就赶到了接管的武汉汉口医院呼6病区（原呼吸内科），比原定计划提前了半天。

呼 6 病区——最难啃的硬骨头

汉口医院是武汉第一批救治新冠肺炎病人的定点医院之一，其中呼 6 病区只接收重症患者，全病区有 75 张重症病床和 8 张急重症病床（ICU 病床），也被称为"最难啃的硬骨头"。

医疗队刚接手的时候，所有病床满负荷运转，每位医生手上还有 6～10 个等待入住的病人。值班医生每 48 小时两班，每班次 6 小时（不包括穿、脱防护服的 1～2 小时），要负责 25 个重症病床和 2 个急重症病床。

"我们面临的是一场'遭遇战'！"陈祖辉说。汉口医院硬件设施薄弱，分区通道、建筑布局都不完善，却又要接收这么多危重症的病人，中心供氧氧压也跟不上。另外，医疗队和本院医务人员交接仓促，难免出现协调运转不畅的情况。

这些困难如何克服？用陈祖辉的话来说，只能见招拆招，"分区和通道不规范，我们就进行了临时改造；氧气不够用，我们向社会募集制氧机，甚至还用上了传统的氧气钢瓶，医疗队员推着'大炮'给病人送氧"。

如今，医疗队在一线抗疫已经一个多月了，呼 6 病区的状况改善了很多，陈祖辉告诉记者，一周前就已经出现了"床等人"的状态，收治病人人数已经下降到 43 人。

"管天管地管空气"的"感控"人

暨南大学附属第一医院第一批驰援湖北的医疗队共有 9 名队员，包括 5 名医生和 4 名护理人员，大家分工明确，包括工作医疗、护理、感控三部分，而陈祖辉主要负责感染控制工作。

感染控制是什么？"通俗地说，就是排查病区可能存在的、引起交叉感染的风险，一旦发现问题及时纠正；另外，要监管队友的防护措施是否合格，存不存在疏漏。"陈祖辉指出，感控人就相当于侦察兵和排雷兵，是保护医护人员安全的重要一环。

"感控"人除了要负责出入医院所有医护人员的防护工作，要督导"三区两通道"感控规范的执行情况，要参与病人出入院的各个环节，还有很多需要管，比如说要求队员们进入病区后，所有动作都要小心谨慎，防止碰到尖锐物品，身体不能擦挂，动作幅度也不能太大。"说白了就是管天管地管空气。"

"现在大家对于防护的流程都比较熟悉了，一旦放松下来就很容易出现疏漏，我必须提醒他们时刻保持警惕。"陈祖辉说。

被问及身处抗疫一线会不会有害怕的情绪，陈祖辉开玩笑说："完全没有，我可能是个异类！"他坦言，自己做感控有些年头了，凭借丰富的经历和专业的感染防控知识，很有底气。

"感谢你，我的家人"

来到武汉一周之后，陈祖辉收到了一个包裹，是妻子寄来的 1 600 个口罩。"打开的那一刻，我心里突然踏实了好多。"

陈祖辉马上上交口罩，由医疗队来统一调配。"我们最缺的就是 N95 口罩，每天的消耗实在太大了，这 1 600 个口罩真是雪中送炭，够我们医疗队的队员用上好几天了。"

谈到妻子对自己的支持，陈祖辉说不知道怎么表达对她的感激。"我来武汉，她全力支持，一个人在家带着两个孩子。知道我们缺物资，她又马上发动朋友圈的朋友，一起到处找物资。"

凌晨 2：30，陈祖辉独行在回酒店的路上，路灯明亮，路边的一草一木清晰可辨。"盏盏灯火是照我回家吗？希望这场战'疫'能尽快结束，我们都能早日回家……"

（作者：吴侃，来源：中国新闻网）

二、经济全球化与爱国主义

经济全球化是资本的扩张本性在世界范围内的表现，主要表现在全球性生产经营网络的建立、世界多边贸易体制的形成、金融活动全球化发展趋势与一体化的全球资本市场的形成、投资活动遍及全球与全球性投资框架的形成、跨国公司的作用进一步加强五个方面。

在经济全球化的条件下，必须弘扬爱国主义。这首先是因为经济全球化对民族国家的主体地位和功能发起了挑战。在经济全球化条件下，民族国家的权力开始发生变化，一部分转移到世界性经贸组织，一部分转移到基层民主。但这并不意味着民族国家主体地位的削弱和消失。今天的国际社会架构仍是以国家为基础的，区域性的经济联盟和跨国公司都不具有民族国家的主体地位，国家仍是国际社会的互动主体。无论与一个国家内的何种组织和个人作何种交往和互动，都必须首先与这个国家打交道，并获得这个国家的认可，否则一切都是空谈。同时，在经济全球化条件下，国家仍然是本民族整体利益的最具权威的代表者。经济全球化在为各民族国家提供发展机会的同时，也为某些西方发达国家借机控制世界、控制他国，窃取别国的利益创造了机会和条件。当今经济全球化是由资本主义发达国家主导的。最有竞争力的西方强国通过在国际事务上的垄断和霸权，力图将自身的生产方式逐渐扩展到所有的国家。由于发达资本主义国家在经济发展中占有明显的优势，因此，在经济全球化的进程中，这些国家的获益也大大超过发展中国家。在经济全球化下，商品、技术、信息、劳动力特别是资本在全球范围内的自由流动和配置，都是按资本主义生产方式的规则和要求来实现的，因此在表面公平的原则下，掩盖着事实上的不平等、不公平。由于经济实力不同，发展中国家仍不同程度地受制于、依附于发达国家，各国相互依存度加深，但并不都是"一荣俱荣，一损俱损"的。事实上，有许多时候情况恰恰相反。在世界上一个或一些经济体出现麻烦或收缩时，另一个较大的经济体则会受益并产生扩张。一个或一些国家的失败，甚至会促进另一个国家的成功。凭借雄厚的资本和先进的技术，以美国为首的国际资本主义国家通过不平等交换，把广大发展中国家变成其廉价资源的供应站、获取高额利润的投资对象和推销剩余产品的市场。正所谓"资本流遍世界，利润流向西方"。20世纪90年代，接连发生了墨西哥金融危机、亚洲金融危机，包括一些发达国家在内经济很不景气，而美国经济却连续增长了好几年。这就是世界各国经济受益并不均衡的有力证明。这就使得南北国家的发展不平衡差距在全球范围内进一步扩大。特别是发达国家和发展中国家的人均国内生产总值的指标悬殊。在这种情况下，国家是维护本民族权益，抗衡大国控制和掠夺的最具实力的权威力量。在全球化时代，只要国家存在，爱国主义就有坚实的基础。

在经济全球化条件下，国外势力妄图西化和分化中国的战略并未改变。而正在成长的中国青少年一代所受的消极影响更是令人忧心，很多青少年看不到中华民族的力量和智慧，民族自豪感和气节感低落。一项针对13～22岁的中国青少年人群的调查显示，他们在被问到"如果能够得到美国绿卡，要不要"时，90%以上的人都答"要"。随着中国综合实力的迅速发展壮大，西方发达国家认为中国是他们潜在的竞争对手，纷纷抛出"中国威胁论"，企图遏制中国发展。例如"粮食威胁论"：中国耕地只有全世界的7%，而中国的人口却有22%，那么全球人民吃什么呀？世界的粮食不就陷入危机了吗？还有"中国输出通缩论"：中国的劳动力这么便宜，卖给美国的东西那么便宜；日本经济空虚化了，日本的企业家把工厂都搬到中国去了……这些现象说明，虽然我们与西方发达国家的交往越来越密切，但是他们遏制中国发展。西化和分化中国的战略始终没有改变。

那么，在经济全球化条件下，如何弘扬爱国主义呢？

首先，要勇于和善于参与经济全球化竞争，加速提升中国的国力。经济全球化对于中国来说，既是挑战，也是机会。一方面要充分利用它所提供的机会，进一步完善生产要素跨境流动和优化配置的体制和政策，继续积极有效地利用外资，加快引进技术的消化吸收和创新提高，促进国内产业优化升级，培育中国的跨国公司和世界知名品牌，迅速提高国力。另一方面，也要看到在大国霸权主义的影响下，一些发达国家企图通过全球化影响和控制他国，谋取他国的利益。这就需要具有防范意识，主动采取措施，提高国家对全球经济走势和波动的预测能力和掌控能力，避免可能出现的危机，做到爱国主义与经济全球化的有机统一。

其次，要以宽广的眼光看待世界。经济全球化是世界经济的必然趋势，中国离不开世界，世界也离不开中国。这时的爱国主义，不是狭隘的民族主义，也不是大国沙文主义，在处理中国与世界的关系时，应当注入新的因子和意识，要正确处理热爱祖国与关爱世界、为祖国服务与尽国际义务、维持世界和平与促进共同发展的关系。

对于大学生来说，在处理经济全球化与爱国主义的相互关系上，还要树立以下观念：

（1）人有地域和信仰的不同，但报效祖国之心不应有差别。

无论是在国内还是国外，无论政治立场和宗教信仰如何，作为中华儿女，都可以以自己的方式来报效祖国。

（2）科学与科学知识是没有国界的。

科学是没有国界的，但科学事业的发展和科学家的命运都与自己的祖国有着密切的关系；科学知识是没有国界的，但科学知识的运用不可能离开具体的国家。当今世界综合国力的竞争，集中体现为科技的竞争和人才的竞争，自然科学家和社会科学家都对国家的繁荣富强担负着重大的责任。

（3）经济全球化过程中要始终维护国家的主权和尊严。

在经济全球化背景下，西方某些大国极力鼓吹政治全球化和文化全球化，妄图推行全球政治一体化和文化一体化。政治、文化一体化是指政治制度和文化价值观念的单一化、同一化和无差别化，其实质就是一种强权政治和霸权主义行为，西方大国在经济全球化加快发展的条件下，利用其经济和军事优势，采用经济、政治、文化甚至军事的手段，将本国的政治制度和文化价值观念强加给别国，阻挠世界各国政治和文化的多样性选择和发展，推行全球政治制度和文化价值观念的全盘西化，损害别国的主权和尊严。实际上，自国家产生以来，世界各国的政治制度和文化价值观念是多样的，并且是在多样中发展的。西方社会凭借经济优越性，妄图全世界奉他们的政治制度为主流政治制度，以他们的文化为主流文化。这威胁着世界政治制度和文化价值观念的多样性发展，影响并改变着人们的思想意识、价值观念，对世界的和平与发展造成了威胁。对此，一定要保持清醒的认识。在经济全球化的今天，只有弘扬内在统一的爱国主义和民族精神，才能自立于世界民族之林。一个民族，尤其是原先经济文化比较落后的发展中国家，要想取得民族独立，巩固民族独立，发展民族独立，不仅需要独立自主的民族经济，独立自主的民族国家，独立自主的民族外交，而且需要弘扬爱国主义，坚决维护自己的主权和尊严，根据国情来选择和发展自己的政治制度和文化，以积极理性的态度参与经济全球化进程，维护本国、本民族的利益。

【阅读链接】

不屈的抗争　正义的胜利——钱学森回国始末

习近平主席说："爱国主义是我们民族精神的核心，是中华民族团结奋斗、自强不息的精神纽带。"今天，正是这个核心和纽带唤起，我们民族记忆中的一段爱国主义佳话。

20世纪50年代，美国在国际上发动朝鲜战争，在国内则掀起了一场歇斯底里的反共浪潮，迫害美国进步人士，也迫害中国科学家和留学生，发生了在美国轰动一时的"钱学森事件"。

由于在第二次世界大战时钱学森被允许参加美国国防研究，且在航空工程和喷气技术，也就是火箭导弹这些最前沿的领域中取得了卓著成就，曾多次受到美国国防部嘉奖。美陆军航空兵司令、五星上将阿诺德将军，称钱学森在美国火箭和喷气推进领域中作出了"无可估量"的贡献。

然而，到了1950年，随着麦卡锡主义横行，钱学森成为美国联邦调查局的审查对象，他的保密许可证被吊销。钱学森意识到形势严峻，立即向加州理工学院提出辞职，准备回国。

对于钱学森这样的著名科学家，美国当局是绝不会放他回中国的。于是各种"罪名"接踵而至——一会儿说他"非法入境"，违反了移民法；一会儿又说他是"美国共产党员""中共间谍"，有颠覆美国政府的企图。移民局要驱逐他出境；国防部又反对他离开美国回到中国。美国海军部副部长金贝尔甚至说："我宁肯枪毙他，也不许他回到共产党中国，他太有价值了，不管在任何地方，都抵得上3个到5个师的力量。"

于是，钱学森遭到监禁、审讯、软禁、监视等迫害与折磨。但这并没有动摇他坚定回到祖国的决心和意志。

1950年10月19日，中国人民志愿军出兵朝鲜。就在志愿军赴朝不到一个月，即同年11月15日，美国司法部移民局以听证会的名义开始审讯钱学森。

第一次听证会在美国洛杉矶移民局103号房间召开，听证官（法官）、审讯官（检察官）、书记员、钱学森的律师、新闻记者和旁听者等出席。

需要说明的是，法官罗伊·沃德尔（Roy Waddel）极不公正，对律师的抗议一概驳回；检察官艾伯特·德尔·古尔丘（Albert Del Guercio）是个反共老手，极其凶狠刁钻。

审讯开始，检察官古尔丘要求钱学森站起来宣誓，保证在审讯中给出的证言是真实的。接着按法律规定的程序，询问了例行问题之后，古尔丘的目光瞬时变得咄咄逼人，他突然问钱学森："你不准备去国民党统治的台湾吗？"

钱学森："我没有计划。"

古尔丘："那你忠于谁？"

钱学森："我忠于中国人民。"

第一次庭审期间，美国检察官不断设置陷阱，引诱钱学森在共产党和国民党之间选边站。但钱学森这时已通过各种渠道获悉，中国共产党是全心全意为人民服务的，特别是他的老友罗沛霖从延安辗转去加州理工学院留学，给钱学森讲了许多在延安的所见所闻，钱学森深信，共产党的宗旨和人民的利益是完全一致的。

从 1950 年到 1951 年，我国志愿军在朝鲜前线浴血奋战，捷报频传。就在这个时期，钱学森在美国受到四次审讯，这四次审讯，对钱学森个人来说，就是四次战斗，他要打败那个代表美国政府的古尔丘。

整个审讯，钱学森一人面对的是强大的美国政府，但他不畏极限施压，回答问题理直气壮，严丝合缝，无懈可击。可是毫不讲理的美国政府仍然判定钱学森有罪。

1951 年 4 月 26 日，美国司法部移民局作出判决，说钱学森"曾经是美国共产党员，予以驱逐出境，同时因掌握美国机密信息，推迟执行，不许出境，只能在一定范围内活动"。

从此，钱学森开始了被监视、监听和跟踪的生活，常常受到各种无缘无故的干扰，且每月必须按时到移民局报到。但是，钱学森并没有就此消沉，他相信自己总有一天会回到祖国，于是很快将他的研究方向转向不带机密性的理论工作，即工程控制论和物理力学，并作出开创性贡献。

1955 年 9 月，在中国政府的营救下，历经 5 年艰苦奋争的钱学森一家终于回到祖国。这是正义的胜利！

钱学森回国以后，在我国导弹航天事业，乃至整个科学技术事业上作出了杰出贡献。党和国家为表彰他的功绩，于 1991 年他 80 岁生日前夕，在人民大会堂举行隆重仪式，授予他"国家杰出贡献科学家"荣誉称号和一级英模奖章，赞誉他是"爱国知识分子的杰出典范"。钱学森终于实现了把他在美国学到的知识奉献给祖国和人民的初心。

中美建交后，曾有许多美国学术组织邀请钱学森重访美国，但都被他婉言谢绝了。1985 年，美国总统科学顾问基沃斯访华，在与国家科委主任宋健会谈时，谈到钱学森问题。基沃斯说，他来访前，查阅过有关"钱学森事件"的档案。他现在认为，美国政府加害钱学森是没有道理的，钱教授当年对美国国防科学作出了那么大的贡献，美国政府是欠他的债的，为了作出弥补，可以授予钱学森"美国国家科学勋章"。这在美国是最高荣誉，一般由总统在白宫亲自颁发。如果钱先生不愿访美，可以由美国科学院院长普雷斯来华授予他勋章，这是美国高官第一次在钱学森问题上认错。

钱学森获知后表示："这是美国人耍滑头，我们中国人有国家的尊严，如果美方不公开向我赔礼道歉，今生今世绝不踏上美国国土。我也不稀罕什么美国勋章，如果我死后，中国人民说我为国家为人民办了点事的话，那才是最高的奖赏！"

爱国主义是中华民族精神的核心。我们坚信，今天的中国人更不会畏惧极限施压。历史将再次证明，公平和正义从来不会缺席。

（作者：涂元季、钱永刚、李明，来源：中国共产党新闻网）

三、努力做一个忠诚的爱国者

一个真正的爱国者，在民族团结和祖国统一的大是大非上，应始终以祖国和民族的根本利益为前提，坚决反对一切损害民族团结和祖国统一的错误言行。如一家在天津的日资公司，要开发一款模拟第二次世界大战的游戏软件，游戏的结果是日本取得胜利。我国的五名开发软件的大学生宁可不要高薪，愤然辞职，这表现出了他们维护祖国尊严的高尚情操。

当代大学生是时代的骄子，代表着祖国和民族的未来，代表着事业兴旺发达的希望，其道德素质、科学文化素质和健康素质的全面发展不仅反映了祖国物质文明和精神文明全面建设的水平，还直接关系到祖国的前途命运。21世纪的大学生要继承爱国主义的光荣传统，成为坚定的爱国者，就必须以振兴中华为己任，育爱国之情，立报国之志，成建国之才，作效国之行，化爱国情感、爱国觉悟为爱国意志行为，为祖国奉献青春，为全面建成小康社会，加快推进社会主义现代化，实现中华民族的伟大复兴而努力学习，创造无愧于时代和人民的业绩。

首先，要加强国家观念和民族意识。坚持"祖国的利益高于一切"的价值准则，培养健康向上的精神状态和高尚的民族气节，热爱祖国，热爱人民，志存高远，胸怀宽广。

其次，要加强历史使命感和社会责任感。自觉维护祖国统一、民族团结和人民的利益，自觉遵纪守法，倍加顾全大局，倍加珍视团结，倍加维护稳定。

再次，要弘扬"解放思想、实事求是、与时俱进"的精神，恪尽职守，奋发有为，刻苦钻研，开拓创新，掌握报效祖国的坚实本领，成为振兴中华的栋梁之材。

最后，要积极投身改革开放和现代化建设的广阔舞台，充分发挥聪明才智，实现人生价值，在艰苦创业中报效祖国。

总而言之，一个合格的爱国者，应该是一个有爱国情感的人，是一个能正确认识个人与祖国关系的人。而忠诚理性的爱国者，必须是一个有强烈爱国情感的人，一个能够正确深刻认识个人与祖国本质关系的人，一个能自觉承担社会历史责任并敢于奉献牺牲的人。

【阅读链接】

燃烧青春，开展国家和人民需要的研究

"我们有幸成了人们的踩路石，不管春露秋霜，无论冬来夏往，石子铺就的小道或大道，任由人们踩踏。因为石子的承受，才有了人走的路，相伴着人生辉煌……"一位航天人如此深情地写道。

11 月 24 日，嫦娥五号探测器成功发射，开启我国首次地外天体采样返回之旅。一年前，嫦娥四号在世界上实现首登月背。我们的"玉兔"一步又一步地迈着努力的步伐，带着我们的"眼睛"探寻月球。截至 10 月 24 日，嫦娥四号着陆器和"玉兔二号"月球车已在月球背面累计行驶 565.9 米。565.9 米看似不长，但每一步都是千千万万科技工作者的担当和奉献。

嫦娥四号落月后，一张照片在网上广为流传：48 岁的嫦娥四号探测器项目执行总监张熇因激动而难以自已，74 岁的嫦娥一号卫星总设计师叶培建紧紧握住她的手。这次握手，是使命的传递，是青春的接力。还有更年青的一代，正在燃烧他们的青春，比如，34 岁的嫦娥四号"鹊桥"中继星星务分系统主管设计师侯文才，和同事们完成了"鹊桥"的方案设计、生产、测试等工作。在测控对接任务中，他们在白雪覆盖的北方林海留下了脚印，在黄沙遍地的西部戈壁洒下了汗水。29 岁的嫦娥四号着陆器测试指挥岗的齐天乐，举行完婚礼的第二天，就坐早班机去了西昌卫星发射中心，投入嫦娥四号着陆器的测试工作。

特别的精神，照亮了特别的青春。接过老一辈科学家的接力棒，新一代的年轻人快速奔跑。如今，在许多科技领域，80 后、90 后已经挑起

大梁。

今天，中国的科技工作者面临着比过去更加艰巨的任务。"我们是解决了'人家有我们也要有'的问题，现在你们要解决的是'人家没有我们有''人家有我们要做得更好'的问题。"戚发轫说。

新一轮科技革命和产业变革正在进行，如何抓住机遇，实现党的十九届五中全会提出的科技自立自强与"四个面向"？今年刚获得陈嘉庚青年科学奖的 80 后科技工作者、南京大学地球科学与工程学院教授唐朝生的回答铿锵有力："'四个面向'为我国科技工作者清晰地指明了道路和发展方向，那就是要做前沿的研究，要做有价值的研究，要做国家和人民有需要的研究！"

使命艰巨，但也光荣，载人航天精神将激励年青一代奋勇前行。

"人生因奋斗而精彩，青春因梦想而美丽，梦想就像一朵朵浪花，汇成了中国梦这条奔涌的长河，愿年轻的朋友们敢于追梦、勤于圆梦，书写出属于自己的青春华章。"航天员刘洋的这番感悟和希冀，送给每一个正青春的中国人。

（《载人航天精神：勇于攀登，实现科技自立自强》节选自《光明日报》2020 年 12 月 2 日）

【思考】

1. 中华民族精神的内涵是什么，它包括哪些具体方面的内容？
2. 中华民族爱国主义的内容和要求是什么？
3. 在经济全球化条件下为什么要弘扬爱国主义精神？
4. 如何正确理解"科学无国界，但科学家有祖国"？

【推荐阅读】

1. 蒋清越. 你是中国人吗 [M]. 北京：中国致公出版社，2006.

如果你是中国人，那么，就请从现在做起，去重新拾起祖上光荣，恢复中华民族礼仪之邦的传统，去真心地孝敬父母，敬爱同事亲友，对上司忠心耿耿，对下属关怀备至，多多用心来为大众和社会服务，多去亲近对社会作过贡献的德高望重的长者，去做一个真正快乐而勇敢的中国人。

2. 盐城高等师范学校关心下一代工作委员会. 民族精神集粹［M］. 北京：知识产权出版社，2009.

本书既对民族精神有关内容作了简要提示和阐述，又精选了部分自古以来最能体现民族精神的典型的人和事。通过这些典型的人和事，使民族精神具体化、形象化，增强了感染力、说服力、影响力。

3. 缪克成，俞世恩. 民族精神［M］. 上海：上海科学技术出版社，2010.

本书采用适合青年学生阅读的对话形式，以培养青年学生科学人文素养作为出发点，以围绕民族精神广泛收集的史料作为支撑点，通过各个不同的视角，讲述了中华民族精神的丰富内涵。

4. 黄仁伟. 中国崛起的时间和空间［M］. 上海：上海社会科学院出版社，2002.

中华民族的伟大复兴能否实现，通过什么道路来实现，对整个世界和人类的未来将产生什么影响，已经成为世界上各国领导人和企业巨头关注的焦点，成为各国战略家和知识精英思考研究的课题以及全球化和多极化趋势中不可回避的重大现象。

第五章　法律原理与法治精神

　　要加强宪法学习宣传教育，弘扬宪法精神、普及宪法知识，为加强宪法实施和监督营造良好氛围。宪法法律的权威源自人民的内心拥护和真诚信仰，加强宪法学习宣传教育是实施宪法的重要基础。要在全社会广泛开展尊崇宪法、学习宪法、遵守宪法、维护宪法、运用宪法的宣传教育，弘扬宪法精神，弘扬社会主义法治意识，增强广大干部群众的宪法意识，使全体人民成为宪法的忠实崇尚者、自觉遵守者、坚定捍卫者。

　　——习近平2018年2月24日在十九届中央政治局第四次集体学习时的讲话

第一节　法律的基本原理

一、法律的历史发展及其内涵

　　在漫长的文明演进中，法律发挥着特殊的社会规范作用。认识法律的含义及其历史，是掌握法律基本原理、形成法治观念的基础。

（一）法的起源与发展

1. 法的起源

法治是现代文明的制度基石。法治兴则国家兴，法治衰则国家乱。建设法治中国，离不开每个公民的参与和推动。在全面依法治国、建设法治中国的进程中，大学生肩负着重要责任。大学生要担当民族复兴大任，要努力提高法治素养。这就需要了解法律的本质特征和运行机制，整体把握法律体系、法治体系和法治道路的精髓，培养法治思维，尊重和维护法律权威，依法行使权利与履行义务，努力做尊法学法、守法用法的模范。

法律不是从来就有的，也不是永恒存在的。它随着私有制、阶级和国家的产生而产生，也将随着私有制、阶级和国家的消亡而消亡。法律作为上层建筑的重要组成部分，其基本内容和性质总是与所在社会的生产关系相适应的。奴隶制法律、封建制法律、资本主义法律都是建立在私有制经济基础上的剥削阶级类型法律，而社会主义法律是人类历史上唯一以公有制为基础的新型法律制度。

人类在进入阶级社会以前处于原始社会时期，当时既没有国家，也没有法，社会组织以氏族制度为主，社会规范主要由习惯决定。正是这种氏族制度和习惯把原始社会的一切都调整和处理好了。恩格斯曾经评论道："这种十分单纯质朴的氏族制度是一种多么美妙的制度呵！没有大兵、宪兵和警察，没有贵族、国王、总督、地方官和法官，没有监狱，没有诉讼，而一切都是有条有理的。"① 一切问题，都由当事人自己解决，在大多数情况下，根据历来的习俗就能调整好一切。

原始社会末期，随着生产工具的改进和生产力的提高，人们共同劳动的产品有了剩余，出现了私有财产，私有制逐渐形成，产生了阶级分化、阶级对立和斗争。在这种情况下，氏族制度和传统习惯已经无法继续维持社会生活的正常运转，不可避免地要以某种新的社会组织和社会规范来代替它们。处于优势地位的奴隶主阶级为了维护自己在政治、经济上的统治，建立起军队、警察、监狱等一系列暴力机关和专门的管理机关，以镇压奴隶阶级的反抗并管理社会公共事务。与此同时，奴隶主阶级把自己的意志上升为国家的意志，并制定或认可法律，以确认、保护和发展对本阶级有利的社会关系和社会秩序。因此，法作为阶级矛盾不可调和的产物便由此产生了。

然而，法的产生不是一朝一夕的事情，而是经历了漫长的演变和发展过程，即由习惯到习惯法再到成文法的过程。原始社会的习惯规范为法的产生准备了条件，原始习惯与早期的法之间存在着明显的继承关系。但从本质上看，二者有着原则上的区别：前者是氏族组织的公共行为规则，反映氏族全体成员的愿望和要求，主要靠人们的自觉遵守和首领的威望来维

① 中共中央马克思恩格斯列宁斯大林著作编译局. 马克思恩格斯选集（第4卷）[M]. 北京：人民出版社，1966：95.

持；而后者是统治阶级意志的体现，确认和保护有利于统治阶级的社会关系，并以统治阶级掌握的国家强制力来保证实施。

2. 法的历史类型

法的历史类型是指按照法律制度赖以建立的生产关系类型和反映阶级意志的不同，对不同国家和地区的法律进行的基本分类。与国家的类型一样，法的历史类型是同社会形态相适应的。人类社会迄今为止已有五种社会形态，除原始社会没有国家和法之外，同奴隶社会、封建社会、资本主义社会和社会主义社会相适应，存在奴隶制法、封建制法、资本主义法和社会主义法。

（1）奴隶制法的本质与特征。

奴隶制法是人类历史上第一个剥削阶级类型的法。同奴隶制国家一样，它是建立在奴隶社会经济基础之上的上层建筑的重要组成部分，是奴隶主阶级意志的体现，是由奴隶制国家制定或认可，并由奴隶制国家强制力保证执行的国家意志，是奴隶主阶级实行阶级专政的工具。

奴隶制法具有以下特征：一是具有明显的原始习惯残留痕迹；二是否认奴隶的法律人格；三是存在严格的等级划分；四是刑罚方式极其残酷。

（2）封建制法的本质与特征。

封建制法是上升为国家意志的地主阶级的统治意志，是由封建国家制定或认可，并以国家强制力保证其执行的行为规范，是封建地主阶级统治的工具。由封建制法的本质决定，它具有以下特征：一是确立农民对封建地主的人身依附关系；二是维护专制皇权；三是刑罚严酷。

（3）资本主义法的本质与特征。

资本主义法是在封建时代的后期孕育、萌发并通过资产阶级革命而最终确立的。它以资本主义私有制关系为基础，所体现的国家意志来自占社会少数的资本家阶级，也属于剥削阶级类型的法。

资本主义法是资产阶级长期同封建地主阶级以及宗教专制制度斗争的产物，因而有其历史进步的意义。资本主义法的基本特征主要体现为四个原则：一是与资本主义私有制相适应的私有财产神圣不可侵犯原则；二是与资本主义市场经济相适应的契约自由原则；三是与资本主义民主政治相适应的法律面前人人平等原则；四是与资产阶级人道主义相适应的人权保障原则。

资本主义法经过几百年的演变发展，特别是承袭了前资本主义时期西方的法律传统，是人类法制史上迄今为止较为完备的法律。资本主义各国的法学家根据法的历史传统对法系作了分类，其中影响最大的是资本主义国家的大陆法系和英美法系。

（4）社会主义法的本质与特征。

社会主义法是新型的法律制度，有着与以往剥削阶级类型法律制度不同的经济基础与阶级本质。社会主义法以公有制为经济基础，保障全体劳动者共同占有生产资料，通过解放生产力和发展生产力来推动社会物质财富和精神财富的日益丰富，从而实现人的全面发展和全体社会成员的共同富裕。社会主义法是最广大人民群众意志的集中体现，是实现人民当家作主、人民民主专政的重要保证。社会主义法反映了社会主义生产关系的本质要求，为实现普遍意义的平等、自由奠定了坚实基础，开辟了广阔空间，实现了对历史上各种类型法律制度的超越。

中国的社会主义法律是一种新型的法律，具有以下三个特征：一是体现了党的主张和人民意志的统一；二是具有科学性和先进性；三是其为中国特色社会主义建设的重要保障。

（二）法的含义、本质特征与作用

1. 法的含义

总体上来讲，法律是由国家制定或认可并以国家强制力保证实施的，反映由特定社会物质生活条件所决定的统治阶级意志的规范体系。国家创制法律规范的方式主要有两种：一是国家机关在法定的职权范围内依照法律程序，制定、补充、修改、废止规范性法律文件；二是国家机关赋予某些既存社会规范以法律效力，或者赋予先前的判例以法律效力。法律作为上层建筑的重要组成部分，不是凭空出现的，而是产生于特定社会物质生活条件基础之上。法律所体现的统治阶级意志具有整体性，不是统治阶级内部个别人的意志，也不是统治者个人意志的简单相加。

当然，我们还可以从另外一个角度来理解法律的内涵。汉字"法"的古体是"灋"。《说文解字》有："灋，刑也，平之如水，从水；廌，所以触不直者去之，从去。"在我国奴隶社会时期，"法"统称"刑"，但这里的"刑"与"典型""范型"的"型"相通，有常规、规范的意思。"平之如水"，意为不高不低、不偏不倚，像水一样平。"廌"是传说中的一种神兽，形似牛，独角，生性公正，能辨曲直，古时审判案件，以被廌触者为胜。

"律"，《说文解字》有："律，均布也。"清人段玉裁注释："律者，所以范天下之不一而归于一。"《唐律疏议》有："律之与法，文虽有殊，其义一也。"可见，"法"和"律"都含有规范、划一、公平、公正的意思。

在我国先秦时期，"法"专指各个朝代和各个诸侯国的刑典。自战国李悝"集诸国刑典，造《法经》六篇……商鞅传授，改法为律"后，封建社会各代刑典，一般都称为"律"，如《秦律》、《汉律九章》、《唐律疏议》等。

"法律"一词在我国古代就有了，但广泛使用"法律"这个词则是在近代。在现代汉语中，"法律"一词有广义和狭义两种理解。广义的"法律"指法律的整体，即法律规范的总和。例如，我国宪法规定"公民在法律面前一律平等"，这里的法律就是广义用法。狭义的"法律"则专指由特定的国家机关制定的规范性文件。例如，宪法规定"全国人民代表大会常务委员会有权制定法律"，这里的法律就是狭义用法。本书在广义上使用"法律"一词时，根据具体的语言环境，有时称"法"，有时称"法律"，而其内涵和外延是完全一致的。

2. 法的本质与基本特征

法的本质可以概括为以下三个方面：

（1）法的阶级性。

法的阶级性包括四个含义：法是统治阶级意志的体现；法体现的统治阶级意志具有整体性；法体现的统治阶级意志具有统一性；法的阶级性与社会性相统一。

（2）法的共同性。

法的共同性，即某些法律的内容、形式、作用效果并不以阶级为界限，而是具有相同或相似性。这是因为：第一，法律的规律性影响法和法律的共同性。法律是对客观规律的反映，而客观规律是不以人的意志为转移的客观存在，法律反映客观规律也就决定了不同国家、不同类型的法律具有某些共同性。第二，法律是社会公共管理的手段。第三，法律具有某些特殊的形式，如法律程序、成文表达、专门执行等，所以就有了诸如在程序法规、法律语言、适用技术等方面的共同性。

（3）法的物质制约性。

法的物质制约性指法是由一定的社会物质生活条件所决定的。这里的物质生活条件，是指与人类生存条件相关的物质资料的生产方式、地理环境、人口的增长及密度等方面，其中主要是统治阶级建立政治统治所赖以生存的经济基础，是更深层次的本质特性。此外，法还受到上层建筑中其他因素的影响，如道德、文化、历史传统、风俗习惯、宗教信仰等。

法的基本特征由法的本质决定，反映了法的本质和内容的外部现象。从法是社会规范的角度出发，将它与道德规范、礼仪规范、宗教规范、社会团体规范等社会规范相比较，其具有如下四个特征：

第一，法是调整人们的行为或社会关系的规范。首先，法律不是通过对人们思想的调整来调整社会关系，而是通过对人们的行为进行控制从而调整社会关系的。我们知道，人的行为使人与人的社会关系得以建立和存在，"行为关系"是"社会关系"形成的条件。行为关系是社会关系的一种，它是一种表现于外部的通过人们的行为而发生的社会关系。达成社会控制的有效途径是通过调整人们的行为进而对社会关系进行调整。对于法律来说，不通过行为控制就无法调整和调控社会关系。这是法律区别于其他社会规范的重要特征之一。

首先，道德规范通过思想控制来调整和控制社会关系，政治规范通过组织控制或舆论控制来完成社会调整。其次，法律是一种行为规范。它具有高度规范性、概括性等特点。规范性是指法律规范规定了人们在一定情况下可以做什么，不能做什么，从而为人们确立了明确的行为模式和标准。概括性是指法律规范提供的行为标准是从各种具体行为中所概括出来的一般尺度，而不是针对某一特定场合和特定主体的个别性指令。

第二，法是由国家制定或认可的社会规范。制定或认可，是国家创制法律的两种方式，也是统治阶级把自己意志变为国家意志的两种途径。在我国社会主义制度下，宪法和法律由全国人大及其常委会制定；国务院和地方国家权力机关及行政机关，可以根据宪法和法律制定行政法规、地方性法规、规章制度等。

第三，法是由国家强制力保证实施的社会规范。一般社会规范（如道德、教规、习惯、团体章程纪律等）不具有强制性。而法具有强制性，即国家强制性。法是以国家强制力为后盾，由国家强制力保证实施的。不管人们的主观愿望如何，人人都必须遵守法律，否则将招致国家强制力的干涉，受到相应的法律制裁。

第四，法规定人们的权利和义务。法律规范的核心内容是规定人们在法律上的权利和义务，法正是通过规定人们在一定社会关系当中的权利和义务来确认、保护和发展有利于统治阶级的社会关系和社会秩序。一般来说，法律上的权利是指法律赋予人们的某种行为自由，这种自由受法律保护；而法律上的义务，是指法律规定的人们为保障他人的行为自由或社会利益必须履行的某种责任。

3. 法的作用

法的作用和法的本质、目的、特征有着密切的联系。法的作用可以从不同的角度来分析，在此，我们主要讲法的规范作用与社会作用。

根据行为主体的不同，法的规范作用可以分为以下几个方面：

（1）告示作用。

即法代表国家发布的关于人们应当如何行为的意见和态度。这种意见和态度以成文形式昭示天下，向整个社会传达人们可以如何或必须如何行为的信息，起到告示的作用。

（2）指引作用。

即法律对人的行为起到导向、引领作用，其对象是每个人的行为。

（3）评价作用。

即法律具有判断、衡量他人的行为是否合法或违法，以及违法性质和程度的作用，评价对象是他人的行为。

（4）预测作用。

即当事人可以根据法律预先估计到他们相互之间将如何行为以及某种行为在法律上的后果，其对象是人们相互的行为。

（5）教育作用。

即通过法律的普及宣讲与实施而对社会成员今后的行为所产生的正面影响，其对象是一般人的行为。

（6）强制作用。

即法律对违法行为具有制裁、惩罚的作用，其对象是违法者的行为。

法的社会作用主要体现在以下几个方面：

（1）政治文明方面。

它既能维护、确认和调整统治阶级内部之间、统治阶级与被统治阶级、同盟者之间的关系，又以保障基本人权和约束公共权力为价值追求，维护巩固宪法构架下的民主政治体制。

（2）物质文明方面。

不论是财产法律制度还是契约法律制度、知识产权等法律制度，都鼓励人们以极大的信心和安全感积极地从事增加财富的社会活动和行为，从而促进经济的发展。

（3）精神文明方面。

它通过惩恶扬善，维护社会治安秩序，改善社会风气，从而促进社会道德水平的提高。

（4）生态文明方面。

它通过各项立法，保护自然环境，维护生态正义，实现人与自然的和谐，促进可持续发展。

二、法的渊源与法的效力

（一）法律渊源的含义

法律渊源是专门的法学术语，来自罗马法的"fontes juris"一词，意思是法的源泉、来源、源头。在中外法学著述中，法律渊源是一个包含多种含义的概念，经历了不断演变的历史过程。概括起来主要有以下几种含义：

（1）法的历史渊源。

即引起特定法律、法律制度、法律原则、法律规范产生的历史事件和行为。例如，11世纪的普通法和14—15世纪的衡平法可视为现代英国法的历史渊源。

（2）法的本质渊源。

即法律现象产生、存在和发展的根本原因，是法的根本性质。例如，古典自然法律理论认为法的渊源是人类的理性。

（3）法的思想理论渊源。

即对一国法律制度、法律规范起指导作用的理论原则和思想体系。例如，西方法律中关于平等原则的规定，其思想理论渊源是自然法学中有关自然正义的学说。

（4）法的文献渊源。

即包含对法律规范的权威性解释和记载的文件，专指法律文件的原始记录、综述和汇编。例如，古罗马的《查士丁尼民法大全》便是典型的古罗马法的文献渊源。

（5）法的文化渊源。

又称法的文学渊源，特指有关法律的百科全书、教材、专著以及法学参考资料。

（6）法的效力渊源。

又称法的形式渊源或直接渊源，专指具有法律效力的表现形式。

本书采用法的效力渊源说，因为它说明了法的效力的直接来源。一般来说，法律规范的产生方式不同，制定机关的类别不同，其表现形式和法律效力的来源、等级也不同。

（二）法律渊源的种类

1. 制定法

制定法是最为普遍的法律渊源，是指由国家立法机关或有权立法的机关通过法定程序制定的规范性法律文件。依据不同的分类标准，制定法可以分为不同的类别。如根据制定机关的不同，制定法可分为议会制定法和授权立法；根据法律效力的不同，可分为宪法、法律、行政法规、地方性法规等。

制定法在形式上多以法典为主要表现形式。如公元前5世纪战国时期，魏相李悝编纂的《法经》，就是中国最早出现的较系统的法典。1804年拿破仑颁布的《法国民法典》（《拿破仑法典》）是资产阶级法典编纂的典型，为许多资本主义国家所仿效。现行中国宪法、民法通则、刑法等均属于制定法。

【阅读链接】

法典是指同一门类的各种法规经过整理、编订而形成的系统的法律。法典源于古巴比伦王国。公元前 18 世纪，位于幼发拉底河中游东岸的古巴比伦王国的第六君王汉谟拉比，统一底格里斯河和幼发拉底河两河流域，建立起高度中央集权的奴隶制国家。为了强化中央集权和镇压奴隶反抗，消除国内司法的混乱现象，汉谟拉比制定了一部统一的法典，即《汉谟拉比法典》。原文镌刻在一块高 2.5 米、直径约 1.5 米的玄武岩椭圆石碑上，系楔形文字。

2. 判例法

判例即法院判决的"成例"，判例法泛指可以作为先例据以裁决的法院判决。具体而言，是指最高法院或上级法院在某一案件判决中的判决理由（或称"司法决定"）对以后本院和下级法院同类案件的判决具有约束力，判决理由因而具有与法律相当的地位，可以成为解决类似案件的法律依据。应注意的是，所谓判例法并不是指整个判决书，而仅指判定某项事实或者确定某项法律原则的判决理由。判例作为法律渊源的地位主要存在于英美法系。"遵循先例"是判例法的基本原则。

3. 习惯法

习惯法是以习惯形式存在的法律，即那些被国家机关认可并具有法律效力的习惯规范的总和。习惯是人们行为经验的积累和总结，习惯之所以成为法律渊源，是因为它创设了明确、有强制性的权利义务关系，并为人们所认同和遵守。能够成为法律渊源的习惯，除了由立法者通过法律文本加以采纳外，一般必须通过司法途径将其作为判决的根据。

4. 法理

法理作为法律渊源，一方面体现在法官适用制定法，且总是在符合法理的层面上适用；另一方面体现在法理同习惯法一样，可以填补制定法的缺漏。

5. 权威性法学理论

权威性法学理论是指著名法学家对法律问题的系统解释、论述。在西方，权威性法学理论一直是法律渊源的重要组成部分。在古罗马，法律学说是裁判官和执政官进行法律活动的依据。即使在近现代西方国家，权威性法学理论依然有其立足之地：1942 年《意大利民法典》规定，只要法官用其他确定法律的方法无法解释案件，都必须"按照本国法学界的一般原则处理"。

6. 国际条约和协定

国际条约是国家及其他国际法主体间所缔结的确定相互间权利义务关系的协议。就一国而言，凡是国家缔结或加入的国际条约或协定（声明保留的除外）应对本国有约束力，在经过法定程序为有关国家机关认可后，成为该国的法律渊源。当国际条约和国内法发生冲突时，我国有不少法律规定国际条约优先适用。

7. 宗教教义和戒律

从历史上看，宗教往往直接成为法律渊源。一般来说，若一国国民对某种宗教有着普遍信仰，宗教教条便会成为法律准则的基本内容。如印度法、犹太法、伊斯兰法、中世纪教会法等都是宗教性质的法律。

（三）当代中国法的渊源

1. 宪法

宪法是当代中国最高的法律形式，具有最高的法律效力，一切法律、行政法规和地方性法规都不得同宪法相抵触。宪法是由我国最高权力机关——全国人民代表大会制定和修改的。

2. 法律

当代中国法的渊源中，法律的地位和效力仅次于宪法。法律由于制定机关的不同可分为两大类：一类为基本法律，即由全国人民代表大会制定和修改的刑事、民事、国家机构和其他重要方面的规范性文件，如刑法、刑事诉讼法、民法通则、行政诉讼法等；一类为基本法律以外的其他法律，由全国人大常委会制定或修改，如单行法规等。

3. 行政法规

行政法规是指作为国家最高行政机关的国务院所制定的规范性文件，其法律地位和效力仅次于宪法和法律。具体行政法规的名称，依有关法规规定，只能称为××条例、规定或办法。国务院所发布的决定和命令，凡属于规范性的，也属于法的渊源之列。

4. 地方性法规

地方性法规是由各省、自治区、直辖市的人民代表大会及其常务委员会根据本行政区域的具体情况和实际需要制定的规范性法律文件。地方性法规在制定机关管辖的范围内有效，且不得与宪法、法律和行政法规相抵触。

5. 自治条例和单行条例

自治条例和单行条例是民族自治区、自治州、自治县的人民代表大会按照当地民族的政治、经济和文化的特点制定的规范性法律文件。

6. 特别行政区的法律

特别行政区的法律由特别行政区的国家机关在宪法和法律赋予的职权范围内制定或认可，是在特别行政区内具有普遍约束力的行为规则的总和。

7. 军事法规和军事规章

中央军事委员会可以根据宪法和法律制定军事法规。中央军事委员会各总部、各军兵种等可以根据法律和中央军事委员会的军事法规、决定、命令，在职权范围内制定军事规章。军事法规、军事规章在武装力量内部实施。

8. 国际条约和协定

这里的国际条约和协定是指我国同外国缔结或参加、签订、加入承认的双边、多边条约、协定等规范性法律文件。国际条约的名称有很多，除条约以外还有公约、议定书、宪章、盟约和联合宣言等。我国缔结或参加的条约和协定，经过相关法律批准，在我国具有法律效力，属于当代中国的法律渊源之一。

（四）法的效力

法的效力即法律有效的范围，指法在什么地域和时间内，对什么人具有约束力。国家机关在适用法律时，首先需要检查法律的效力。超出法律有效范围的则不能适用，否则就构成违法。因此，正确理解法律效力的问题，对于正确适用法律至为重要。

1. 法的空间效力

法的空间效力指法律生效的地域范围，即法律在哪些地域、空间范围内具有约束力。根据国家主权原则，一国的法律在其主权管辖的全部领域内有效，包括陆地、水域及其底土和领空。此外，还包括延伸意义上的本土，即本国的驻外使领馆、在本国领域外的本国船舶和飞行器。

对各个具体的法而言，由于制定的机关和法的内容不同，其空间效力也有所不同。法律的空间效力一般分为域内效力和域外效力两个方面。

（1）法律的域内效力。

法律的域内效力是指法律在本国主权管辖领域内的约束力，包括两种情况。一是法律在全国范围内有效。这种法律主要包括最高立法机关和最高行政机关制定的规范性法律文件，如宪法、全国人民代表大会及其常务委员会制定的法律、国务院制定的行政法规等。二是法律在国家的特定区域内有效。又可分为两种情况，其一是地方性法律、法规仅在一定行政区域内有效，如省、自治区、直辖市的人民代表大会及其常务委员会制定的地方性法规只在本行政区域内具有效力；其二是法律、法规虽然是由最高立法机关或最高行政机关制定的，但由于法律本身规定其只能在特定的地区适用，因而只在特定的地区发生效力，如《中华人民共和国香港特别行政区基本法》（以下简称《香港特别行政区基本法》）就只能适用于香港特别行政区。

（2）法律的域外效力。

法律的域外效力是指法律在国家主权管辖范围之外或者在合法统治权力控制的全部范围之外的其他国家或地区有效。在相互尊重国家主权和领土完整的国际法原则的基础上，为维护国家的核心利益和公民的权益，我国某些法律或某些法律条款具有域外效力。例如，我国刑法规定，国家工作人员和军人在我国领域外触犯我国刑法的，适用我国刑法。

2. 法的时间效力

法的时间效力指法律生效的时间范围，包括法律开始生效和终止生效的时间，以及法律对其颁布实施以前的行为是否具有约束力，即法律的溯及力问题。

法律通过后首先要加以公布，公布是法律开始生效的前提。但并不是所有的法律一经公布就开始生效。法律的生效时间，一般根据该法律的具体性质和实际需要来决定。通常有以下几种情形：①自公布之日起生效；②法律明文规定具体的生效时间；③规定法律公布后达到一定期限开始生效。例如，1986 年 12 月试行的《企业破产法》规定，"本法自全民所有制工业企业法实施满三个月之日起试行"；而《中华人民共和国全民所有制工业企业法》直到 1988 年 4 月才通过，其生效日期为 1988 年 8 月 1 日，所以，《企业破产法》的生效日期为 1988 年 11 月 1 日。

法律终止效力，又称法律废止或失效，即法律失去或不再具有约束力。废止法律一般要经过一定的程序，履行一定的手续。废止法律可分为明示废止和默示废止两种形式。明示废止是指在新法或其他法中明文规定对旧法加以废止，这种终止法律效力的方式直接用语言文字明确表示，被称为"积极的表示方式"，是世界上大多数国家普遍采用的方式。默示废止是指不以法律明文规定废止原有的法律，而是在司法实践中，当旧法与新法相冲突时，遵循"新法优于旧法"的原则。法律终止生效，一般有以下几种情况：①自新法颁布实施日起，相应的旧法自然停止生效；②在新法中明文规定相应的旧法停止生效的日期；③由于形势的发展变化，某项法律已失去了它存在的条件而自行失效；④有权的国家机关明令宣布废除某项法律及其废除日期。

法律的溯及力即法律溯及既往的效力，是指新的法律颁布生效后对于它生效前所发生的事件和行为是否适用的问题。如果适用，就是有溯及力，即溯及既往；反之，则是没有溯及力，即不溯及既往。法律的溯及力实际上要解决的是新旧法律的交替问题。一般情况下，各国都遵循"法不溯及既往"的原则，即法律只适用于生效后发生的事件和行为，不适用于生效前所发生的事件和行为。

3. 法的对人的效力

法的对人的效力指法律对谁有效，即适用于哪些人。这里的"人"，既包括自然人，也包括法人。

由于各国历史传统、发展阶段和国情的差异，在法律对人的效力方面所遵循的原则主要有以下四种：

（1）属人主义。

又称国民主义，即一国法律对具有本国国籍的公民和在本国登记注册的法人适用，且不论其在本国领域内还是在本国领域外。在本国领域内的外国人则不适用该国法律。

（2）属地主义。

又称领土主义，即一国法律对其所管辖的领土范围内的一切人都有约束力，且不论其是本国人还是外国人或无国籍人。本国人在本国领域外则不受约束。

（3）保护主义。

即以维护本国利益作为是否适用于本国法律的依据，任何人只要侵害了本国的利益，不论其国籍和所在地，均受该国法律的追究。

（4）综合主义。

即以属地主义为主，以属人主义、保护主义为补充。这是近代以来多数国家采用的原则，中国也是如此。根据我国法律规定，我国公民在我国领域内一律适用我国法律。我国公民在我国领域外，原则上也适用我国法律。但我国法律如与该公民所在国的法律发生矛盾时，应根据相互尊重国家主权的原则，按照该国的法律规定和国际条约或国际惯例予以解决。

外国人在我国领域内，除法律有特别规定者（如享有外交特权和豁免权）外也适用我国法律。至于外国人在我国领域外对我国或我国公民犯有我国刑法规定的，最低刑期为三年以上有期徒刑的，可以适用我国法律，但是按照犯罪地的法律不受处罚的除外。

三、法律体系与法律关系

（一）法律体系

1. 法律体系的含义和特点

法律体系，也称"部门法体系""法的体系"，是指一国现行的全部法律规范根据一定的标准和原则划分成不同的法律部门，并由这些法律部门所构成的具有内在联系的统一整体。

法律体系具有以下几个特点：

（1）法律体系是由一个国家的全部现行法律构成的整体。

首先，法律体系仅仅是由一个主权国家的法律构成的整体，而不是由几个国家的法律构成的整体，也不是由一个地区或几个地区的法律构成的整体；其次，法律体系只包括一个国家的现行国内法和本国已经参加、缔结或者认可的国际法或国际条约，而不包括一国历史上或已经失效的法律以及将要制定或尚未生效的法律。

（2）法律体系是一个由法律部门分类组合而形成的呈体系化的有机整体。

根据调整对象和调整方式的不同，将形成不同的法律部门，它们表现出一定程度的相对独立性。法律体系作为一个体系，它的内部构成要素是法律部门。这些法律部门并不是杂乱无章地堆积在一起，而是根据法律体系的内在要求和逻辑规则进行分类组合，成为一个体系化、系统化的相互联系的有机统一的结构性系统。

（3）法律体系应当门类齐全、结构严谨、内在协调。

法律体系门类齐全的要求源于待调整的社会是一个有机整体，往往需要多个法律部门甚至整个法律体系共同调整。要想实现对社会调整的良好效果，应该具备一些最基本的法律部门，而且不能有缺漏。结构严谨要求构成法律体系的法律部门内部和法律部门之间的法律、法律规范都有严谨的结构。内在协调则要求构成法律体系的法律部门之间和法律部门内部在宪法的统摄下协调一致，相互支持与配合而不发生矛盾与冲突。

（4）法律体系是客观法则和主观属性的有机统一。

法律体系形成是客观存在的社会生活的要求，是由客观经济规律和经济关系决定的。这反映在法律部门划分的主要标准——法律所调整的社会关系上，即法律体系的客观法则。同时，法律体系的构建与分类又是人的主观意志、意识形态和文化传统的结果，这体现在法律部门划分的补充标准——法律的调整方法上，即法律体系的主观属性。因此，法律体系是客观法则和主观属性的有机统一。

2. 法律部门的含义和划分标准

法律部门，也称部门法，是根据一定标准和原则，按照法律规范自身的不同性质、调整社会关系的不同领域和不同方法等所划分的同类法律规范的总和，是法律体系的基本组成要素。

当代中国的法律部门包括宪法、行政法、刑法、民法、经济法、社会法、农业法、诉讼法等。

法律部门的划分标准有两种：

（1）法律规范所调整的社会关系。

这些调整不同领域的社会关系的法律便形成了不同的法律部门。例如，调整平等主体之间的财产和人身关系的法律规范构成民法部门，调整诉讼活动的法律规范构成诉讼法部门。

（2）法律规范的调整方法。

是指国家在以法律规范调整某些社会关系时所确立的用以影响这些关系的法律手段和方法的总和。例如，将凡属以刑罚制裁方法为特征的法律规范划入刑事法律部门，将以承担民事责任为特征的法律规范划入民事法律部门等。

（二）法律关系

1. 法律关系的概念和特征

法律关系是在法律规范调整一定社会关系的过程中所形成的人们之间的权利义务关系，有以下三个明显的特征：

（1）法律关系是以法律规范为基础形成的社会关系。

法律关系是根据法律规范建立的一种社会关系，是法律对人们的行为及其相互关系加以调整的结果，法律规范的存在是法律关系存在的基本前提。如果不存在相应的法律规范，就不会出现相应的法律关系。如果没有相应的法律规范对于社会生活的调整，任何社会关系都只是一般的社会关系，仅停留在生活领域，而不能进入法律领域，不能称其为法律关系。

（2）法律关系是特定法律关系主体之间的权利义务关系。

法律关系并非一般意义上的人与人之间的关系，而是法律意义上的主体之间的关系。如果不是法律意义上的主体（如奴隶制社会的奴隶），则不能与他人形成法律关系。法律关系的内容体现为相关法律主体之间具有法律意义的权利和义务，这是法律关系与其他社会关系的主要区别。社会关系经由法律的调整转换为法律关系；相应地，其内容就体现为具有法律意义的权利和义务，其实现就获得了法律的保障。

（3）法律关系是以国家强制力作为保障手段的社会关系。

法律规范中规定一个人可以做什么、不得做什么和必须做什么，是国家意志的体现，它体现了国家对各种行为的态度。当依据法律规范在相关主体之间所形成的权利义务关系遭到破坏时，就意味着国家意志所授予的权利受到侵犯，所设定的义务被拒绝履行。因此，一旦一种社会关系被纳入法律调整的范围之内，就表明国家意志不会听任它被随意破坏，并且会利用国家强制力加以保障。

2. 法律关系的要素

法律关系包括法律关系主体、客体和内容三个基本要素：

（1）法律关系主体。

指法律关系中享有权利和履行义务的个人或组织。个人是指具有生命的、个体意义上的人，在一国范围内，通常包括本国公民、外国公民和无国籍人；组织是指由各种形式的组织所构成的对现代社会有影响力的法律关系主体，包括国家机关，企业、事业单位和社会团体，以及作为特殊主体的国家。

（2）法律关系客体。

是指法律关系主体发生权利义务联系的中介，是法律关系主体的权利和义务所指向、影响和作用的对象，是法律关系产生和存在的前提。法律关系客体具有客观性、可控性和有用性三个基本特征。在我国，能够成为法律关系的客体通常包括物、人身和人格、精神产品（又称智力成果）、行为（包括结果）等。

（3）法律关系内容。

指法律关系主体之间的法律权利和法律义务。

3. 法律事实

法律关系的形成、变更和消灭，需要具备两个主要条件：一是法律规范，二是法律事实。法律事实是指法律规范所规定的，能够引起法律关系产生、变更和消灭的客观情况或现象，它是法律规范与法律关系联系的中介，是具有法律意义的事实。

法律事实包括以下两类：

（1）法律事件。

指法律规范规定的、不以当事人的意志为转移而引起法律关系产生、变更或消灭的客观事实。法律事件分为社会事件和自然事件，前者如战争爆发，后者如人的生老病死、自然灾害等。对于特定的法律关系主体而言，这两种事件都不是由当事人的行为引起的，它们的出现与当事人的意志无关，对当事人而言是不可避免的。这些事件的法律意义在于，它们的出现将会引起法律关系主体之间的权利义务发生变化。例如，人的出生产生了父母与子女之间的抚养关系、监护关系和赡养关系；而人的死亡则导致抚养关系、夫妻关系的消灭和继承关系的产生等。

（2）法律行为。

指依当事人的意志而做出的、能够引起法律关系产生、变更或消灭的合法行为或违法行为。法律行为具有以下特点：第一，必须是主体的外在行为，内心活动或思想不能成为法律行为；第二，必须是主体有意识的行为，无意识的行为、精神病人的行为不能成为法律行为；第三，必须是具有社会意义的行为，对他人或社会不产生任何影响的行为不能成为法律行为。

第二节　法治精神与法律意识

徒善不足以为政，徒法不足以自行。

——《孟子·离娄上》

法律必须被信仰，否则它将形同虚设。

——［美］哈罗德·J. 伯尔曼

一、法制与法治

（一）法制的概念与内涵

"法制"一词，我国古代已有之。《礼记·月令》中就有"命有司修法制，缮囹圄，具桎梏……"的记载。战国的商鞅也曾说："民众而奸邪生，故立法制、为度量以禁之。……法制不明，而求民之行令也，不可得也。"然而，直到现代，人们对于法制概念的理解和使用还是各有不同。一般说来，法制就是"法律制度"的简称，但什么是法律制度呢？对此又有狭义和广义、静态和动态的不同理解。

1. 狭义的法制

狭义的法制，是指一个国家法律规则的整体。1957年董必武在《在军事检察院检察长、军事法院院长会议上的讲话》中指出，国家的法律和制度，就是法制。在这种法制观看来，法制就是掌握政权的社会集团按照自己的意志，通过国家政权建立起来的法律和制度。法制是随着国家的产生而产生的，有国家即有法制，历史上各种不同类型的国家都有自己的法制。

2. 广义的法制

广义的法制，是指把法制理解为一个多层次的概念，它不仅包括法律制度，而且包括法律实施和法律监督等一系列活动和过程，是立法、执法、守法、司法和法律监督等内容的有机统一。也就是说，如果只有规则而没有实现规则的活动，不能说这个国家具有健全的法制。

3. 最广义的法制

最广义的法制，是指把法制理解为在一个社会或地区，起法律调整作用的，以现行法为核心的，包括与现行法相适应的法律意识和法律实践的相互联系、相互作用、相互补充的整个法律制度和法律系统，即一个国家的整个"法律上层建筑系统"。这种意义上的法制不仅包括法律规则和法律行为，还包括指导法律规则制定和法律行为的法律观念，其被视为一国法律制度的有机组成部分。

（二）法治的起源与内涵

1. 法治理念产生的背景

人种和种族构成的复杂性、地理环境的开放性、对农业生产的不利条件、区域狭小以及资源有限等因素造就了一个竞争激烈的社会。为了减少社会中的冲突与暴力，秩序应运而生。毫无疑问，秩序及其选择的多维度、强烈的自我意识、理性的观念和行为方式是形成法治的不可或缺的条件。作为一种文化现象和制度文明，法治的原始成长就是所有这些条件共同哺育的结果。

法治是冲突频繁、竞争激烈的社会的一种理性的选择，也是其得以太平的主要机制。它凭借内在的理性意志和宗教的背景力量来缓解冲突，为人们追求理性功利提供了有效的方式和途径，使冲突以理性的方式得以和平解决。

法治理念开始就是和价值与利益冲突紧密联系起来的。为了解决这一系列的问题，一个依理性而构建的生活方式便形成了，这种生活方式结合成一个整体，便是早期的法治秩序。

在法治制度化的过程中，公权力在很大程度上起了重大作用。它的作用体现在：在纠纷出现时，它可以进行裁判；当权益受到不法侵害时，它可以为之救济；当侵害行为出现时，它可以予以制止和惩治。然而，这也注定了与德治、人治相比，法治需要更高的成本。在发展过程中，它要求的是人人参与和责任平摊，没有旁观者，也没有治理和被治理的区分。

2. 法治的基本内涵

西方最早使用"法治"一词的人是古希腊哲学家亚里士多德，他在《政治学》中指出，法治应当优于一人之治。法治应该包含两重意义：已成立的法律获得普遍的服从，而大家所服从的法律又应该是本身被制定得良好的法律。

"法治"一词的内涵非常丰富，一般说来，至少包括以下几方面：

（1）法治是一种以法律为主导的治国方略。

中国古时的"垂法而治""以法治国"等说法，主要被作为一种治国方略来理解，是指一种与"以礼治国""以德治国""以人治国"不同的治国方略。在西方法律思想体系中，法治也是首先被作为一种治国方略而提出的，即"法律的统治"或"通过法律的治理"。也就是说，法治作为一种治国方略，是指一个国家在多种手段面前，选择以法律为主的社会控制手段。

（2）法治是一种理性的办事原则。

"法治"一词又经常被理解为"依法办事"，其基本含义是：在制定法律之后，任何人和组织的社会性活动均受既定法律规则的约束。这里的所谓"理性"，是指排除国家管理、公民及社会组织活动的"任意性"，要求一切主体都按照既定的法律规则办事，不得违反。即使法律本身不完善甚至错误，也必须通过正当程序修改或废止，不能率性而为，违反法律。只有这样，才能保障社会整体的秩序和公平。

（3）法治是指在一定价值理念指导下的制度形态。

在这个意义上，它是治国方略的具体化。在现实社会中，法律至上的原则必须具体化为一系列的制度，包括立法、执法、司法、法律监督制度。各国具体情况不同，具体制度也各具特色，但都必须建立起这些法治所必备的条件，这是法治的"硬件"，没有这些具体的制度，就不是法治，或者虽然有规定，但没有得到遵守，也不是法治。建立起一定的法律制度，并不意味着法治的理想已经实现，这些制度在内容上还必须体现为一定的价值理念、一定的原则精神，制度只是这些观念的具体化。自由、平等、民主、人权保障等价值理念必须通过相关的制度和机制展现出来，这些"法的精神"构成现代法治的"软件"。关于法治的实现，这两方面的条件缺一不可。

（4）法治指在严格依法办事基础上形成的一种良好的法律秩序。

法治不仅是指治国方略，不仅表现为一系列原则和制度，还可以理解为这些原则和制度实现后所形成的一种社会秩序的状态，即"良好的法律得到普遍遵守，国家权力得到有效制约，公民权利和自由得到充分保障，法律在社会生活中具有至上地位"的社会秩序。我们平时所说的"社会主义法治国家"指的就是这样一种状态。

（三）法制与法治的区别

法制与法治的区别，主要体现在以下几个方面：

（1）产生和存在的时代不同。

法制从法律出现就已产生，并伴随着人类社会的发展而发展；而法治则产生于资本主义时代，是资产阶级革命的产物，而今并存于资本主义社会和社会主义社会。

（2）对权力约束的范围、程度不同。

法制历来以维护统治为目的，对权力约束"重下轻上"；而法治要求一切权力（包括国家权力和公共权力）都必须服从法律，在法律之下活动。

（3）与民主的关系不同。

法制未必以民主作为自己的政治目标和政治基础；而法治从产生起就与民主唇齿相依，并以此作为核心的价值目标和政治基础。所谓法治，最基本的特征是法律能够约束国家权力。即当法律与当权者个人的意志发生冲突时，法律高于当权者个人的意志，法律能支配权力，"法律就是国王"。所谓人治，最基本的特征是个人意志凌驾于法律之上，权力支配法律，"国王就是法律"。法治与人治的根本区别就在于是法大于权还是权大于法。

（4）对"法律至上"的态度取向不同。

不论从含义、理念还是从法制历史看，"法律至上"都不在法制的视野之内；而法治则强调"法律至上"，任何行为规则、任何人的任何行为都必须服从法律，不得违法，否则将承担法律责任。

（5）具有的价值观念不同。

法制偏重于法律的形式化方面，强调依法治国的制度、程序及其运行机制本身，所关注的焦点是法律的有效性和社会秩序的稳定；法治则以保障人权、民主、自由、平等为终极目标，并努力将其价值、原则和精神贯彻于制度之中，从而实现形式意义和实质意义的有机结合。

二、法治国家的构成要素

（一）法治国家的概念

法治国家或法治国的概念是在德语中最先使用的，即"rechtssaat"。早期的法治国是指中世纪欧洲的某种国家形式，尤其是德意志帝国，当时被认为是"和平与法律秩序的守卫者"。现代意义上的法治国家是德国资产阶级宪政运行的产物，其基本含义是国家权力特别是行政权力必须依法行使。所以，法治国家有时又称法治政府。

（二）法治国家的三个构成要素

1. 精神要素

法治精神，是建立国家制度，确立法律与权力限制关系的观念力量，是一种相对稳定的、为保持法的崇高地位而要求人们持有的尚法理念，它反映了法律运行的内在规律，对法律的修改具有支配、评价等作用，在遇有权力涉法行为时能引导公民产生排异意识并最终指导人们认同法律的权威。其实质是法在与国家和权力交互作用时，人们对这一关系所选择的价值标准和持有的稳定心态。

法治精神能展现一个国家的法治品格与发展风貌。在现代法治社会中，构成法治精神的要素至少有四个：善法、恶法价值标准的确立，法律地位的认同，法的统治观念的养成，以及权利文化基础的建立。这就是说，在法治国家的法治精神中，公民应当了解法律应然、实然两个方面的法学价值。

法治当中的"善"，是指有益于人的道德准则，在观念形态上它已转化为人人都能接受的"正义"。法律制度在设计和构建过程中的分配正义、校正正义、实体正义、程序正义等都是它的内容。而正义、自由、公平、安全、生存这几个方面是法治精神中的恒定价值，与之相关的权利在法治国家所保障的权利中占有极其重要的地位。

法律在法治国家中的地位应当是至上的，并且这一地位应当得到广泛认同。无论何种形态的社会，总有一个至高无上的权威。例如，奴隶社会时期以"一切皆从天子出"的天子至上，封建社会时期以"天下事无大小皆决于上"的君主至上，西欧中世纪以"朕即国家""国王便是律"的国王至上，以及20世纪30年代德国以纳粹党和希特勒元首至上……可以说，如果公众心目中认同的最高权威不是法律，那么这个社会肯定不是法治社会。在中国，很长一段时间内，政策至上的观念深入人心，然而政策只具有指示效力，始终不能与法律相等同。

法国启蒙思想家卢梭提出，如果有一个人可以不接受法律的统治，那么其他人随时都可能受到这个人的统治。在法治国家中，法律应当是由人民制定的，反映的是人民意志。因而，在法的统治的主客体公式里，法的主体地位从实质上来说代表着人民的主体地位。所以法的统治观念，是消除特权而首先要求立法者守法。法的普遍性、平等性原则都在这种观念中反映出来。

人道主义文化、科技文化和权利文化一同构成当今世界三大文化主流。人道主义文化关联人类的道德规范，社会的精神文明由此得以养成。科技文化概括人类创造财富的先进手段，社会的物质文明由此不断提高。权利文化制约人类设计制度的原则，社会的制度文明由此得以建立。权利文化是法治社会得以形成的人文条件。具体来说，权利文化解决了两个方面的问题：其一是国家与公民，即公民是国家的主体而不是只能无条件服从；其二是权力与权利，对权力要予以限制，对权利则要加以保护。

2. 实体要素

法治的实体要素，指的是依据法治的精神而被奉行的法制原则以及由这些原则所决定形成制度的法律内容。具体言之，就是法律对待公共权力、国家责任、个人权利、社会自由、公民义务的原则和制度。我们可以用制度构建的四个原则予以说明：

（1）一切公共权力都来源于法律，并且最终都受制于法律，没有法律授权的公共权力不得行使。

这是法治国家最基本的要求。这个制度原则，是世界上最早建立法治的政府——英国提供给世界的宝贵经验。英国的法治是从剥夺王权开始的，当王权最终被法律全部剥夺了，甚至王位继承也需要依照法律来进行的时候，王权就变成了一个社会象征，变成了一个国家的符号。

（2）国家责任的不可逃避。

古典的法治理论总以行政权为防范对象，其实，立法权和司法权同样可能侵害公民的权利。因此，任何公共权力的行使都要附带责任，这个责任最终都要转化为法律上的责任。只要启动了权力，就应预设责任于其行使之后，以避免伤害人权。

（3）国家尊重和保障人权，可概括为"法治的真谛是人权"的规定。

这是实体法治和形式法治之间的本质区别。形式法治只是表面上的依法办事、依法行政，实体法治则是依法办事、依法行政，最终保障人权。在法治建设的过程中，法国给我们提供了一个经验，就是把人的权利宣告出来。宣告公民权利的意义在于，每宣告一项公民权利，就给国家权力划了一道界限，所以宣告权利不是可有可无的。

2004年我国修改宪法时，增加了"国家尊重和保障人权"的规定。在此，尊重对应的是公民自由，在"公民自由"这个领域里，要求国家尽最大的努力来约束自己不要侵入公民的自由生活，使公民最大限度地实现自由。"法不禁止"即是自由，国家在这个领域里要不作为，一旦作为就是侵权。在这个领域，国家越是能抑制自己，公民实现自由的可能性就越大，这就叫尊重。保障正好相反，它不是要求国家权力自我抑制，而是要求国家权力最大限度地调动起来为公民权利的实现去创造条件，所以这个领域对应的是公民的权利，每一个权利的实现都需要国家提供条件，没有条件要创造条件，提供保障。比如说社会权、劳动权、就业权、社会保障权、受教育权等，这些权利的实现依赖于公权力的保障和积极作为。

（4）公民义务的法定化，也被称作"公民法外无义务"。

就是说，公民只履行法律以内的义务，任何对公民施加的法律以外的义务，公民都有权拒绝。在法治社会中，公民应当承担的义务可以分为三种：一是为实现国家利益和公共利益而须承担的基本义务，二是与自己的权利相伴而来的对应性义务，三是自愿承担的义务。公民享有多少权利就应承担多少义务，这些都是由相应的法律规定的。

上述四个基本制度原则，前两个是为了约束公权，后两个则是为了保障私权，这就是法治国家的实体要素。

3. 形式要素

法治的形式要素，指的是法治实体要素的表现方式及实现实体要素的技术条件。仅有理想的法治实体内容，而缺乏适合它的形式，法治仍是不完整的。只有实体要件与形式要件的统一，才有良好的法治。法治国家的形式要素主要包括以下几点：

（1）要保障国家法制的统一性。

这实际上是对立法提出来的要求，法律内部不能有冲突，立法的科学化、一体化、价值化都要在这里得到体现。这就要求下位的法必须服从上位的法，法规以外的东西要服从法规。比如，部门的规章要服从国务院的行政法规，国务院的行政法规要服从法律，法律要服从全国人大制定的基本法，行政法规法律和基本法最终都服从宪法，形成这样一个效力体系，这是一个在立法上的形式要件。

（2）要有一支懂法、守法，并且对法律有信仰的公务员队伍。

执法者一定要懂法，对法律有所信仰，执法者如果不懂法，就如同盲人上路——别人危险，自己也危险。我国制定的《中华人民共和国公务员法》有这样一条，即当公务员认为上级的决定和命令有违法律时，可以要求上级纠正。这是法律赋予下级公务员的批评权、建议权。如果上级公务员不收回命令，那么执行所产生的法律后果由上级公务员承担，这便赋予了下级公务员一个免责权。因此，这里包含了两个权利，一个是建议权，另一个是免责权。此外，若明显违背法律的决定和命令，执行之后不得免责。即下级公务员要求上级公务员收回明显违背法律的决定和命令，但是上级没有收回还是要求下级执行，此时，如果下级公务员执行了，其便要和上级公务员一起承担责任。我们把这种权利叫作抗命权，其实质就是法律允许公务员对严重违背法律的决定和命令进行抗命。在此，下级服从上级是公务员的基本义务，所有的公务员都要向法律负责，这是公务员的首要义务。

（3）要有一个独立公正的司法系统，赋予法院以解决社会纠纷和矛盾的权威地位。

这一点主要体现在司法的中立性上。司法中立，既是程序正义所应恪守的原则，也是实体正义所含的必要要求。中立的目的乃是追求审判的公正。一旦司法公正受到质疑，社会公正便荡然无存了。由司法权的特性可知，司法权若不保持中立，法治便无法推行。

三、公民法律意识及其培养

（一）法律意识的概念与分类

1. 法律意识的概念

法律意识是社会意识的一种特殊形式，是人们关于法律现象的思想、观点、知识和心理的统称。法律意识的内容十分广泛，包括对法的本质、作用的看法，对现行法律制度的要求和态度，对法律规定的理解，以及对人们的行为是否合法的评价等。

2. 法律意识的分类

法律意识可以根据不同的标准进行分类：

（1）从社会政治属性的角度来分。

可以分为占统治地位的法律意识和不占统治地位的法律意识。占统治地位的法律意识是指统治阶级的法律意识，它是与社会的经济基础相适应的法律上层建筑的重要组成部分。不占统治地位的法律意识与现行法律往往是对立的，对法律的制定和实施起消极作用。

（2）从人的认识过程的角度来分。

可以分为感性认识和理性认识，又可分为法律心理和法律思想体系。法律心理是指人们对法律现象认识的感性阶段，它直接与人们日常的法律生活相联系，是人们对法律现象的表面的、直观的、自发的反映形式。法律思想体系是指人们对法律现象认识的理性阶段，它表现为系统化、理论化了的法律思想、观点和学说，是人们对法律现象自觉的反映形式。

（3）从意识主体的角度来分。

可以分为个人法律意识、群体法律意识和社会法律意识。个人法律意识是指具体的个人对法律现象的思想、看法、意见和情绪，是个人独特的社会地位和社会经历的反映。个人的法律实践和生活的社会环境对其法律意识的形成有着直接影响。群体法律意识是指家庭、集体、团体、阶层、阶级、政党、民族等社会集合体的法律意识。群体法律意识是群体内的个人法律意识、群体间法律意识相互作用的结果。个人法律意识总要受其所属群体的法律意识的影响；而群体法律意识也不可能脱离个人法律意识。社会法律意识是指社会作为一个整体而具有法律意识，是一种社会中的个人法律意识、各种群体法律意识相互交融的产物。因此，社会法律意识往往是一个国家法治状况的总的反映。

（4）从专业化、普及化程度的角度来分。

可以分为职业法律意识和群众法律意识。职业法律意识是指法官、检察官、律师、法学教育研究人员以及其他专门从事法律职业的人员的法律意识。群众法律意识是指广大人民群众对法律现象的最一般的理解。在群众法律意识中，法律心理通常占有很大成分，缺少专门的法律知识和较为系统的思想理论。所以，有必要在群众中普及法律教育，增强群众的法律意识。

（二）法律意识的作用及培养

1. 法律意识的作用

法律意识在一个国家的法律制度构成要素中占统治地位，对该法律制度起着积极的促进作用。它既渗透到法律调整的各个阶段之中，成为法律调整全过程时刻不可脱离的因素，又可独立于法律调整而存在，发挥社会意识形态所固有的思想教育作用，灌输统治阶级的法律意识形态，普及法律知识、文化，为法律调整、巩固法律制度创造良好的思想、心理条件。

（1）法律意识在法的形成过程中能起到认识社会发展的客观需要的作用。

一定的经济基础和社会生活的其他条件，在客观上需要有一定的社会自由和与之相适应的社会责任，这种客观需要反映到人们的头脑中，产生一定的权利感和义务感，这是通过法律意识认识客观需要的最初形态，但这时的法律意识只不过是一种法律直觉、心理，是人们自发产生的。这些法律心理随着赖以产生的物质生活条件的普遍化，随着由它制约的社会自由和社会责任的客观需要越来越强烈，逐渐地由少数个人或群体的心理转变为占统治地位的社会心理，并进一步上升为法律思想体系。占统治地位的法律思想体系对经济基础和社会生活的客观需要的反映已不再停留在自发的阶段，而走向自觉的、理性的阶段，将这种权利感和义务感变为法律动机，这时法的创制条件日趋成熟了。法律意识反映社会发展客观需要的程度如何，是衡量法的创制是否科学、法律调整社会关系的实际效果如何的重要条件。法律意识在帮助人们正确认识客观需要、产生一定法律动机和目的的基础上，在法的创制过程中还提供了一定的法律模式，如提出法律草案。在讨论和通过法律草案的过程中，人们反复将法律草案与客观需要相对比，在整个过程中，法律意识起着积极的评价作用。

当然，归根结底，一个国家法的形成、法律制度的完善取决于该国经济和社会发展的客观需要，任何立法者都不能不顾客观条件任意创制法律规范，但是如果有需要而认识不到这种需要，或者认识不到法律调整与这种需要的关系，那么与这种需要相适应的社会规范也不可能自然而然地形成。同时，已经认识到了这种客观需要，但找不到正确满足这种需要的方法、手段、行为尺度，那么这种需要也不能完满地实现。因此，拥有较强的法律意识，是认识客观需要并使这种需要转变为法的重要条件。

（2）法律意识在法的实施过程中发挥着重要的调整作用。

法律意识的调整作用在法的实施中是配合法的调整作用的。法律意识的调整作用不同于法的调整作用，法的调整作用是通过法律规范、法律关系等特殊的法律手段，通过确定社会关系参加者具体的权利与义务实现的，而法律意识的调整作用则是通过社会意识形态所具有的思想影响作用，使人们的行为与法律规范相协调实现的。但是，法的调整作用离不开法律意识的调整作用。法是人制定的，也是通过人来实施的，而人的活动是受自己意志支配的。法律调整只能对那些能够理解法律要求、理解自己的行为并对自己行为负责的人起作用。这正像法的形成必须经过法律意识的中介一样，法的实施也必须经过法律意识的中介，没有法律意识的作用，法律调整则不可能进行。

法律意识在国家机关及其工作人员将法律规范运用到解决具体问题、具体案件中时起着重要的作用。国家机关工作人员法律意识的高低决定着他们对法律的精神实质的理解程度，并直接关系到他们所处理的案件的正确、合法与否。如果国家机关工作人员法律意识水平较低，就不可能运用法律规范透彻地分析案情；在遇到法律尚无明文规定而客观上又要求国家机关必须迅速作出决断的情况下，如果没有一定的法律意识水平，也就不可能根据法的原则，根据党和国家的有关政策，合理合法地解决新出现的问题。国家机关工作人员法律意识的高低不仅直接影响办案的质量，还对当事人的切身利益有直接的利害关系，而且间接地影响到人民群众对法和法制的信心和情绪，影响群众的法律心理。国家机关及其工作人员在法的适用过程中所表现出来的法律意识是在世界观性质的法律意识的指导下形成的职业法律意识，这就要求国家机关及其工作人员一方面努力提高自己的政治素质，大公无私、不畏权势、秉公办案，敢于同一切违法乱纪的现象作斗争；另一方面又要求其在办案的过程中不断提高自己的业务素质，提高自己的职业法律意识水平，学会使用法律武器。对于上述两方面的要求，只要一方面未达到，就算不上是一名合格的、德才兼备的执法人员。

法律意识在公民及其社会组织遵守和执行法律规范的过程中也起着重要作用。公民及其社会组织实施法的活动是一种有意志的活动，它不是社会关系参加者的意志对法律规范中所体现的国家意志的简单服从，而是通过社会关系参加者的意志才能实现的活动。如果公民及其社会组织不能正确地理解法律，亦不能正确地实施法律。法律意识能使人们的行为同现行法的规定相符或者不相符，当人们受到与占统治地位的法律意识相违背的法律意识指导或者缺乏法律知识时，往往会发生与现行法不一致的行为，甚至违了法自己却仍未意识到。占统治地位的法律意识则指导人们的行为与现行法的要求相一致，促使人们自觉遵守和严格执行法律。

2. 法律意识的培养

大学生作为新时代的公民，其法律意识的培养，概括而言，可从以下三个方面进行：

（1）学习法律知识。

学习和掌握基本的法律知识，是培养法律意识的前提条件。一个对法律知识一无所知的人，不可能形成法律意识。法律知识通常包括两部分：一是关于法律规定的知识，二是关于法律原理的知识。这两部分法律知识对于培养法律意识都很重要。只有既了解法律、法规在某个问题上的具体规定，又了解法律的原理、原则，才能更好地领会法律精神，养成法治思维。除了从书本上获取法律知识外，大学生还可以通过收听收看法制广播电视节目、阅读法律类报纸杂志等途径学习法律知识。

（2）掌握法律方法。

法律方法是人们从法律角度思考、分析和解决法律问题的方法。从法律角度考虑的过程就是运用法律方法思考、分析和解决法律问题的过程。我们要培养法律意识，必须掌握法律方法。应当指出的是，法律工作者使用的法律方法相当复杂，有法律解释的方法、法律推理的方法、填补法律漏洞的方法、认定事实的方法等。每一种基本方法又包含一系列具体方法。普通公民不必像法律工作者那样深入系统地掌握各种法律方法，但也有必要了解和掌握一些基本的法律方法。

（3）参与法律实践。

法律意识是通过法律实践训练培养出来的意识。人若脱离法律生活和法律实践，则不可能养成法律意识。只有通过反复参与各种法律活动，在法律实践中运用法律知识和方法思考、分析、解决法律问题，才能养成一种自觉从法律角度思考问题的习惯。随着法治国家建设进程的不断推进，大学生参与法律实践的方式和途径越来越多。大学生至少可以通过以下几种方式参与法律实践：一是参与立法讨论。我国中央或地方的很多立法活动都要面向全社会广泛征求意见或者进行听证，大学生可以参与这些立法的讨论，发表自己的有关意见。二是进行法律监督。宪法和法律赋予公民对国家机关及其工作人员的行为进行监督的权利，包括提出批评、建议和申诉、控告、检举。大学生可以通过行使这些权利，进行法律监督。三是旁听司法审判。凡是人民法院公开审判的案件，都允许公民旁听。大学生可以向人民法院申请旁听法院的庭审过程，了解法律案件的审判过程。四是参与法律问题讨论。新闻媒体、互联网和其他机构经常组织有关法律问题的讨论，大学生也可以参加此类讨论，训练自己的法治思维能力。

第三节　当代中国法治方略与法律运行

坚持依宪治国、依宪执政。依法治国首先要坚持依宪治国，依法执政首先要坚持依宪执政。党领导人民制定宪法法律，领导人民实施宪法法律，党自身必须在宪法法律范围内活动。任何公民、社会组织和国家机关都必须以宪法法律为行为准则，依照宪法法律行使权利或权力，履行义务或职责，都不得有超越宪法法律的特权，一切违反宪法法律的行为都必须予以追究。

——习近平2018年8月24日在中央全面依法治国委员会第一次会议上的讲话

一、当代中国依法治国基本方略

（一）依法治国基本方略的提出

中国共产党十一届三中全会以后，邓小平基于对社会主义建设的历史经验和教训的总结，提出了一系列发展社会主义民主、健全社会主义法制的思想和主张。这些思想和主张继承和发展了马列主义、毛泽东思想中有关民主和法制的基本原理，是邓小平理论的组成部分，也贯彻于十一届三中全会以来党和国家的基本路线、方针和政策之中，成为治理国家的指导思想。

在邓小平民主和法制理论的基础上，中共中央认识到了实行和坚持依法治国对于推进经济持续快速健康发展和社会全面进步、保障国家长治久安的意义，提出依法治国，建设社会主义法治国家的基本治国方略。

中国共产党第十五次全国代表大会报告进一步指出：我国经济体制改革的深入和社会主义现代化建设跨世纪的发展，要求我们在坚持四项基本原则的前提下，继续推进政治体制改革，进一步扩大社会主义民主，健全社会主义法制，依法治国，建设社会主义法治国家。1999年3月15日，第九届全国人民代表大会第二次会议通过《中华人民共和国宪法修正案》，其中第十三条明确规定在宪法第五条中增加一款：中华人民共和国实行依法治国，建设社会主义法治国家。这就以根本大法的形式把依法治国的治国方略上升为一项基本的法律原则。

中国共产党第十六次全国代表大会报告指出：发展社会主义民主政治，建设社会主义政治文明，是全面建设小康社会的重要目标。这表明依法治国是全面建设小康社会的重要目标之一，中国将依靠政府的推进，辅之以社会（民间）的力量，走向法制现代化（法治化）的道路。

（二）新时代全面依法治国战略布局的推进

推进全面依法治国，是国家治理的一场深刻变革，必须以科学理论为指导，从理论上回答为什么要全面依法治国以及怎样全面依法治国这个重大时代课题。

党的十八大以来，以习近平同志为核心的党中央站在关系党和国家前途命运、长治久安的战略全局高度谋划法治，以前所未有的广度和深度践行法治，把法治作为治国理政的基本方式，将全面依法治国纳入"四个全面"战略布局，法治建设宏伟蓝图徐徐展开。党对全面依法治国的集中统一领导全面加强，以宪法为核心的中国特色社会主义法律体系更加完备，法治政府建设取得显著成效，司法体制机制改革深入推进，法治社会建设迈入新阶段，法治服务保障党和国家事业全局的地位作用有力彰显，为党和国家事业取得历史性成就、发生历史性变革提供了有力法治引领，筑牢了坚强的法治保障。

1. 坚持人民立场，以良法善治深入推进全面依法治国

习近平总书记指出，"全面依法治国最广泛、最深厚的基础是人民，必须坚持为了人民、依靠人民"，他强调，"法律是治国之重器，法治是国家治理体系和治理能力的重要依托"，要"以良法促进发展、保障善治"，"把体现人民利益、反映人民愿望、维护人民权益、增进人民福祉落实到全面依法治国的各领域全过程"。这些重要论述，揭示了全面依法治国的人民立场，指明了全面依法治国就是要在更深层面上推动法治建设迈向良法善治的新境界。

2. 加强党的领导，从战略全局统筹推进全面依法治国

全面依法治国作为一项从党和国家长治久安的战略高度谋划的系统工程，必须在党的领导下统筹推进。习近平总书记强调"要坚持党对全面依法治国的领导。党的领导是推进全面依法治国的根本保证"。只有坚持党的领导，才能从根本上保证法治的人民性和社会主义方向；只有坚持党的领导，才能保证全面依法治国的统一部署、协调有序和统筹推进。习近平在中央全面依法治国委员会第三次会议上强调，要提高党依法治国、依法执政的能力。宪法规定了党总揽全局、协调各方的领导地位。要进一步推进党的领导入法入规，善于使党的主张通过法定程序成为国家意志、转化

为法律法规，推进党的领导制度化、法治化、规范化。各级党组织和党员、干部要强化依法治国、依法执政的观念，提高运用法治思维和法治方式深化改革、推动发展、化解矛盾、维护稳定、应对风险的能力。

3. 依法治国要坚持和完善中国特色社会主义法治体系

要坚持依法治国、依法执政、依法行政共同推进，坚持法治国家、法治政府、法治社会一体建设，不断完善法律规范、法治实施、法治监督、法治保障和党内法规体系，汲取中华传统法律文化精华，吸收借鉴人类法治文明有益成果，坚决抵制西方错误思潮、错误观点的影响，加快建设中国特色社会主义法治体系。中国特色社会主义法治体系为增强社会活力、促进社会公平正义、维护社会和谐稳定、确保党和国家长治久安发挥了重要作用，必须坚持和完善。

（三）当代中国依法治国的基本方针和基本要求

1. 当代中国依法治国的基本方针

党的十八大报告提出了关于依法治国的新十六字方针，即"科学立法、严格执法、公正司法、全民守法"。

（1）科学立法。

"科学立法"是推进全面依法治国、建设法治中国的前提。要紧紧抓住全面依法治国的关键环节，完善立法体制，提高立法质量。党的十九大报告指出："推进科学立法、民主立法、依法立法，以良法促进发展、保障善治。"推进科学立法、民主立法，是提高立法质量的根本途径。科学立法的核心在于尊重和体现客观规律，民主立法的核心在于为了人民、依靠人民。

（2）严格执法。

"严格执法"是推进全面依法治国、建设法治中国的关键。法律的生命在于实施，实施的关键在于执法。执法是有关国家机关依法从事管理，具体适用法律，将法律付诸实践的过程。这个过程既是法律适用过程，也是法律实施过程，更是将规范准则转化为人们自觉行为的过程。要推进严格执法，理顺执法体制，完善行政执法程序，全面落实行政执法责任制。

（3）公正司法。

"公正司法"是推进全面依法治国、建设法治中国的保障。司法的价值目标是追求公平正义，公平正义是司法的灵魂和生命。司法公正是社会公平正义的重要组成部分，是社会公平正义的保障。公正司法是全面依法治国得以实现的必要方式、重要标志与检验尺度。只有司法是公正的，我们才能说全面依法治国达到了预期的社会效果，才能赢得群众的理解、信赖与支持。要支持司法机关依法独立行使职权，健全司法权力分工负责、相互配合、相互制约的制度安排。

（4）全民守法。

"全民守法"是推进全面依法治国、建设法治中国的基础。守法是国家和社会组织或者个人自觉服从法律法规，坚持依法办事的行为及其过程的总称。守法反映出国家机关、企业事业单位、社会团体和公民个人对宪法和法律的认知和态度。一个国家或者社会的法治状况，与全社会的守法意识、守法行为密切相关。要加大全民普法力度，培育全社会办事依法、遇事找法、解决问题用法、化解矛盾靠法的法治环境。

2. 当代中国依法治国的基本要求

党的十九大报告指出，全面依法治国，坚持依法治国、依法执政、依法行政共同推进，坚持法治国家、法治政府、法治社会一体建设；坚持依法治国和以德治国相结合，依法治国和依规治党有机统一；深化司法体制改革，提高全民族法治素养和道德素质。这是新时代依法治国的基本要求。

（1）坚持依法治国、依法执政、依法行政共同推进，坚持法治国家、法治政府、法治社会一体建设。

全面依法治国是一个系统工程，必须统筹兼顾、把握重点、整体谋划，更加注重系统性、整体性、协同性。依法治国工程极为宏大，零敲碎打调整不行，碎片化修补也不行，一定要全面系统谋划、统筹协调推进，只有坚持"三个一体建设"，实现联动和集成，才能凝聚起超过14亿中国人民对法治的坚定信仰，汇聚成建设社会主义法治的磅礴伟力，有力推进中国特色社会主义法治体系建设，谱写新时代全面依法治国的壮丽诗篇。依法治国、依法执政、依法行政是一个有机整体，关键在于党要坚持依法执政、各级政府要坚持依法行政。坚持依法治国首先要坚持依宪治国，坚持依法执政首先要坚持依宪执政。我国现行宪法是在党的领导下，在深刻总结我国社会主义革命、建设、改革实践经验的基础上制定和不断完善的，实现了党的主张和人民意志的高度统一，具有强大生命力，为改革开放和社会主义现代化建设提供了根本法治保障。党领导人民制定和完善宪法，就是要发挥宪法在治国理政中的重要作用。要用科学有效、系统完备的制度体系保证宪法实施，加强宪法监督，维护宪法尊严，把实施宪法提高到一个新的水平。法治国家、法治政府、法治社会三者各有侧重、相辅相成，法治国家是法治建设的目标，法治政府是建设法治国家的主体，法治社会是构筑法治国家的基础。

（2）坚持依法治国和以德治国相结合，依法治国和依规治党有机统一。

全面依法治国必须正确处理政治和法治、改革和法治、依法治国和以德治国、依法治国和依规治党的关系。社会主义法治必须坚持党的领导，党的领导必须依靠社会主义法治。"改革与法治如鸟之两翼、车之两轮"，要坚持在法治下推进改革，在改革中完善法治。要坚持依法治国和以德治国相结合，实现法治和德治相辅相成、相得益彰。要发挥依法治国和依规治党的互补性作用，确保党既依据宪法法律治国理政，又依据党内法规管党治党、从严治党。

（3）深化司法体制改革，提高全民族法治素养和道德素质。

司法体制改革事关司法公正高效权威。要抓好改革任务落地见效，推进严格规范公正文明执法，真正"让审理者裁判、由裁判者负责"，努力提升执法司法的质量、效率、公信力，更好地把社会主义法治优势转化为国家治理效能，努力让人民群众在每一个司法案件中感受到公平正义。法治的根基在人民。要加大全民普法工作力度，弘扬社会主义法治精神，增强全民法治观念，完善公共法律服务体系，夯实依法治国的社会基础。要把社会主义核心价值观融入法治建设，完善诚信建设长效机制，加大对公德失范、诚信缺失等行为的惩处力度，努力形成良好的社会风尚和社会秩序。

二、中国现行社会主义法的运行

中国现行社会主义法的运行，就是治国方式、制度及其运行机制的总和，包括立法、执法、司法、守法、律师制度以及法律监督的体制、机制等。

（一）我国现行的立法体制

1. 立法体系

我国是单一制国家，依据我国宪法的规定，我国的立法体制是一元性的立法体制，全国只有一个立法体系，但同时又是多层次的。

具体而言，我国的立法分成六个层次：①全国人大及其常委会行使立法权，制定法律。②国务院制定行政法规。③国务院各部委制定部门规章。④省、自治区、直辖市人大及其常委会以及省会所在市人大及其常委会制定地方性法规。⑤民族自治地方人大及其常委会、人民政府制定自治条例、单行条例。⑥省、自治区、直辖市人民政府及较大城市的人民政府制定地方规章。

2. 立法的基本原则

我国立法的基本原则是：①立法法治原则，即立法要遵循宪法的基本原则，符合宪法的精神和规定；立法应遵循法定的权限和程序。②立法民主原则，即人民是立法的主人；立法的内容以维护人民的利益为宗旨。③立法科学化原则，即处理好理论与实际的关系；树立和强化法治、民主、科学的立法观念；在立法中运用好现代化科学技术等。

3. 立法程序

立法程序是享有立法权的国家机关及其组成人员在制定、补充、修改、认可或废止法律或其他具有法的性质的规范性文件的活动时，所必须遵循的法定步骤和方法。我国的立法程序具体为：①法律议案的提出，即依法享有法律议案提案权的机关或个人向立法机关提出关于制定、修改和废止某项法律的正式提案。②法律提案的审议，即立法机关对法律提案正式进行审议和讨论。③法律草案的表决和通过，即立法机关依法定程序对拟定的法律草案进行投票表决，并以票数的多少决定是否通过。④法律的公布，即国家主席依据全国人大常委会的决议公布法律。

（二）当代中国法的实施

法的实施，是指通过一定的方式使法律规范在社会生活中得到贯彻和实现的活动。它不仅包括国家机关及其工作人员执行法律规范的活动，而且包括公民、社会团体实现法律规范的活动。根据主体的不同，可以把社会主义法的实施形式分为法的适用和法的遵守。

1. 法的适用

法的适用是指国家机关及其工作人员和国家授权的社会组织依照法定的职权和程序，运用国家权力，把法律规范的规定应用到具体的主体或场合，是用来解决具体问题的一种行使权力的专门活动。它使具体的当事人之间发生、变更或消灭一定的权利义务关系，或对违法者实行法律制裁。

法的适用具有以下几个特点：

（1）法的适用主体主要是国家机关，也包括国家授权的单位。

如学位条例规定，经批准的大专院校和科研单位有权依法授予学位，这就是适用法律规范的活动。

（2）法的适用是国家机关及其工作人员将法律规范的一般规定应用到具体主体或具体场合，作出具有法律效力的个别性决定的活动。

它使当事人之间发生具体的法律后果，并以判决、决定等个别性法律文件宣告这种后果。

（3）法的适用活动必须严格遵守法定的职权范围，遵守相关实体法和程序法的规定。

我国法的适用的基本要求可以概括为：正确、合法、及时、合理、公正。正确，是指在适用法律规范时，要做到事实清楚，证据确凿，定性准确，处理适当。合法，是指在适用法律规范时，要合乎国家的法律规定，严格依照法定权限和法定程序办事。及时，是指法的适用活动的每个环节要严格符合法律所规定的时间要求，提高办事及办案效率。合理和公正，是指法的适用活动在保证符合法律要求的前提下，还应当符合社会主义道德的要求，符合广大人民的公平、正义观念，符合适用法的根本目的。

国家机关和公职人员在适用法律规范时应遵循以下五项原则：

（1）以事实为依据，以法律为准绳的原则。

以事实为依据，要求国家机关及其工作人员在适用法律规范时，必须弄清楚事实真相，掌握全部有关材料，把对案件的审理和判决建立在尊重客观事实的基础上。以法律为准绳，是指公安司法机关在诉讼过程中以及在各个诉讼阶段对案件作出最终结论时，必须严格遵守程序法和组织法等法律中关于国家专门机关的职权分配，相互关系以及办案程序的规定，并根据实体法关于犯罪的构成要件、量刑标准、量刑原则等规定作出适当处理。

（2）公民在适用法律上一律平等的原则。

其基本含义是：国家专门机关在适用法律规范的过程中，对全体公民不分民族、种族、性别、职业、社会出身、宗教信仰、教育程度、财产状况、居住期限，一律平等地适用法律规范，绝不能因人而异。对任何人，只要是法律赋予的各项权利，国家法律都平等地予以保护，没有任何例外；而法律所规定的义务，都要求必须履行，也不得有任何例外。对任何人的违法犯罪行为都必须平等地追究其法律责任，不允许有凌驾于法律之上、超越于法律之外的特权。

（3）司法机关依法独立行使职权的原则。

《中华人民共和国宪法》（以下简称《宪法》）第126条规定："人民法院依照法律规定独立行使审判权，不受行政机关、社会团体和个人的干涉。"第131条规定："人民检察院依照法律规定独立行使检察权，不受行政机关、社会团体和个人的干涉。"要贯彻这一原则就必须做到：国家的司法权只能由国家司法机关统一行使，其他任何机关均不得行使司法权；司法机关依法独立行使职权，不受其他行政机关、社会团体和个人的干涉；司法机关处理案件必须符合法律的规定。

（4）专门机关的工作与群众路线相结合的原则。

法的适用是国家机关的专门活动，各级各类国家机关必须依法行使职权，不得敷衍塞责或玩忽职守。同时，群众路线又是国家机关一切工作的根本路线，适用法律也要走群众路线。不仅行政机关处理问题离不开人民群众，司法机关审理案件也要依靠人民群众的参与，如调查取证；同时，还应当切实发挥人民陪审员的作用，保证案件判决合法、合理。总之，只有专门机关的工作与群众路线相结合，才能保证准确地适用法律。

（5）实事求是，有错必纠的原则。

实事求是、有错必纠原则是由我国国家和法律的本质决定的，它体现了我国法的适用的正义性和严肃性。这一原则要求：法的适用必须置于法律监督之下；发现在法的适用中有错误的，必须依法纠正；由于错误地适用法律而给公民、法人带来损害的，国家必须给予适当赔偿。

2. 法的遵守

法的遵守即守法，就是恪守现行法律的规定，严格依法办事。

守法是健全法制的核心。国家制定了法律，如果不能为人们所遵守，法律也就成了一纸空文，也就没有法治可言。在我国，法的遵守主要包括以下四个构成要素：

（1）守法的主体。

守法的主体即一定遵守行为的实施者。主要包括国家机关、社会组织、社会团体、中国公民和在中国领域内的外国组织、外国人、无国籍人等。

（2）守法的内容。

守法的内容包括守法主体必须履行的义务（职责）和行使的法律权利（权力），二者相互依存，有机统一。

（3）守法范围。

守法范围是指守法主体必须遵守的行为规范的种类。它与前述我国现行的法律渊源关系密切。

（4）守法的条件。

守法的条件包括：公民须具有良好的法律意识；守法主体须按照法律规范规定的行为模式认真行使权利、履行义务；守法主体在发生违反法律的行为或后果时，应主动承担法律责任等。

3. 违法的含义、构成条件和分类

违法是指国家机关、企事业组织、社会团体或公民，违反法律的规定，致使法律所保护的社会关系和社会秩序受到破坏的行为。依照我国相关法律法规，违法的构成条件主要有：

（1）违法必须是人们违反法律规定的一种行为，包括作为和不作为。仅有思想而无行为不构成违法。

（2）违法必须是在不同程度上侵犯法律所保护的社会关系的行为，必须是对社会造成一定危害的行为。

（3）违法必须是行为人出于故意或过失而导致的，也就是行为人有主观的过错。

（4）违法的主体必须具有法定责任能力。

按照违法行为的具体性质、危害程度和所承担的法律责任的不同，违法可分为违宪、民事违法、行政违法和刑事犯罪四种。

4. 法律责任与法律制裁

法律责任是指由违法行为引起的应依法承担的责任。违法行为是承担法律责任的前提和依据，没有违法行为就不会有法律责任的问题。法律责任只能由实施违法行为的个人承担，不许株连。法律制裁是指特定的国家机关对应承担法律责任的违法者依法实施的强制性惩罚措施。法律制裁的方式与法律责任的性质相适应，最终取决于违法行为的性质及其对社会所产生的危害程度。不依据违法行为而随意追究法律责任，或者不以法律责任为依据滥施制裁，这本身就是违法。

按照违法行为的性质，法律责任可以分为刑事法律责任、民事法律责任、行政法律责任和违宪责任。与此相适应，法律制裁可分为刑事制裁、民事制裁、行政制裁和违宪制裁。其中，刑事制裁和民事制裁均由司法机关实施，所以又可以称为司法制裁。

【阅读链接】

民法典实施开启治理现代化的新时代

自新年伊始，民法典正式生效实施；与之相配套，最高人民法院在年前及时对原有的司法解释进行了清理，发布了新一批司法解释；各地法院依据民法典所作出的第一批判决也已经诞生。这些都标志着中国正式步入"民法典元年"。这必将成为中国在全面推进依法治国历史进程中的一个里程碑事件。

从各地法院适用民法典所作出的首批判决也可以看出，民法典系统总结了以往的民事立法和司法经验，并充分借鉴了比较法的最新成果，因此民法典是民事立法领域的"集大成者"，实现了民事法律规则的现代化。我们可以看到，在一些案例中，法院适用了民法典所增设的新规则，例如民法典在典型合同部分增加了保理合同这一新的类型，因此有法院依据新规则对保理合同纠纷及时作出了判决。民法典的新规则更为公平合理地配置相关当事人的权利义务，例如，自甘风险制度的主要功能在于公平分配行为人与受害人之间的责任，使得每个人能够清楚地预见其行为所可能引发的法律后果。就格式条款的规制，民法典从公平原则出发，进一步强调了使用者的提示与说明义务，确保消费者知情权的落实。民法典所增设的另一些新规则在于形成新的法律秩序，例如，民法典大幅完善了环境治理机制，确立了绿色原则，增加了破坏生态环境的惩罚性赔偿制度。民法典扩大了代位继承的适用对象，从而间接扩大了法定继承人的范围，更加符合家庭伦理观。当然，也有一些案例若发生在民法典生效之前审理，法官会依据单行法或者民法学说理论作出裁判，最后也可能得出相同的判决结果。但是，民法典的颁行使得这些纠纷的审理现在具有明确的法律依据，法官的判决说理可以更为充分，其结果也更易于为当事人所接受和认可。

由此，民法典实现了民事法律规则的体系化和现代化；民法典的颁行标志着一个具有较为完善的法律保障的现代私权空间就此成型。显然，民法典的实施对全面推进依法治国、推进国家治理体系和治理能力现代化必将具有重大意义。

首先，民法典充分贯彻以人民为中心的发展思想，为民事主体确立了完善的民事权利体系。民法典在总则编设立"民事权利"专章，以集中和系统的方式规定了民事权利的清单，鲜明地表达了民法典作为民事权利法的特征。民法典所规定的民事权利从范围来看具有完备性特点，包括人身权和财产权。人身权之中，包括了一般人格权和具体人格权及人格利益。在财产权中，包括了物权、债权、知识产权、继承权、股权和其他投资性权利、数据和网络虚拟财产权等。从权利的具体类型来看，民法典关于民事权利的规定具有明显的时代性，譬如，在人格权部分规定了个人信息保护这一新型民事权利类型，确保个人对与其身份有关的信息的有效控制，以防止未经信息主体同意的收集、处理行为。为了突出对人格权的保护，有效应对生物医学与信息技术革命对人的主体地位所带来的挑战，民法典设立了独立的人格权编，这也是我国民法典的重大创新，充分体现了民法典的中国特色、实践特色和时代特色。在人格权编中，民法典详细规定了人格权的定义、要件、范围、行使方式、效力等内容，并且对生命尊严、基因编辑、器官捐赠、AI深度伪造、声音权、信用权、网络偷拍、人肉搜索、个人信息过度收集等当前最为突出的热点问题作出了明确的回应。在财产权部分，民法典完善了知识产权的客体类型，增设了数据、网络虚拟财产。民法典在强调民事权利保护原则的同时，还增加规定了禁止权利滥用原则；而通过强调民事权利保护原则，民法典也为公权力的行使划定了边界。民法典还规定，民事权利的行使必须遵守节约资源、保护环境的"绿色原则"。

其次，民法典建立了现代产权保护机制。民法典将社会主义基本经济制度的最新表述以基本法的形式加以确立下来；根据民法典的规定，国家巩固和发展公有制经济，鼓励、支持和引导非公有制经济的发展。另外，民法典作为调整平等主体之间的人身和财产关系的基本法尤其强调平等原则；以此为基础，民法典规定了平等保护原则；这就是说，国家、集体、私人的物权和其他权利人的物权受法律平等保护，任何组织或者个人不得侵犯；国家保障一切市场主体的平等法律地位和发展权利。另外，民法典进一步完善了产权保护机制，尤其是征收制度，强调应当给予公平、合理的补偿，并将农村村民住宅增列为独立的法定补偿事项。民法典规定了完整的财产权体系，包括股权和其他投资性权利以及数据和网络虚拟财产权等。民法典完善了担保物权制度，为优化营商环境提供法治保障。民法典还进一步改进了交易规则，优化了合同订立、履行、解除的规则，针对电子商务增设了相应的规则，增加了保理合同、物业服务合同等新的合同类型。民法典也对网络侵权规则进行了大幅创新，较好地兼顾了网络用户、平台和第三方权利人之间的利益平衡。

再次，民法典从实际出发，坚持问题导向，对社会转型时期的特殊问题和需求均作出了回应。民法典进一步完善了业主的建筑物区分所有权制度，明确了地方政府有关部门、居民委员会应当对设立业主大会和选举业主委员会给予的指导和协助，降低业主共同决定事项的表决门槛，增加规定物业服务企业采取疫情防控等应急处置措施的责任以及业主的配合义务，明确物业服务企业利用业主的共有部分产生的收入在扣除合理成本之后属于业主共有。就社会高度关注的住宅建设用地使用权期限届满的自动续期问题，民法典规定，续期费用的缴纳或者减免，依照法律、行政法规的规定办理。民法典确认了"三权分置"改革的成果，增加了土地经营权的规定。针对保障住房制度，民法典增加规定"居住权"这一新型用益物权。为了防范企业私自设立"黑名单"，民法典规定了特定主体的强制缔约义务，确保公共服务享有的均等性，打击社会排斥。规范格式条款合同，加大对弱势一方的保护。落实建立租购同权住房制度的要求，民法典保护承租人的利益，增加规定房屋承租人的优先承租权。针对近年来客运合同领域出现的旅客霸座、抢夺方向盘等干扰运输秩序、危害运输安全的问题，民法典进一步细化了相关当事人的权利义务；打击中介合同中的

"跳单"等不诚信行为。近年来，性骚扰问题引起社会较大关注，民法典规定了性骚扰的认定标准以及单位防止和制止性骚扰的义务。民法典完善高空抛物坠物治理规则，强调公安等有关机关应当依法及时调查，查清责任人，并规定物业服务企业等建筑物管理人应当采取必要的安全保障措施。

然后，民法典完善了家庭治理框架。所有权、家庭和契约制度被公认是民法典的三根支柱，它们也是重构现代社会的基石。众所周知，家庭制度涉及所有人，具有高度的社会敏感性，社会公众的关注度极高；民法典在总体上沿袭此前的相关单行法、确保法律连续性和稳定性的前提下，也进行了一些重要的制度创新。民法典强调家庭应当树立优良家风，弘扬家庭美德，重视家庭文明建设；民法典不再将"患有医学上认为不应当结婚的疾病"作为禁止结婚的情形；增加离婚冷静期制度，防止冲动离婚、赌气离婚，也打击以假结婚、利用假离婚为手段规避购房、购车领域的一些限购措施的不诚信行为；强化离婚时对无过错方的保护；吸收司法解释的相关规定，增加夫妻共同债务认定的规则，在无辜配偶与善意债权人的保护之间维系合理平衡；扩大被收养人的范围，删除被收养的未成年人仅限于不满十四周岁的限制，修改为符合条件的未成年人均可被收养；增加规定被收养人利益最大化原则及民政部门的收养评估义务。民法典扩大了代位继承人的范围，增加了打印、录像等新的遗嘱形式，修改了遗嘱效力规则，更加尊重遗嘱人的真实意愿，增加遗产管理人制度，完善遗赠扶养协议制度，完善无人继承遗产的归属制度，明确归国家所有的无人继承遗产应当用于公益事业。

最后，民法典实现了社会转型时期的价值重构和价值引领。民法典确立了平等、自愿、公平、诚信、公序良俗、保护环境等民法基本原则；民法典将弘扬社会主义核心价值观作为立法目的之一。这些极为重要的原则和价值，不仅对于规范民事主体的民事活动具有重要的指引作用，而且还将指导司法机关的民事审判以及立法机关在未来的民事立法活动。就司法机关而言，如果欠缺具体的裁判规则，法官可以援引这些价值和原则作出裁判结果，从而使其产生规范性效果。对于立法者而言，未来在制定民事单行法的时候必须遵从这些民法基本价值和原则，而不能制定与之相冲突的规范。为倡导见义勇为、助人为乐的良好风尚，民法典规定，如因保护他人而使自己受到伤害，如侵权人逃逸或无力赔偿，受益人负有补偿义务。另外，自愿实施紧急救助行为造成受助人损害的，救助人不承担民事责任。鉴于此前司法实践出现对公平责任原则的滥用，在一些"和稀泥"的判决中，部分无辜的当事人仍然被判决承担补偿义务，民法典规定，受害人和行为人对损害的发生都没有过错的，依照法律的规定由双方分担损失；由此，民法典将有力地发挥各得其所、定分止争的社会调整功能，推进社会治理的现代化。

作者石佳友，系中国人民大学法学院教授、民商事法律科学研究中心执行主任。

（《民法典实施开启治理现代化的新时代》，选自《人民法院报》2021年1月21日）

【思考】

1. 法律为什么是一种特殊的社会规范？

2. 如何认识社会主义民主和法治的关系？

3. 当代中国社会的政治体制改革为何必须走"依法治国"之路？

4. 目前应如何推进我国依法治国方略实现的进程？

【推荐阅读】

1. 张文显. 法理学［M］. 北京：高等教育出版社，1999.

该书对法理学的基本知识作了较好的阐述和概括，作者在法理学研究领域中颇具专长。

2. 张文显，李步云. 法理学论丛（第2卷）［M］. 北京：法律出版社，2000.

该书针对法理学的问题，结合当今中国实际和世界现实提出了许多新的观点。

3. 刘同君，夏民. 伦理文化与法治文化同构：新世纪大学生素质教育的文化基础［M］. 南京：东南大学出版社，2001.

该书以全球化浪潮为背景，以文化价值功能为视角，系统地阐析了伦理文化与法治文化的相互关系，并借助大学生伦理文化的实证观察和法治文化的权力观进行分析，论证了加强大学生法治与德治教育的重要性与迫切性。

4. 张利华. 中国法治民主建设之路［M］. 北京：中国社会科学出版社，2006.

该书以广阔的视野探究了法治和民主思想的起源与发展，对中西方学者关于法治与民主的思想精华作了提炼和梳理，作者在书中对当代中国法治民主建设之路进行了大胆探索，具有独到的见解。

第六章 中国法律制度与法律规范

宪法集中体现了党和人民的统一意志和共同愿望，是国家意志的最高表现形式。"法者，国家所以布大信于天下。"可以说，宪法是国家布最大的公信于天下。

——习近平 2018 年 1 月 19 日在中共十九届二中全会第二次全体会议上的讲话

第一节 宪法及其根本制度

一、宪法的历史、基本特征与概念

近现代意义的宪法是资产阶级革命的产物。十七八世纪时，英国资产阶级在与封建阶级的斗争和妥协中，逐渐形成了部分宪法性文件和宪法惯例。1787 年美国制定的联邦宪法是世界上第一部成文宪法。1791 年制定的法国宪法是欧洲大陆第一部成文宪法。1918 年制定的苏俄宪法是第一部社会主义的宪法。

我国第一部带有"宪法"字样的法律文件，是 1908 年的《钦定宪法大纲》。1912 年所颁布的《中华民国临时约法》是一部具有民主色彩和资产阶级性质的宪法。1923 年北洋政府颁布的《中华民国宪法》是中国历史上的第一部宪法。中华人民共和国成立以来，先后于 1954 年、1975 年、1978 年、1982 年颁布了四部具有社会主义性质的宪法。我国现行宪法是 2018 年颁布的宪法修正案。

在国家现行法律体系中，宪法是国家的根本大法，是国家的最高法律形式。宪法与同一法律体系中的其他法律相比，具有如下三方面的基本特征：

（1）在内容上，宪法规定国家生活中最根本、最重要的方面。

例如：公民的基本权利和义务；国家的主要社会、经济、政治和文化的基本制度和基本方针；国家的性质；国家的政权组织形式、结构形式，基本国策，国家机构的组织、职权及其相互关系等，都在宪法中作了明确的规定。这些规定不仅关系到国家存在和发展的根本问题，而且从社会制度和国家制度的根本原则上规范整个国家的活动。

（2）在效力上，宪法的法律效力最高。

宪法的最高法律效力既体现为宪法是制定普通法律的依据，任何普通法律、法规都不得与宪法的原则和精神相违背，又体现为宪法是一切国家机关、社会团体和全体公民的最高行为准则。

（3）在制定、修改、解释和监督的程序上，宪法比其他法律更为严格。

一方面，制定和修改宪法的机关，往往是依法特别成立的，而非普通的立法机关。宪法的制定，从各国的制宪实践看，主要包括下列环节和步骤：组织制宪机关，建立宪法起草机构；提出或公布宪法草案；讨论、审议并完善宪法草案；通过或批准宪法；颁布宪法及其生效日期。另一方面，通过、批准宪法或者其修正案的程序，往往严于普通法律。宪法修改的程序通常有以下步骤：提案程序；先决投票和公布修宪草案的程序；宪法修正案的通过程序；宪法修正案的公布程序。例如，我国宪法的修改由全国人大常委会或者1/5以上的全国人大代表提议，并由全国人大以全体代表的2/3以上的多数通过，而普通法律只要立法机关成员的过半数通过即可。

综上所述，我们可对宪法的概念作如下表述：宪法是反映各种政治力量实际对比关系，确认革命胜利成果和现实的民主政治，规定国家的根本制度和根本任务，具有最高法律效力的国家根本法。

二、当代中国宪法的基本原则

1. 坚持党的领导原则

中国共产党是中国特色社会主义事业的领导核心，党的领导是人民当家作主的根本保证。我国现行宪法的序言明确规定了党的领导地位："中国各族人民将继续在中国共产党领导下，在马克思列宁主义、毛泽东思想、邓小平理论、'三个代表'重要思想、科学发展观、习近平新时代中国特色社会主义思想指引下，坚持人民民主专政，坚持社会主义道路，坚持改革开放，不断完善社会主义的各项制度，发展社会主义市场经济，发展社会主义民主，健全社会主义法治，贯彻新发展理念，自力更生，艰苦奋斗，逐步实现工业、农业、国防和科学技术的现代化，推动物质文明、政治文明、精神文明、社会文明、生态文明协调发展，把我国建设成为富强民主文明和谐美丽的社会主义现代化强国，实现中华民族伟大复兴。"这就是要在宪法和法律上保证中国共产党在国家中的执政地位，保证党的主张和人民意志相统一，并通过法定程序使党的主张上升为国家意志。

2. 人民主权原则

主权是指国家的最高权力。人民主权是指国家中绝大多数人拥有国家的最高权力。我国宪法规定，国家的一切权力属于人民，这是对人民主权的确认。一切权力属于人民的原则在宪法规范中的表现是多方面的。例如：宪法规定人民行使国家权力的机关是全国人民代表大会和地方各级人民代表大会；各级人民代表大会由人民选举产生，对人民负责，受人民监督等。

3. 保障公民权利原则

以宪法和法律保障公民基本权利的状况是现代社会民主与法治发展程度的重要标志。宪法确认和保护的公民权利也就是人权保障在国家根本法中的体现。人权是指人享有的人身自由和各种民主权利。我国宪法明确规定：国家尊重和保障人权，并规定公民享有广泛的权利和自由，包括公民参与国家政治生活的权利和自由、公民的人身自由和信仰自由、公民社会经济文化方面的权利等。

4. 法治原则

法治是和人治相对的，法治是对人治的否定。我国宪法明确规定实行依法治国，建设社会主义法治国家。依法治国的根本要求是"科学立法、严格执法、公正司法、全民守法"。依法治国首先就是依宪治国，同时国家的法律、法规也应获得普遍的服从，任何个人和组织的违法行为都应受到应有的追究，法律面前人人平等。

5. 民主集中制原则

民主集中制是一种民主与集中相结合的制度，是在民主基础上的集中和集中指导下的民主的结合。我国宪法规定，所有国家机构实行民主集中制的原则。全国人民代表大会和地方各级人民代表大会都由民主选举产生，对人民负责，受人民监督。国家行政机关、监察机关、审判机关、检察机关都由人民代表大会产生，对其负责，受其监督。

三、宪法确立的中国国家制度

国家制度是一个国家的统治阶级通过宪法、法律规定的有关国家性质、国家形式等方面的制度的总称。它不仅体现国家政权特定的阶级本质，而且为国家政权的运转、国家职能的实现提供保障。由宪法所确立的中国国家制度，主要有：

1. 人民代表大会制度

（1）人民代表大会制度的含义。

《宪法》规定"中华人民共和国的一切权力属于人民""人民行使国家权力的机关是全国人民代表大会和地方各级人民代表大会"。宪法的规定和实践表明，人民代表大会制度是中国的政权组织形式。

人民代表大会制度，是指中华人民共和国的一切权力属于人民；人民在普选的基础上选出代表，按照民主集中制的原则，组成全国人民代表大会和地方各级人民代表大会，行使国家权力；其他国家机关由人民代表大会组织产生，对人民代表大会负责，受人民代表大会监督；县以上人民代表大会常务委员会对本级人民代表大会负责，人民代表大会对人民负责，最终实现国家一切权力属于人民的一种政权组织形式。

（2）人民代表大会制度的性质。

人民代表大会制度是我国根本的政治制度，它的性质主要体现在以下三点：

第一，人民代表大会制度直接、全面地反映了我国的国家性质。《宪法》第一条规定："中华人民共和国是工人阶级领导的、以工农联盟为基础的人民民主专政的社会主义国家。"

第二，人民代表大会制度产生于我国的革命斗争和中华人民共和国成立初期政权建设的实践当中，是其他政治制度赖以建立的基础。

第三，人民代表大会制度反映我国政治生活的全貌，是人民行使国家权力的基本途径和方式。

（3）人民代表大会制度的优越性。

人民代表大会制度不仅是我国国家机构和国家政治生活的基础，是其他政治制度的核心，而且是我国人民实现当家作主的基本形式。其优越性主要表现在以下三点：

第一，它适合中国国情，具有很强的生命力。人民代表大会制度是中国各族人民在中国共产党的领导下，在长期的政权建设实践中创立的，是马克思主义政权建设理论在中国的具体运用。它充分反映了中华人民共和国的国家阶级本质和国家阶级结构，最能代表我国国体，是与人民民主专政完全相适应的政治制度，因此最适合中国的国情。

第二，它便于人民参加国家管理。根据《宪法》和《中华人民共和国全国人民代表大会组织法》，我国各级人大代表都由选民通过直接或者间接选举的方式产生；各级人大代表必须对选民或者原选举单位负责，受选民或者原选举单位监督，选民或者原选举单位有权依法撤换自己选出的代表；人大代表必须深入选民以了解他们的意愿，及时向选民或者原选举单位报告自己的工作，听取他们对自己工作的意见和要求；人大代表有权根据民主集中制原则，讨论和决定国家生活中的重大问题；等等。因此，人民代表大会制度是直接民主与间接民主相结合的制度，这就从制度上保证了我国人民行使当家作主、管理国家的根本权力。

第三，它保证人民通过各级人民代表大会统一行使国家权力。我国宪法规定，国家的一切权力属于人民，人民行使国家权力的机关是全国人民代表大会和地方各级人民代表大会。这一规定表明，人民代表大会制度体现了国家权力与人民权利的统一。同时，各级国家行政机关、监察机关、审判机关和检察机关都由同级人民代表大会选举产生，对其负责，受其监督，充分表明了各级人民代表大会作为国家权力机关，在国家权力的行使和实现过程中处于主导支配地位。因此，人民代表大会制度最便于集中统一地行使国家权力。

2. 中国共产党领导的多党合作和政治协商制度

（1）多党合作制度。

中国是一个多党派的国家，除了中国共产党外，还有八个民主党派：中国国民党革命委员会、中国民主同盟、中国民主建国会、中国民主促进会、中国农工民主党、中国致公党、九三学社、台湾民主自治同盟。中国共产党是执政党，各民主党派是参政党。这些民主党派在中华人民共和国成立之前就已存在，它们在政治上拥护中国共产党的领导，这是它们在与共产党长期合作、共同奋斗过程中作出的历史选择。

中国共产党领导的多党合作制度是符合中国国情的一项基本政治制度，是我国政党制度的重要内容和特点所在。其合作的政治基础是必须坚持中国共产党的领导，坚持四项基本原则。中国共产党对各民主党派的领导是政治领导，即政治原则、政治方向和重大方针政策的领导。各民主党派在组织上都是独立的，享有宪法规定范围内的政治自由、组织独立和法律地位平等。中国共产党和各民主党派都必须以宪法为根本活动准则。

中国共产党同民主党派合作的基本方针是"长期共存、互相监督、肝胆相照、荣辱与共"。这"十六字方针"，保证了中国共产党与各民主党派平等合作、相互制约和长期共存的关系。中国共产党与民主党派的共同奋斗目标是：在马克思列宁主义、毛泽东思想、邓小平理论和"三个代表"重要思想、科学发展观、习近平新时代中国特色社会主义思想的指引下，沿着建设中国特色社会主义道路，为把我国建设成为物质文明、政治文明、精神文明、社会文明和生态文明协调发展的国家而奋斗。

（2）政治协商制度。

人民政治协商会议简称人民政协，人民政协属非国家机构，其性质为爱国统一战线组织，是中国共产党领导的多党合作和政治协商的重要机构，是我国政治生活中发扬社会主义民主的重要形式，同时也是各党派、各人民团体、各界代表人物参政、议政的重要场所。

中国人民政治协商会议机构包括人民政协全国委员会和地方委员会，它们的主要职能是政治协商、民主监督和参政议政。

政治协商，是在决策国家和地方的大政方针以及政治、经济、文化和社会生活中的重要问题之前，就决策执行过程中的重要问题进行协商。此外，可根据中国共产党、人民代表大会常务委员会、人民政府、民主党派、人民团体的提议，举行有各党派、团体的负责人和各族各界人士的代表参加的会议进行协商；亦可建议上列单位将有关重要问题提交协商。

民主监督，是通过建议和批评对国家宪法、法律和法规的实施，对重大方针政策的贯彻执行、国家机关及其工作人员的工作进行监督。

参政议政，是对政治、经济、文化和社会生活中的重要问题以及人民群众普遍关心的问题开展调查研究，反映社情民意，进行协商讨论。通过调研报告、提案、建议案或其他形式，向中国共产党和国家机关提出意见和建议。

实践证明，人民政协的政治协商制度，有利于发扬社会主义民主、增进人民团结，有利于维护国家政局的稳定，有利于保证集中领导与广泛民主、充满活力与富有效率的统一。

3. 我国的基本经济制度

经济制度是指一国通过宪法和法律调整，以生产资料所有制形式为核心的各种基本经济关系的规则、原则和政策的总和。《宪法》规定："中华人民共和国的社会主义经济制度的基础是生产资料的社会主义公有制，即全民所有制和劳动群众集体所有制。社会主义公有制消灭人剥削人的制度，实行各尽所能、按劳分配的原则。"同时还规定："国家在社会主义初级阶段，坚持公有制为主体、多种所有制经济共同发展的基本经济制度，坚持按劳分配为主体、多种分配方式并存的分配制度。"

全民所有制和劳动群众集体所有制是我国社会主义公有制的两种基本形式。国有经济即社会主义全民所有制经济，是国民经济中的主导力量，控制着国家的经济命脉，决定着国民经济的社会主义性质。《宪法》规定"国家保障国有经济的巩固和发展""国家保护城乡集体经济组织的合法的权利和利益，鼓励、指导和帮助集体经济的发展"。

非公有制经济是社会主义市场经济的重要组成部分。我国尚处于社会主义初级阶段，经济文化和生产力水平还不高，因此，在坚持以社会主义公有制经济为主体的前提下，必须发挥非公有制经济的积极作用。1999年通过的《中华人民共和国宪法修正案》（以下简称《宪法修正案》）规定："在法律规定范围内的个体经济、私营经济等非公有制经济，是社会主义市场经济的重要组成部分。"2004年通过的《宪法修正案》规定："国家保护个体经济、私营经济等非公有制经济的合法的权利和利益。国家鼓励、支持和引导非公有制经济的发展，并对非公有制经济依法实行监督和管理。"宪法还规定允许外国企业和其他经济组织或者个人依照我国法律的规定在中国投资，同中国的企业或其他经济组织进行各种形式的经济合作。外资企业是我国经济必要的和有益的补充。

我国实行"各尽所能、按劳分配"的分配原则，坚持按劳分配为主体、多种分配方式并存的分配制度。因此，公民的收入，如利息、股息等，只要是合法的，都受到国家法律的保护。宪法还规定，社会主义公共财产神圣不可侵犯。国家保护社会主义的公共财产，禁止任何组织或个人用任何手段侵占或破坏国家和集体的财产。公民的合法的私有财产不受侵犯，国家按照法律规定保护公民的私有财产权和继承权，国家为了公共利益的需要，可以依照法律规定对公民的私有财产实行征收或者征用，并给予补偿。

4. 我国的民族区域自治制度

（1）民族区域自治制度的主要内容。

民族区域自治制度是我国为解决民族问题，处理民族关系，实现民族平等、团结而建立的基本政治制度。根据《宪法》和《中华人民共和国民族区域自治法》（以下简称《民族区域自治法》），其主要内容包括：各民族自治地方都是中华人民共和国不可分离的部分，其自治机关都是中央统一领导下的地方政权机关，除行使宪法规定的地方国家政权机关的职权外，还可以依法行使广泛的自治权；民族区域自治必须以少数民族聚居区为基础，是民族自治与区域自治的结合。

（2）民族区域自治地方的种类。

民族区域自治地方是指实行民族区域自治制度的地方，按照民族区域自治的民族成分，可分为三类：①以一个少数民族聚居为基础建立的民族自治地方，如宁夏回族自治区就是以回族为主体建立的民族自治地方。②以两个少数民族聚居为基础建立的民族自治地方，如湖北省的鄂西土家族苗族自治州。③由三个或三个以上少数民族聚居为基础建立的民族自治地方，如云南省的双江拉祜族佤族布朗族傣族自治县。

按照民族区域自治地方的行政区划分级别，可将民族区域自治地方分为自治区、自治州和自治县。我国现有 5 个自治区、30 个自治州、120 个自治县。

（3）民族区域自治机关的自治权。

我国民族区域自治机关的自治权包括：①立法方面的自治权，如制定自治条例和单行条例。②经济管理方面的自治权。③财政税收方面的自治权。④人事管理方面的自治权。⑤教育、科学、文化、卫生及体育方面的自治权。⑥其他自治权。

5. 特别行政区制度

特别行政区是在我国的领土范围内，根据宪法和法律所设立的具有特殊的法律地位，实行特别的社会制度、经济制度的行政区域。它是中国共产党和邓小平同志提出的"一国两制"构想的具体化。"一国两制"是指在我国特殊情况下，允许社会主义制度和资本主义制度同时存在，即在我国的主体部分——大陆实行社会主义制度，在这个前提下，香港、澳门、台湾地区的现行社会制度不变，继续实行资本主义制度。"一国两制"的科学构想最初是为解决台湾问题而提出的，但它首先运用于解决香港和澳门回归的问题。根据我国政府制定的对香港和澳门地区的基本方针政策，经过我国政府与英国和葡萄牙政府的共同努力，通过谈判，已分别于1984年12月和1987年4月正式签署了《中华人民共和国政府和大不列颠及北爱尔兰联合王国政府关于香港问题的联合声明》和《中华人民共和国政府和葡萄牙共和国政府关于澳门问题的联合声明》。根据联合声明，我国政府已分别于1997年7月1日和1999年12月20日对香港和澳门地区恢复行使主权，并设立特别行政区。在两个联合声明生效后，全国人大又审议通过了《香港特别行政区基本法》和《中华人民共和国澳门特别行政区基本法》（以下简称《澳门特别行政区基本法》），以法律的形式规定了特别的行政区制度。在特别行政区内实行的制度按照具体情况由全国人大以法律规定。特别行政区是国家不可分割的重要部分，直辖于中央人民政府，中央代表国家对其行使主权，负责管理与特别行政区有关的防务、外交事务和任命特别行政区的行政长官，特别行政区享有高度的自治权，享有立法权、行政管理权、独立的司法权和终审权等。

四、公民的基本权利和义务

公民是指具有一个国家的国籍，并根据该国宪法和法律规定享受权利和承担义务的自然人。我国宪法规定，凡具有中华人民共和国国籍的人都是中华人民共和国公民。

公民的基本权利也称宪法权利，是指由宪法规定的公民享有的主要的、必不可少的权利。公民的基本义务也称宪法义务，是指由宪法规定的公民必须遵守和应尽的根本责任。公民的基本权利与基本义务一起反映并决定了公民在国家中的政治与法律地位，构成了普通法律规定公民权利和义务的基础和原则。

1. 我国公民的基本权利

（1）平等权。

平等权是我国宪法赋予公民的一项基本权利，是公民实现其他权利的前提。我国宪法规定，中华人民共和国公民在法律面前一律平等。

（2）政治权利和自由。

政治权利和自由是指公民作为国家政治生活主体依法享有的参加国家政治生活的权利和自由，是国家为公民直接参与政治活动提供的基本保障。政治自由，主要是指公民表达自己政治意愿的自由。我国宪法规定，中国公民"有言论、出版、集会、结社、游行、示威的自由"。

（3）宗教信仰自由。

宗教信仰自由指公民有信教或者不信教的自由，有信仰不同宗教的自由，有信仰同一宗教中不同教派的自由，有过去信教现在不信教或者过去不信教而现在信教的自由。宪法还规定："国家保护正常的宗教活动。任何人不得利用宗教进行破坏社会秩序、损害公民身体健康、妨碍国家教育制度的活动。"

（4）人身权利。

狭义的人身权利主要指公民的身体不受非法侵犯；广义的人身权利还包括与狭义人身权利相关的人格尊严、住宅不受侵犯、通信自由和通信秘密受法律保护等与公民个人生活有关的权利和自由。人身权利是公民具体参加各种社会活动和实际享受其他权利的前提，也是保持和发展公民个性的必要条件。

（5）批评、建议、申诉、控告、检举权和取得国家赔偿权。

根据我国宪法的规定，公民享有的这些权利，主要是针对国家机关和国家工作人员及其违法失职行为。

（6）社会经济权。

社会经济权是指公民享有的经济生活和物质利益方面的权利，主要包括：①财产权，指公民享有的其合法财产不受非法侵犯的权利。②劳动权，指有劳动能力的公民有获得劳动机会并按照劳动数量和质量取得报酬的权利。③休息权，指劳动者为保护身体健康和提高劳动效率，根据国家有关法律和制度而享有的休息和休养的权利。④物质帮助权，指公民在年老、疾病或者丧失劳动能力的情况下，有从国家和社会获得物质帮助的权利。

（7）文化教育权。

文化教育权指公民有受教育权以及进行科学研究、文学艺术创作和其他文化活动的自由。

（8）特定主体权利。

我国宪法还为具有特定情况的公民设置专条，给予特别保护。这些特定人员包括妇女、退休人员、军烈属、儿童、老人、青少年、华侨、归侨和侨眷等。如我国宪法明确规定保护华侨的正当权利和利益，保护归侨和侨眷的合法的权利和利益。《中华人民共和国归侨侨眷权益保护法》对此作了特别规定。此外，宪法还规定保护在我国境内的外国人的合法权利和利益，还规定在中国境内的外国人必须遵守中国的法律。对于因政治原因要求避难的外国人，可以给予受庇护的权利。

2. 我国公民的基本义务

公民的基本义务也称宪法义务，是指由宪法规定的公民必须遵守和应尽的根本责任。根据我国宪法的规定，我国公民的基本义务主要包括以下内容：维护国家统一和各民族团结；遵守宪法和法律，保守国家秘密，爱护公共财产，遵守劳动纪律，遵守公共秩序，尊重社会公德；维护祖国的安全、荣誉和利益；保卫祖国、依法服兵役和参加民兵组织；依法纳税等。其中应特别强调的是公民遵守宪法和法律的义务。公民遵守宪法的义务，意味着每个公民都应该尊重宪法权威，维护宪法所确立的各项原则及政治、经济和社会制度；公民遵守法律的义务，意味着每个公民都应自觉遵守各项法律法规，在社会各个领域依照相关法律进行活动。

五、我国的国家机构

国家机构是统治阶级为实现其统治职能而建立起来的国家机关的总称。根据我国宪法的规定，我国国家机构可分为中央国家机关和地方国家机关。中央国家机关包括全国人民代表大会及其常务委员会、国家主席、国务院、中央军事委员会、最高人民法院、最高人民检察院；地方国家机关包括地方各级人民代表大会及其常务委员会、地方各级人民政府、地方各级人民法院和人民检察院，以及特别行政区的各种地方国家机关。

1. 全国人民代表大会及其常务委员会

（1）全国人民代表大会。

我国宪法规定"全国人民代表大会是最高国家权力机关""是行使国家立法权的机关"。全国人民代表大会由省、自治区、直辖市、特别行政区和军队选出的代表组成，每届任期五年，每年举行一次会议，由全国人民代表大会常务委员会召集。

全国人民代表大会的职权主要有：修改宪法并监督宪法的实施；制定和修改基本法律；选举、决定和罢免国家机关领导人；决定国家重大事项；监督其他国家机关的工作等。

（2）全国人民代表大会常务委员会。

全国人民代表大会常务委员会简称全国人大常委会，是全国人民代表大会的常设机关，是最高国家权力机关的组成部分，是在全国人民代表大会闭会期间经常行使最高国家权力的机关，也是行使国家立法权的机关。它对全国人民代表大会负责并报告工作，接受其监督；在全国人民代表大会闭会期间，最高国家行政机关、审判机关、检察机关对全国人民代表大会常务委员会负责并报告工作。

全国人大常委会的任期同全国人民代表大会的任期相同，都是每届五年，连续任职不得超过两届。全国人大常委会的职权主要有：解释宪法和法律；监督宪法的实施；享有立法权、监督权、人事任免权、重大事项决定权和全国人大授予的其他职权。

2. 国家元首

国家元首是一国的最高代表，在国际上代表本国，是国家机构的重要组成部分，并按照宪法规定履行职责。享有元首职权，是世界各国元首共同的重要特征。元首职权包括公布法律权、发布命令权、统率武装力量权、任免官吏权、外交权、赦免权、荣典权等。我国国家元首实行国家主席制。国家主席是我国国家机构的重要组成部分，其职权主要有：根据全国人民代表大会及其常委会的决定，公布法律、任免国务院组成人员、授予国家的勋章和荣誉称号、发布特赦令、宣布进入紧急状态、宣布战争状态、发布动员令。国家主席代表中华人民共和国进行国事活动，接受外国使节。根据全国人民代表大会常务委员会的决定，派遣和召回驻外全权代表，批准和废除同外国缔结的条约和重要协定。

3. 国务院

我国宪法规定，国务院即中央人民政府，是最高国家权力机关的执行机关。国务院的组成人员包括总理、副总理若干人、国务委员若干人、各部部长、各委员会主任、审计长和秘书长。国务院的任期与全国人大任期相同，每届五年。国务院总理、副总理、国务委员连续任职不得超过两届。国务院的领导体制采取总理负责制。国务院工作中的重大问题，须经国务院常务会议或国务院全体会议讨论决定。国务院全体会议的参会人员包括国务院全体成员。国务院常务会议的参会人员由国务院总理、副总理、国务委员和秘书长组成。

4. 中央军事委员会

《宪法》规定："中华人民共和国中央军事委员会领导全国武装力量。"因此，中央军事委员会是全国武装力量的最高领导机关。中央军委实行主席负责制，由主席向全国人大和全国人大常委会负责；中央军委主席有权对中央军委职权范围内的事项作出最后决策。

5. 地方国家机关

（1）地方各级人民代表大会及县以上地方各级人大常委会。

根据《宪法》和《中华人民共和国地方各级人民代表大会和地方各级人民政府组织法》，省、自治区、直辖市、自治州、市、县、自治县、市辖区、乡、民族乡、镇设立人民代表大会。地方各级人大是地方国家权力机关，由通过直接选举或间接选举产生的代表组成。县以上地方各级人大常委会是本级人大的常设机关，对本级人大负责并报告工作。

（2）地方各级人民政府。

我国宪法规定，地方各级人民政府是地方各级国家权力机关的执行机关，是地方各级国家行政机关。它由同级人民代表大会产生，既对同级人民代表大会及其常委会负责并报告工作，也对上一级人民政府负责。地方各级人民政府实行首长负责制。

6. 人民法院与人民检察院

《宪法》规定："中华人民共和国人民法院是国家的审判机关。"人民法院的组织体系包括最高人民法院、地方各级人民法院和专门人民法院。其中，地方各级人民法院分为高级、中级和基层人民法院；专门人民法院包括军事法院、海事法院、铁路运输法院。

《宪法》规定："中华人民共和国人民检察院是国家的法律监督机关。"人民检察院的组织体系包括最高人民检察院、地方各级人民检察院和专门人民检察院。专门人民检察院包括军事检察院、铁路运输检察院等。

第二节　当代中国实体法律制度

实体法律制度是规定法律关系主体的权利和义务或职权和职责的法律制度的总称。我国的实体法律制度，主要包括民事法律制度、刑事法律制度、行政法律制度、经济法律制度等。

一、我国的民事法律制度

改革开放以来，我国民事商事法制建设的步伐不断加快，先后制定或修订了《中华人民共和国中外合资经营企业法》《中华人民共和国婚姻法》《中华人民共和国经济合同法》《中华人民共和国商标法》《中华人民共和国专利法》《中华人民共和国涉外经济合同法》《中华人民共和国继承法》《中华人民共和国土地管理法》《中华人民共和国企业破产法》《中华人民共和国外资企业法》《中华人民共和国技术合同法》《中华人民共和国中外合作经营企业法》《中华人民共和国收养法》《中华人民共和国公司法》《中华人民共和国担保法》《中华人民共和国保险法》《中华人民共和国票据法》《中华人民共和国拍卖法》《中华人民共和国合伙企业法》《中华人民共和国证券法》《中华人民共和国合同法》《中华人民共和国农村土地承包法》《中华人民共和国物权法》《中华人民共和国侵权责任法》等民事商事法律，为编纂《中华人民共和国民法典》（以下简称《民法典》）奠定了基础、积累了经验。

党的十八大以来，党中央顺应实践发展要求和人民群众的期待，把编纂《民法典》提上重要日程。党的十八届四中全会作出关于全面推进依法治国若干重大问题的决定，其中对编纂民法典作出部署。

《中华人民共和国民法典》于2020年5月28日在第十三届全国人民代表大会第三次会议上通过，自2021年1月1日起施行，我国进入"民法典时代"。《民法典》共7编1 260条、10万多字，是我国法律体系中条文最多、体量最大、篇章结构最复杂的一部法律。《民法典》在中国特色社会主义法律体系中具有重要地位，是一部固根本、稳预期、利长远的基础性法律，对推进全面依法治国、加快建设社会主义法治国家，对发展社会主义市场经济、巩固社会主义基本经济制度，对坚持以人民为中心的发展思想、依法维护人民权益、推动我国人权事业发展，对推进国家治理体系和治理能力现代化，都具有重大意义。

之所以命名为"民法典"，有以下三个原因：一是该立法在国家法律体系中的地位十分重要；二是该立法体系庞大，法律制度规模大，法律条文比较多；三是强调该法的体系性，强调立法的逻辑和规律。

1. 民法的概念和基本原则

《民法典》指出，民法调整平等主体的自然人、法人和非法人组织之间的人身关系和财产关系。

平等主体之间的人身关系是指与人身不可分离而又不具有直接经济内容的社会关系，包括人格权关系和身份权关系。人格权关系，如与生命健康权、姓名权、名誉权、肖像权、名称权等相关的关系；身份权关系，如因血缘、婚姻等而产生的抚养权、赡养权、监护权关系，因作者、发明者的身份而产生的署名权、发表权关系等。人身关系在法律上表现为人身权利，与财产关系紧密相关，往往是财产关系产生的前提条件。

《民法通则》中指出，民法的基本原则，是指对民事立法、司法和民事活动具有普遍指导意义和约束功能的基本行为准则，其效力贯穿于整个民事法律制度。民法主要包括以下六个基本原则：①平等原则。民事主体在民事活动中的法律地位一律平等。②自愿原则。民事主体从事民事活动，应当遵循自愿原则，按照自己的意愿设立、变更、终止民事法律关系。③公平原则。民事主体从事民事活动，应当遵循公平原则，合理确定各方的权利和义务。④诚实信用原则。民事主体从事民事活动，应当遵循诚信原则，秉持诚实，恪守承诺。⑤尊重公德原则。民事主体从事民事活动，不得违反法律，不得违背公序良俗。⑥节约原则。民事主体从事民事活动，应当有利于节约资源、保护生态环境。

2. 民事主体制度

民事主体是指在民事法律关系中独立享有民事权利和承担民事义务的自然人（公民）、法人和其他社会组织。

自然人从出生时起到死亡时止，具有民事权利能力，依法享有民事权利，承担民事义务。自然人的民事权利能力，是指法律赋予自然人享受民事权利和承担民事义务的资格。它是自然人取得民事权利和承担民事义务的前提条件。《民法典》规定，自然人的民事权利能力一律平等。

民事行为能力，是民事主体独立实施民事法律行为的资格。对此，《民法典》作出了如下规定：成年人为完全民事行为能力人，可以独立实施民事法律行为。十六周岁以上的未成年人，以自己的劳动收入为主要生活来源的，视为完全民事行为能力人。八周岁以上的未成年人为限制民事行为能力人，实施民事法律行为由其法定代理人代理或经其法定代理人同意、追认；但是，可以独立实施纯获利益的民事法律行为或者与其年龄、智力相适应的民事法律行为。不满八周岁的未成年人为无民事行为能力人，由其法定代理人代理实施民事法律行为。不能辨认自己行为的成年人为无民事行为能力人，由其法定代理人代理实施民事法律行为。不能完全辨认自己行为的成年人为限制民事行为能力人，实施民事法律行为由其法定代理人代理或者经其法定代理人同意、追认；但是，可以独立实施纯获利益的民事法律行为或者与其智力、精神健康状况相适应的民事法律行为。无民事行为能力人、限制民事行为能力人的监护人是其法定代理人。不能辨认或者不能完全辨认自己行为的成年人，其利害关系人或者有关组织，可以向人民法院申请认定该成年人为无民事行为能力人或者限制民事行为能力人。

法人是具有民事权利能力和民事行为能力，依法独立享有民事权利和承担民事义务的组织。《民法典》规定，法人应当依法成立。法人应当有自己的名称、组织机构、住所、财产或者经费。法人成立的具体条件和程序，依照法律、行政法规的规定。

设立法人，法律、行政法规规定须经有关机关批准的，依照其规定。法人的民事权利能力和民事行为能力，从法人成立时产生，到法人终止时消灭。法人以其全部财产独立承担民事责任。

3. 民事行为制度

民事主体必须通过自己的行为来取得权利和承担义务，如订立合同、订立遗嘱、设立公司，以及结婚、收养等。《民法典》分别规定了各种行为的成立条件、生效条件和法律后果。只有符合法律条件的行为，才属于民事法律行为，才符合当事人所预期的法律后果。《民法典》规定：民事法律行为是民事主体通过意思表示设立、变更、终止民事法律关系的行为。它必须具备的有效要件是：行为人具有相应的民事行为能力；意思表示真实；不违反法律、行政法规的强制性规定，不违背公序良俗。民事法律行为可以采用书面形式、口头形式或者其他形式。法律规定用特定形式的，应当依照法律规定实施。

由于民事主体不可能亲自进行所有的民事行为，而可以通过签订合同等形式委托他人代理，因此也就产生了代理制度。代理是指代理人在代理权限内，以本人（被代理人）名义向第三人（相对人）进行意思表示或受领意思表示，而该意思表示直接对本人生效的一种民事法律行为。以代理权产生原因的不同，可分为委托代理、法定代理和指定代理。代理活动产生的法律后果直接归属于被代理人。若是属于滥用代理权、无权代理的，都属无效代理，其所产生的法律后果均由行为人自行负责。

4. 民事权利制度

所谓民事权利，是指法律赋予民事主体在具体的民事法律关系中所享有的权利。

根据《民法典》，自然人的人身自由、人格尊严受法律保护。自然人享有生命权、身体权、健康权、姓名权、肖像权、名誉权、荣誉权、隐私权、婚姻自主权、继承权等权利。自然人的个人信息受法律保护。自然人因婚姻家庭关系等产生的人身权利受法律保护。法人、非法人组织享有名称权、名誉权和荣誉权。民事主体的财产权利受法律平等保护。

民事主体依法享有物权、债权、知识产权和其他投资性权利。

物权是权利人依法对特定的物享有直接支配和排他的权利，包括所有权、用益物权和担保物权。物权的种类和内容由法律规定。物包括不动产和动产。法律规定权利作为物权客体的，依照其规定。

为了公共利益的需要，依照法律规定的权限和程序征收、征用不动产或者动产的，应当给予公平、合理的补偿。

债权是因合同、侵权行为、无因管理、不当得利以及法律的其他规定，权利人请求特定义务人为或者不为一定行为的权利。

知识产权是权利人依法就作品，发明、实用新型、外观设计，商标，地理标志，商业秘密，集成电路布图设计，植物新品种，法律规定的其他客体等享有的专有的权利。

物权、债权、知识产权、继承权和身份权构成了完整的民事权利体系。民法分别就各种民事权利的产生、变更、移转、消灭设置了具体规则，分别构成各种民事权利制度。

5. 民事责任制度

民事责任，是指民事主体因违反民事义务或者侵犯他人的民事权利所应承担的法律责任。《民法典》规定，民事主体依照法律规定或者按照当事人约定，履行民事义务，承担民事责任。两人以上依法承担按份责任，能够确定责任大小的，各自承担相应的责任；难以确定责任大小的，平均承担责任。两人以上依法承担连带责任的，权利人有权请求部分或者全部连带责任人承担责任。连带责任人的责任份额根据各自的责任大小确定；难以确定责任大小的，平均承担责任。实际承担责任超过自己责任份额的连带责任人，有权向其他连带责任人追偿。连带责任，由法律规定或者当事人约定。

《民法典》规定，承担民事责任的方式主要有：①停止侵害；②排除妨碍；③消除危险；④返还财产；⑤恢复原状；⑥修理、重作、更换；⑦继续履行；⑧赔偿损失；⑨支付违约金；⑩消除影响、恢复名誉；⑪赔礼道歉。

同时，《民法典》还规定，因正当防卫造成损害的，不承担民事责任。正当防卫超过必要的限度，造成不应有的损害的，正当防卫人应当承担适当的民事责任。因紧急避险造成损害的，由引起险情发生的人承担民事责任。危险由自然原因引起的，紧急避险人不承担民事责任，可以给予适当补偿。紧急避险采取措施不当或者超过必要的限度，造成不应有的损害的，紧急避险人应当承担适当的民事责任。因保护他人民事权益使自己受到损害的，由侵权人承担民事责任，受益人可以给予适当补偿。没有侵权人、侵权人逃逸或者无力承担民事责任，受害人请求补偿的，受益人应当给予适当补偿。因自愿实施紧急救助行为造成受助人损害的，救助人不承担民事责任。侵害英雄烈士等的姓名、肖像、名誉、荣誉，损害社会公共利益的，应当承担民事责任。

因当事人一方的违约行为，损害对方人身权益、财产权益的，受损害方有权选择请求其承担违约责任或者侵权责任。民事主体因同一行为应当承担民事责任、行政责任和刑事责任的，承担行政责任或者刑事责任应不影响承担民事责任；民事主体的财产不足以支付的，优先用于承担民事责任。

6. 民事时效制度

为了督促权利人及时行使民事权利，《民法典》制定了诉讼时效制度。所谓诉讼时效，是指若民事权利受到侵害的权利人在法定的时效期内不行使权利，当时效期届满时，就丧失了请求人民法院依法诉讼程序强制义务人履行义务的权利。诉讼时效的适用，既有利于稳定社会经济秩序，又有利于督促权利人及时行使权利，适当维护义务人的权益，体现法律的公平性，还有利于人民法院及时收集证据审结案件。时效制度是一种强制性规范，当事人无权协商不受时效的约束，也无权自行决定时效期间的长短。

《民法典》规定，向人民法院请求保护民事权利的诉讼时效期间为三年。法律另有规定的，依照其规定。诉讼时效期间自权利人知道或者应当知道权利受到损害以及义务人之日起计算。法律另有规定的，依照其规定。但是，自权利受到损害之日起超过二十年的，人民法院不予保护，有特殊情况的，人民法院可以根据权利人的申请决定延长。当事人约定同一债务分期履行的，诉讼时效期间自最后一期履行期限届满之日起计算。无民事行为能力人或者限制民事行为能力人对其法定代理人的请求权的诉讼时效期间，自该法定代理终止之日起计算。未成年人遭受性侵害的损害赔偿请求权的诉讼时效期间，自受害人年满十八周岁之日起计算。

7. 合同法律制度

合同是民事主体之间设立、变更、终止民事法律关系的协议。

合同具有如下特征：①合同是两方或两方以上当事人的意思表示一致的民事法律行为。②合同是以设立、变更、终止民事权利义务关系为目的的民事法律行为。③合同是当事人各方在平等、自愿的基础上实施的民事法律行为。④合同是合法的民事行为，一经成立，即产生法律约束力。

我国法律对合同的订立、效力、履行、变更、转让、终止、违约责任等 15 项重要程序都作出了明确的规定。当事人订立合同，采用书面形式、口头形式和其他形式。其他形式是指不同于书面形式和口头形式的公证形式、鉴证形式等。订立合同采用何种形式，通常由当事人自由选择。但法律、行政法规规定采用书面形式的，或者当事人约定采用书面形式的，应当采用书面形式。

合同的内容由当事人约定，一般包括以下条款：①当事人的姓名或者名称和住所。②标的。③数量。④质量。⑤价款或者报酬。⑥履行期限、地点和方式。⑦违约责任。⑧解决争议的方法。当事人必须按照合同的约定全面履行自己的义务。当事人一方不履行合同义务或者履行合同义务不符合约定的，应当承担继续履行、采取补救措施或者赔偿损失等违约责任。

当事人订立合同均应经过两个步骤：

（1）要约。

要约是指一方当事人向对方当事人表示的希望与其订立合同的意思。前者称为要约人，后者称为受要约人。要约必须是特定人向相对人发出的意思表示，而相对人一般情况下应当是特定的人。要约必须具有缔结合同的目的，其内容必须具体、确定和完整；要约发出后，对方一旦作出承诺，合同即告成立。

（2）承诺。

承诺，是受要约人同意要约的意思表示。承诺必须由受要约人向要约人作出，而且须在有效期限内作出，其内容应与要约内容一致。承诺告知要约人时即开始生效，除法律特别规定或当事人特别约定外，要约一经承诺，合同即告成立。

8. 知识产权法律制度

知识产权是指人们对于自己的智力活动创造的成果和经营管理活动中的标记、信誉依法享有的权利。该权利为权利人所独享，它作为一种专有权，只在本国境内并在法律规定的期限内得到法律的承认和保护。知识产权一方面与特定人的人身有着密不可分的联系；另一方面，其中的某些财产权利也可以转让、赠予和继承。

知识产权法是调整在创造、使用和转让智力成果过程中发生的社会关系的法律规范的总称。我国关于知识产权的立法主要有《中华人民共和国著作权法》《中华人民共和国专利法》《中华人民共和国商标法》等专门法律及其大量关于知识产权的法规和规章。

（1）《中华人民共和国著作权法》。

著作权是著作权人对其文学、艺术、科学、技术作品依法享有的人身权和财产权。著作权法是有关著作权以及相关权益的取得、行使和保护的法律规范的总称。它调整的是作者、作品传播者和公众之间因著作权而产生的人身关系和财产关系。

我国著作权法保护下列形式的作品：文学作品，口述作品，音乐、戏剧、曲艺、舞蹈、杂技艺术作品，美术、建筑作品，摄影作品，电影作品和以类似摄制电影的方法创作的作品，工程设计图、产品设计图、地图、示意图等图形作品和模型作品，计算机软件，法律、行政法规规定的其他作品。但依法禁止出版、传播的作品，不受著作权法的保护。

著作权的内容包括人身权和财产权。著作人身权包括发表权、署名权、修改权、保护作品完整权等；著作财产权包括复制权、发行权、出租权、展览权、表演权、放映权、广播权、信息网络传播权、摄制权、改编权、翻译权、汇编权等。

（2）《中华人民共和国专利法》。

专利权是指国家专利机关依照专利法的规定，授予发明人、设计人或其所属单位，在一定期限内对某项发明创造所享有的专有权。专利法是调整因专利权的确认和使用而产生的各种社会关系的法律规范的总称。

我国专利法的保护对象是依照专利法可以授予专利的发明创造，包括发明、实用新型和外观设计。这三种发明创造依法获得专利权后，就分别被称为发明专利、实用新型专利和外观设计专利。

专利权的内容包括专利权人的权利和义务。专利权人的权利主要包括：①专有实施权，即依法对其获得专利的发明创造享有独占性制造、使用、销售的权利。②转让权，即有权以出售或赠予的方式转让专利的所有权。③许可权，即有权根据许可合同将专利的使用权转让给他人。④放弃权，即在其专利权有效期限届满前，有权以书面形式声明放弃该权利。⑤标记权，即有权在其专利产品或其包装上标明专利标记或专利号。

专利权人的义务主要包括：①缴纳专利年费，即在专利保护期内依照规定逐年向专利局缴纳费用。②依法行使专利权，即专利权人应实施或者许可他人实施其专利。③专利权的所有单位应当对职务发明创造的发明人或设计人给予奖励。

（3）《中华人民共和国商标法》。

商标作为商品和服务的标记，在商品经济社会中极为常见。商标是用以区别自己与他人生产、销售的商品或提供的服务等的特定标记。商标权是指商标权人依法对其注册商标享有的专用权。商标法是调整商标在注册、使用、管理和保护过程中发生的各种社会关系的法律规范的总和。

我国商标法的保护对象是注册商标。注册商标包括商品商标、服务商标和集体商标、证明商标等。注册商标必须具备法定的构成要素，即文字、图形、字母、数字、三维标志、颜色组合和声音等，以及上述要素的组合；必须具备显著特征，便于识别；必须不与他人注册的商标混同；必须不是禁用的标志。

商标权的内容，即商标权人的权利和义务。商标权人的权利包括：①专有使用权，即有排他地、独占地使用该项商标的权利。②转让权，即有转让或出售该项商标的权利。③继承权，即商标可由商标权人的继承人继承。④使用许可权，即商标权人可以在保留商标所有权的同时，通过许可合同允许合同另一方在一定条件下使用其商标。⑤续展权，即注册商标有效期满，需要继续使用的，商标权人可申请续展商标。⑥请求保护权。

商标权人的义务主要有：①依法缴纳各项商标费用。②保证注册商标商品的质量。③依法使用注册商标，不得自行改变注册商标的要素、注册人的名义、地址或其他注册事项。④不得自行转让注册商标等。

我国商标权的取得采用注册原则，只有经商标局核准注册的商标，才享有商标专用权，并受到法律的保护。商标专用权的保护期限是10年，自核准注册之日起计算。注册商标有效期限届满需要继续使用该商标的，应在期满前6个月内提出继续注册申请，每次续展的有效期限为10年。但在商标有效期限届满后6个月，宽展期内仍未提出续展注册申请的，注册商标予以注销。

商标权人的专用权受到侵害时，可依行政程序请求工商行政管理机关或依诉讼程序请求司法机关以下列方式予以保护：民事制裁、行政制裁、刑事制裁。

二、我国的刑事法律制度

刑法是规定犯罪、刑事责任和刑罚的法律。2020 年 12 月 26 日，第十三届全国人民代表大会常务委员会第二十四次会议通过《中华人民共和国刑法修正案（十一）》。修改后的刑法自 2021 年 3 月 1 日开始施行。中华人民共和国刑法的任务，是通过此同一切犯罪行为作斗争，以保卫国家安全，保卫人民民主专政的政权和社会主义制度，保护国有财产和劳动群众集体所有的财产，保护公民私人所有的财产，保护公民的人身权利、民主权利和其他权利，维护社会秩序、经济秩序，保障社会主义建设事业的顺利进行。

（一）犯罪概述

根据我国刑法规定，一切危害国家主权、领土完整和安全，分裂国家、颠覆人民民主专政的政权和推翻社会主义制度，破坏社会秩序和经济秩序，侵犯国有财产或者劳动群众集体所有的财产，侵犯公民私人所有的财产，侵犯公民的人身权利、民主权利和其他权利，以及其他危害社会的行为，依照法律应当受到处罚的，都是犯罪，但是情节显著轻微、危害不大的，不认为是犯罪。犯罪有以下三个基本特征：

第一，犯罪是危害社会的行为，即具有一定的社会危害性。这是犯罪最基本的特征。

第二，犯罪是违反刑法的行为，即具有刑事违法性。只有触犯刑法的行为才是犯罪，一般的违法行为不构成犯罪。

第三，犯罪是应当受刑罚处罚的行为，即具有应受处罚性。某一行为只有当其社会危害性较大，需要采取刑罚的手段加以制裁时，国家才在刑法中定其为犯罪。

1. 犯罪构成

犯罪构成是指依照我国刑法，决定某一具体行为的社会危害性及危害程度，而为该行为构成犯罪所需要的一切主观要件和客观要件的总和。犯罪构成的要素有犯罪主体、犯罪客体、犯罪主观方面和犯罪客观方面。一个人的行为必须同时具有这四个方面的要素，才能确定为犯罪，缺少任何一个方面都不构成犯罪。

（1）犯罪主体。

是指实施了危害社会的行为、依法应当承担刑事责任的自然人和单位。对实施严重危害社会行为的人，《中华人民共和国刑法》（以下简称《刑法》）第十七条作了如下具体规定：已满十六周岁的人犯罪，应当负刑事责任。已满十四周岁不满十六周岁的人，犯故意杀人、故意伤害致人重伤或者死亡、强奸、抢劫、贩卖毒品、放火、爆炸、投放危险物质罪的，应当负刑事责任。已满十二周岁不满十四周岁的人，犯故意杀人、故意伤害罪，致人死亡或者以特别残忍手段致人重伤造成严重残疾，情节恶劣，经最高人民检察院核准追诉的，应当负刑事责任。已满七十五周岁的人故意犯罪的，可以从轻或者减轻处罚；过失犯罪的，应当从轻或者减轻处罚。《刑法》第十八条规定：精神病人在不能辨认或者不能控制自己行为的时候造成危害结果，经法定程序鉴定确认的，不负刑事责任，但是应当责令他的家属或者监护人严加看管和医疗；在必要时，由政府强制医疗。间歇性的精神病人在精神正常时犯罪，应当负刑事责任。尚未完全丧失辨认或者控制自己行为能力的精神病人犯罪的，应当负刑事责任，但是可以从轻或者减轻处罚。醉酒的人犯罪，应当负刑事责任。

（2）犯罪客体。

是指刑法所保护的、为犯罪行为所危害的社会关系。如故意杀人罪、伤害罪的犯罪客体是人的生命权、健康权；盗窃罪、抢劫罪的犯罪客体是公私财物的所有权；故意泄露国家秘密罪的客体是国家保密制度等。犯罪客体不同于犯罪对象，犯罪对象是指直接受犯罪行为某种影响的具体物或者具体人。两者的区别主要表现在：第一，犯罪客体决定犯罪的性质，而犯罪对象不能决定犯罪的性质。第二，犯罪客体是任何犯罪构成的必备要件，没有犯罪客体，就没有犯罪的存在，而犯罪对象则不是每一个犯罪的必备要件，如逃脱罪、偷越（国）边境罪等并没有犯罪对象。第三，任何犯罪都必然使犯罪客体受到损害，但犯罪对象不一定受到损害，如偷窃、贪污、诈骗、窝藏、包庇等犯罪一般不会对犯罪对象造成损害。

（3）犯罪主观方面。

是指犯罪主体对自己的行为及其危害社会的结果所持有的心理态度，它包括罪过（犯罪故意和犯罪过失）、犯罪的目的和动机等几种因素：①

故意犯罪，是指行为人明知自己的行为会造成危害社会的结果而仍决意实施这种行为的主观心理态度。它包括希望和放任两种情况，前者对于危害结果抱积极追求的态度；后者则既不积极追求，也不设法避免，而是听其自然。②过失犯罪，包括两种情况：一种是疏忽大意的过失，指行为人应当预见自己的行为可能发生危害社会的结果，但由于疏忽大意而没有预见的主观心理态度；另一种是过于自信的过失，指行为人已经预见自己的行为可能发生危害社会的结果，但轻信能够避免的心理态度。③犯罪目的，是指行为人希望通过实施某种犯罪行为实现某种犯罪结果的心理态度。它只存在于直接故意犯罪中。④犯罪动机，是指推动犯罪人实施犯罪的内心起因。虽然犯罪动机一般不是犯罪构成的主观要素，但反映了犯罪人的主观恶性，对量刑具有一定意义。

（4）犯罪客观方面。

是指犯罪活动的外在表现，包括危害行为、危害结果，以及犯罪的时间、地点和方法等。危害行为是一切犯罪构成的必备要素，危害结果是绝大多数犯罪构成的要素，犯罪的时间、地点和方法仅仅是某些犯罪构成的要素。

2. 排除犯罪的事由

《刑法》规定：排除犯罪的事由主要有正当防卫和紧急避险。

（1）正当防卫。

《刑法》规定：为了使国家、公共利益、本人或者他人的人身、财产和其他权利免受正在进行的不法侵害，而采取的制止不法侵害的行为，对不法侵害人造成损害的，属于正当防卫，不负刑事责任。正当防卫明显超过必要限度造成重大损害的，应当负刑事责任，但是应当减轻或者免除处罚。对正在进行行凶、杀人、抢劫、强奸、绑架以及其他严重危及人身安全的暴力犯罪，采取防卫行为而造成不法侵害人伤亡的，不属于防卫过当，不负刑事责任。防卫行为在日常生活中屡有发生，但能否作为排除犯罪的事由，主要看它是否完全具备如下的法定条件：①防卫的对象必须是不法侵害行为，对于合法的行为，不能进行防卫。②不法侵害行为必须是正在进行的，"假想防卫""超前防卫""过时防卫"均不属于正当防卫。③防卫的目的必须是保护国家、公共利益、本人或者他人的人身、财产和其他权利。④防卫必须是针对不法侵害者本人，对于没有实施不法侵害行为的第三者，不能实行正当防卫。⑤防卫不能明显超过必要限度，否则属"防卫过当"，应负刑事责任（可视其情节减轻或免除处罚）。对正在进行的严重危及自身与他人人身安全的暴力犯罪，采取防卫行为造成不法侵害人伤亡的，不属于防卫过当，不负刑事责任。

（2）紧急避险。

《刑法》第二十一条规定，为了使国家、公共利益、本人或者他人的人身、财产和其他权利免受正在发生的危险，不得已采取的紧急避险行为，造成损害的，不负刑事责任。紧急避险超过必要限度造成不应有的损害的，应当负刑事责任，但是应当减轻或者免除处罚。紧急避险的行为必须符合如下条件：①必须是为了使国家、公共利益、本人或者他人的人身、财产和其他权利免受危险的损害。②必须有使合法利益遭受严重损害的危险正在发生。③必须是在迫不得已的情况下才实行，没有其他办法。④避险不能超过必要限度造成不应有的损害，即所损害的利益必须小于它所保护的合法利益，否则属避险过当。避险过当应负刑事责任，但可减轻或者免除处罚。

3. 故意犯罪形态

犯罪主要分为故意犯罪、过失犯罪两种情况。明知自己的行为会发生危害社会的结果，并且希望或者放任这种结果发生，因而构成犯罪的，是故意犯罪。故意犯罪，应当负刑事责任。应当预见自己的行为可能发生危害社会的结果，因为疏忽大意而没有预见，或者已经预见而轻信能够避免，以致发生这种结果的，是过失犯罪。过失犯罪，法律有规定的才负刑事责任。行为在客观上虽然造成了损害结果，若非出于故意或者过失，而是由于不能抗拒或者不能预见的原因所引起的，不是犯罪。

故意犯罪形态是指故意犯罪在其发展过程中，由于某种原因而停止下来的各种犯罪状态，如犯罪预备、犯罪未遂、犯罪中止。《刑法》规定：为了实施犯罪，准备工具、制造条件的，是犯罪预备；已经着手实行犯罪，由于犯罪分子意志以外的原因而未得逞的，是犯罪未遂。对于预备犯，可以比照既遂犯从轻、减轻处罚或者免除处罚。在犯罪过程中，自动放弃犯罪或者自动有效地防止犯罪结果发生的，是犯罪中止。对于中止犯，没有造成损害的，应当免除处罚；造成损害的，应当减轻处罚。犯罪既遂是指行为人故意实施的行为已经具备了某种犯罪构成的全部要素。

4. 共同犯罪

《刑法》规定，共同犯罪是指两人以上共同故意犯罪。两人以上共同过失犯罪，不以共同犯罪论处；应当负刑事责任的，按照他们所犯的罪分别处罚。构成共同犯罪必须符合三个条件：①共同犯罪的主体必须是两人以上。②行为人在主观方面要有共同的故意意识。③在客观方面必须有共同的犯罪行为，即各个共同犯罪人的行为围绕同一目标，侵害同一对象，共同形成一个犯罪整体行为。

我国刑法根据共同犯罪人的作用并适当考虑分工的情况，将共同犯罪人分为主犯、从犯、胁从犯与教唆犯，并规定了不同的刑事责任原则：①组织、领导犯罪集团进行犯罪活动的或者在共同犯罪中起主要作用的，是主犯。三人以上为共同实施犯罪而组成的较为固定的犯罪组织，是犯罪集团。对组织、领导犯罪集团的首要分子，按照集团所犯的全部罪行处罚。②从犯，是指在共同犯罪中起次要或辅助作用的犯罪人。对于从犯，应当从轻、减轻处罚或免除处罚。③胁从犯，是指被胁迫参与犯罪的人，对于胁从犯，应视其犯罪情节减轻或免除处罚。④教唆犯，是指故意教唆他人实施犯罪的人，应视其在共同犯罪中所起的作用处罚：教唆不满18周岁的人犯罪的，应从重处罚；如果被教唆的人没有犯被教唆的罪，对于教唆犯，可从轻或减轻处罚。

（二）刑罚制度

刑罚是由刑法规定的由国家审判机关依法对犯罪分子所适用的限制或者剥夺其某种权益的一种强制性的制裁方法。

1. 刑罚的体系

我国刑法所规定的刑罚体系由主刑和附加刑构成。

（1）主刑，是指对犯罪分子独立适用的主要刑罚方法。

主刑包括：①管制，即由人民法院依法判决，对犯罪分子不予关押，但限制其一定的人身自由并交由公安机关执行和人民群众监督改造。②拘役，即短期剥夺犯罪分子的人身自由，就近强制进行劳动改造。③有期徒刑，即剥夺犯罪分子一定期限的人身自由，实行强制劳动改造。④无期徒刑，即剥夺犯罪分子终身自由并强制进行劳动改造。⑤死刑，是剥夺犯罪分子生命的一种最严厉的刑罚。死刑缓期是我国独创的颇具人性的一个独立刑种。

（2）附加刑，是指补充主刑适用的刑罚方法。

附加刑包括：①罚金，即由人民法院判处犯罪人向国家缴纳一定数额的金钱。②剥夺政治权利，即剥夺犯罪人参加国家管理和政治活动的权利。③没收财产，即把犯罪分子个人所有财产的一部分或全部强制无偿地收归国有。④驱逐出境，即强迫犯罪的外国人离开中国国境。

2. 刑罚的裁量

刑罚的裁量，即指人民法院对犯罪分子依法予以量刑。量刑应当根据犯罪事实、性质、情节和对社会的危害程度，根据《刑法》予以判处。其种类主要有：①累犯，即被判处一定刑罚的犯罪人在刑罚执行完毕或被赦免后，在法定期限内又犯一定之罪的情况。对于累犯，从重处罚，但过失犯罪除外。②自首，分为一般自首和特别自首。对于自首的犯罪分子，可视其情节从轻、减轻或免除处罚。③立功，即犯罪人有立功表现的，可以从轻或减轻处罚；有重大立功表现的，可以减轻或免除处罚。④数罪并罚，即人民法院对一人犯数罪分别定罪量刑，并根据法定原则与方法，决定应当执行的刑罚。⑤缓刑，即人民法院对判处拘役三年以下有期徒刑的犯罪分子，根据其犯罪情节及悔罪表现暂缓执行原判刑罚，确实不致再危害社会的，则可以规定一定的考验期，暂缓其刑罚的执行；在考验期内，如果符合法定条件，则原判刑罚就不再执行。此外，我国刑法还对减刑、假释和追诉时效作出了相关的规定。

（三）犯罪种类

《刑法》以犯罪侵害的同类客体为基础，将犯罪行为分为以下十大类：

（1）危害国家安全罪。

是指故意危害中华人民共和国的主权、领土完整和安全，分裂国家，颠覆国家政权，推翻社会主义制度，危及国家安全的行为。主要有背叛国家罪，分裂国家罪，煽动分裂国家罪，武装叛乱、暴乱罪，颠覆国家政权罪、煽动颠覆国家政权罪，资助危害国家安全犯罪活动罪，投敌叛变罪，叛逃罪，间谍罪，资敌罪，以及为境外窃取、刺探、收买、非法提供国家秘密、情报罪等。

（2）危害公共安全罪。

是指故意或者过失地实施危害不特定多数人的生命、健康或者重大公私财产安全的行为。其中规定组织、领导恐怖活动组织的，处十年以上有期徒刑或者无期徒刑，并处没收财产；积极参加的，处三年以上十年以下有期徒刑，并处罚金；其他参加的，处三年以下有期徒刑、拘役、管制或者剥夺政治权利，可以并处罚金。对于违反交通运输管理法规，因而发生重大事故，致人重伤、死亡或者使公私财产遭受重大损失的，处三年以下有期徒刑或者拘役；交通运输肇事后逃逸或者有其他特别恶劣情节的，处三年以上七年以下有期徒刑；因逃逸致人死亡的，处七年以上有期徒刑。

（3）破坏社会主义市场经济秩序罪。

是指违反国家经济管理法规，干扰国家对市场经济的管理活动，破坏社会主义市场经济秩序，使国民经济受到严重损害的行为。包括生产、销售伪劣商品罪，走私罪，妨害对公司、企业的管理秩序罪，破坏金融管理秩序罪，金融诈骗罪，危害税收征管罪，侵犯知识产权罪，扰乱市场秩序罪。

（4）侵犯公民人身权利、民主权利罪。

是指故意或者过失地侵犯他人人身权利和其他与人身权利直接有关的权利，以及非法剥夺或者妨害公民自由行使依法享有的管理国家事务和参加社会政治活动等各项权利的行为。

（5）侵犯财产罪。

是指以非法占有为目的，攫取公私财物，或者故意毁坏公私财物，以及故意破坏生产经营的行为。

（6）妨害社会管理秩序罪。

是指妨害国家机关的正常管理活动或者司法机关的职能活动，破坏社会秩序的行为。

（7）危害国防利益罪。

是指故意或者过失危害国防利益，依照法律应受刑罚处罚的犯罪行为。

（8）贪污贿赂罪。

是指贪污、挪用、私分公共财物，索取、收受贿赂，或者以国家工作人员、国有单位为对象进行贿赂，收买公务行为、破坏公务行为廉洁性的行为。

（9）渎职罪。

是指国家机关工作人员滥用职权，玩忽职守，或者利用职权徇私舞弊，违背公务职责的公正性、廉洁性、勤勉性，妨害国家机关正常的职能活动，严重损害国家和人民利益的行为。

（10）军人违反职责罪。

是指军人违反职责，危害国家军事利益，依照法律应当受刑罚处罚的行为。

三、我国的行政法律制度

（一）行政法的概念和原则

行政法是调整国家行政机关在履行其职能的过程中发生的各种社会关系的法律规范的总称。其作用可分两个方面：一方面规范和约束行政机关的行政权力和行政行为，保护公民、法人和其他组织的正当权益；另一方面也规范和约束保护公民、法人和其他组织的行为，维护公共利益和社会秩序，提高社会公共事务管理的效率。

行政法调整的行政法律关系，其主体必有一方是行政主体（行政机关）；其内容必与行政权的行使相关；其双方关系为行政主体处于主导地位，享有行政优先权和自由裁量权，而且有权先行处理行政争议。

我国行政法的基本原则主要包括：①行政合法性原则，是指行政权力的存在和运用必须依据和符合法律，不得与法律相抵触。②行政合理性原则，是指行政行为在合法的前提下应尽可能做到合理、适当和公正。③行政应急性原则，是指行政主体为保障重大公共利益和维护社会秩序，在突发事件导致的紧急情况下可实施行政紧急行为。

（二）国家行政机关与公务员

国家行政机关是指根据宪法和有关组织法的规定设立的、享有并行使国家行政权、对国家各项行政事务进行组织和管理的机关。它相对于国家权力机关是执行机关，相对于行政相对人是行政主体。我国的国家行政机关体系由中央行政机关和地方行政机关组成。

行政机关公务员是依法代表行政机关行使政权的工作人员。根据《中华人民共和国公务员法》，公务员职务分为领导职务和非领导职务。其中，领导职务分为：国家级正职、副职；省部级正职、副职；厅局级正职、副职；县处级正职、副职；乡科级正职、副职。非领导职务层次在厅局级以下设置。综合管理类公务员的非领导职务分为巡视员、副巡视员、调研员、副调研员、主任科员、副主任科员、科员、办事员。

（三）行政行为

行政行为是行政主体运用行政权力针对行政相对人作出的、能够产生一定法律效果的行为。根据行政行为所针对的行政相对人是否特定这一标准，可以将行政行为分为抽象行政行为和具体行政行为。

（1）抽象行政行为。

抽象行政行为是指行政主体针对不特定行政相对人，制定行政法规、行政规章及其他具有普遍约束力的规范性文件的行为。在我国，行政法规是指国务院为领导和管理国家各项行政工作，根据宪法和法律，按照有关程序制定发布的政治、经济、教育、科技、文化、外事等各类法规的总称。行政规章是指特定行政机关根据法律和法规，依据法定权限和程序制定的、具有普遍约束力的规范性文件的总称。行政规章通常分为两类：一类是部门规章，由国务院有关部门依法定程序制定；一类是地方政府规章。其他有普遍约束力的规范性文件，是指行政机关针对不特定对象发布的能反复适用的行政决定、命令等。

（2）具体行政行为。

具体行政行为是指行政主体依法针对具体事项或特定相对人，具体适用行政法律规范作出处理决定的行为。主要包括：①行政许可，亦称"行政审批"，是指行政主体根据行政相对人提出的申请，经依法审查，准予其从事特定活动、认可其资格资质或者确立其特定主体资格、特定身份的行为。②行政强制，是指行政主体为实现一定的行政目的，依法采取强制措施对相对人的人身或财产予以强行处置的行为。③行政征收，是指行政主体根据法律规定，以强制方式无偿取得相对人财产所有权的行为。④行政奖励，是指行政主体为实现行政目的，对严格遵守行政法规范并作出一定成绩的相对人，给予精神鼓励或物质奖励的行为。⑤行政惩戒，又称行政制裁，是指行政主体对违反行政法规范的行政相对人，依职权追究行政法律责任的行为。⑥行政裁决，是指行政主体运用其职权依法处理特定民事纠纷的行为。⑦行政合同，又称行政契约，是指行政主体为实现行政目的而与相对人达成的协议。

（四）行政责任

行政责任，是指行政主体因其行政行为违反行政法律规范而依法承担的法律责任。行政违法或不当是行政责任得以形成的前提条件和直接根据。主要表现为：实施行政行为的主要证据不足或事实不清；缺乏法律法规依据或依据错误；违反法定程序；超越法定权限；滥用职权；不履行法定职责；行为内容显失公正等。行政责任追究必须遵循责任法定原则和责任与违法程度相一致原则，其方式主要有：通报批评；赔礼道歉、恢复名誉、消除影响；返还权益；撤销违法行政行为；纠正不当行政行为；履行法定职责；行政赔偿等。

（五）行政处罚与行政复议

行政处罚，是指行政主体依法定职权和程序对构成行政违法行为的相对人实施行政制裁的具体行政行为。行政处罚属外部行政行为，不同于内部行政行为的行政处分，也不同于惩罚犯罪的刑罚。行政处罚法，是国家关于设定和实施行政处罚的法律规范的总称，我国于1996年颁布的《中华人民共和国行政处罚法》，系统规定了行政处罚的种类和设定、处罚的实施机关、处罚的管辖和适用、处罚的程序以及法律责任等内容。根据该法，行政处罚的种类包括：警告；罚款；没收违法所得，没收非法财物；责令停产停业；暂扣或者吊销许可证，暂扣或者吊销执照；行政拘留等。除法律、法规和规章以外的其他规范性文件，不得擅自设定行政处罚。

行政复议，是指行政机关行使上级行政机关对下级行政机关的监督权，在当事人的申请和参与下，按照行政复议程序对具体行政行为进行合法性和适当性审查，并作出裁决，以解决行政侵权争议的活动。1999年颁布的《中华人民共和国行政复议法》，对行政复议范围、行政复议管辖、行政复议程序等都作了具体明确的规定。

四、我国的经济法律制度

（一）经济法的概念和体系

经济法是调整国家在协调经济运行过程中所发生的经济关系的法律规范的总称。经济法律关系，是指经济法所确认的，在国家对市场活动进行组织、管理、监督和调控的过程中，当事人之间所形成的具有权利义务内容的经济关系，它是一定经济关系在法律上的表现。

我国经济法主要包括市场规制法和宏观调控法两部分。市场规制法是调整在市场规制过程中发生的经济关系的法律规范的总称，它是国家依照法律和相关规则对市场主体的自由竞争和交易行为进行的管理和干预。宏观调控法是调整在宏观调控过程中发生的经济关系的法律规范的总称。

（二）消费者权益保护法

消费者权益保护法是调整在保护公民消费权益过程中所产生的社会关系的法律规范的总称。《中华人民共和国消费者权益保护法》（以下简称《消费者权益保护法》）规定，消费者主要享有下列权利：①人身、财产安全不受损害的权利。②知悉商品或者服务的真实情况的权利。③自主选择商品或服务的权利。④公平交易的权利。⑤受到人身、财产损害时，依法获得赔偿的权利。⑥依法成立维护自身合法权益的社会组织的权利。⑦人格尊严、民族风俗习惯得到尊重的权利。⑧监督批评权。

当消费者与经营者之间发生权益争议时，根据《消费者权益保护法》，可通过下列途径解决：①与经营者协商和解。②请求消费者协会调解。③向有关行政部门（工商行政管理部门、物价部门、技术质量监督部门等）申诉，求得行政救济。④提请仲裁。⑤向人民法院提起诉讼。对侵害消费者合法权益的行为，依法追究经营者的民事、行政或刑事等责任。

（三）税收法律制度

税法是调整税收关系的法律规范的总称。税收法律关系是由税收法律规范调整的、征税主体与纳税人之间发生的具有权利义务内容的社会关系。税收法律关系的一方主体始终是国家。税法的构成要素主要包括税法主体、征税对象、税基、税目、税率、税收减免、纳税地点、纳税时间和税法责任等。

税法由税收体制法、税收征纳实体法、税收征纳程序法等组成。其中，我国税收征纳实体法主要包括：

（1）商品税法。

商品税是以商品为征税对象，以依法确定的商品的流转额为计税依据而征收的一类税。商品税法主要包括增值税法、消费税法、营业税法和关税法。

（2）所得税法。

所得税法是以主体所得为征税对象，向获取所得的主体征收的一类税。所得税主要分为企业所得税和个人所得税两类。

（3）财产税法。

财产税是以财产为征税对象，并由对财产进行占有、使用或收益的主体缴纳的一类税，如资源税、房产税、土地使用税等。

我国税收征纳程序法律制度主要包括税务管理制度、税款征收制度、税务检查制度、税务代理制度等。《中华人民共和国税收征收管理法》（以下简称《税收征收管理法》）和《中华人民共和国税收征收管理法实施细则》规定了我国税收征纳法律程序制度。《税收征收管理法》规定，任何机关、单位和个人不得违反法律、行政法规的规定，擅自作出税收开征、停征以及减税、免税、退税、补税和其他同税收法律、行政法规相抵触的决定。纳税人、扣缴义务人必须依照法律、行政法规的规定缴纳税款、代扣代缴、代收代缴税款。

第三节　当代中国诉讼法律制度

诉讼是指国家司法机关在当事人和其他诉讼参与人的参加下，按照法定程序解决各种案件争讼的专门活动。诉讼法则是由国家制定的关于上述诉讼活动进行时必须遵守的法律规范的总称。就狭义而言，我国现行的诉讼法主要包括《中华人民共和国行政诉讼法》（以下简称《行政诉讼法》）、《中华人民共和国民事诉讼法》（以下简称《民事诉讼法》）和《中华人民共和国行政诉讼法》（以下简称《刑事诉讼法》）。

一、我国的行政诉讼法律制度

国家行政机关或法律法规授权的组织（以下合称行政主体）在行使行政权过程中，时常会发生行政争议或侵害行政相对人的正当权益等行为，行政相对人可向人民法院提起行政诉讼，要求法院依法作出公正合法的判决。我国的《行政诉讼法》对行政诉讼的受案范围、管辖、诉讼参加人、证据、起诉、受理、审理、判决、执行等问题，都作了严格的规定。

1. 行政诉讼的概念、受案范围和参加人

（1）行政诉讼的概念。

行政诉讼是指国家审判机关应公民、法人或者其他组织（以下合称行政相对人）的请求，通过审查行政行为合法性的方式，解决特定范围内行政争议的活动。行政诉讼法是有关行政诉讼的法律规范的总称。

（2）行政诉讼的受案范围。

行政诉讼的受案范围是指人民法院解决行政争议的范围和权限，包括法院所受理的行政案件的范围：有行政许可、行政处罚、行政强制措施等案件，有抚恤金案件、侵犯法律规定的经营自主权案件、不履行法定职责案件，还有违法要求履行义务案件、其他侵犯人身权与财产权案件以及法律法规规定可以起诉的其他行政案件等。

（3）行政诉讼参加人。

行政诉讼参加人是指因起诉或者应诉参加行政诉讼活动的人，包括当事人和诉讼代理人。行政诉讼当事人，是指因具体行政行为发生争议，以自己的名义进行诉讼，并受人民法院裁判约束的主体，包括原告、被告、共同诉讼人以及第三人。原告是指认为具体行政行为侵犯其合法权益，依法向人民法院提起诉讼的行政相对人；被告是指由原告指控其具体行政行为违法，经人民法院通知应诉的行政主体；第三人是指因与被提起行政诉讼的具体行政行为有利害关系，通过申请或法院通知形式，参加到诉讼中来的当事人。诉讼代理人是指以当事人名义，在代理权限内，代理当事人进行诉讼活动的人。

2. 行政诉讼程序

（1）起诉与受理。

起诉是指行政相对人认为行政主体的具体行政行为侵犯其合法权益，依法请求人民法院行使国家审判权给予救济的诉讼行为。提起行政诉讼应符合以下条件：①原告是认为具体行政行为侵犯其合法权益的公民、法人或者其他组织。②有明确的被告。③有具体的诉讼请求和事实根据。④属于人民法院的受案范围和受诉人民法院管辖。⑤法律、法规规定在起诉前必须向行政机关申请复议的，应经过行政复议，或者复议机关逾期不作复议决定后才能起诉。

人民法院接到原告的起诉状后，经审查认为符合法定受理条件的，应当在七日内立案，并通知原告；认为起诉不符合条件的，应当在七日内裁定不予受理。原告对不予受理的裁定不服，可以在收到裁定之日起十日内向上一级法院提起上诉。

（2）行政诉讼的第一审程序。

行政诉讼的第一审程序是指人民法院自立案至作出第一审判决的诉讼程序，是行政审判的基础程序，具体包括审理前的准备和庭审。一般的庭审程序分为六个阶段：开庭准备、开庭审理、法庭调查、法庭辩论、合议庭评议、宣读判决。人民法院审理第一审行政案件，应当自立案之日起三个月内作出判决。

（3）行政诉讼的第二审程序。

行政诉讼的第二审程序是指当事人不服地方各级人民法院尚未生效的第一审判决或裁定，依法向上一级人民法院提起上诉，上一级人民法院据此对案件进行再次审理所适用的程序。当事人不服人民法院第一审判决的，有权在判决书送达之日起十五日内向上一级人民法院提起上诉。当事人不服人民法院第一审裁定的，有权在裁定书送达之日起十日内向上一级人民法院提起上诉。第二审人民法院审理上诉案件，除特别规定外，均适用第一审程序，而且应当自收到上诉状之日起两个月内作出终审判决。我国实行两审终审制度。

（4）行政诉讼审判监督程序。

行政诉讼审判监督程序是指人民法院发现已经发生法律效力的判决或裁定违反法律或法规规定，依法对案件再次进行审理的程序。对于已经发生法律效力的判决、裁定，若发现其违反法律、法规规定并认为需要再审的，人民法院院长有权提交审判委员会决定是否再审；上级人民法院有权提审或指令下级人民法院再审；人民检察院有权按照审判监督程序提出抗诉，对此，人民法院应当再审。人民法院开庭审理抗诉案件时，应当通知人民检察院派员出庭。当事人对已经发生法律效力的判决、裁定，认为确有错误的，可以向原审人民法院或者上一级人民法院提出申诉，但判决、裁定不停止执行。

二、我国的民事诉讼法律制度

在市场经济条件下，改革纵深发展与经济繁荣昌盛的同时，各种利益矛盾和民事纠纷也日益增多，人民法院受理的民事诉讼案数量逐年上升。这表明，人们的维权意识和法制观念正在逐步增强，学会借助民事诉讼途径解决民事纠纷，以及时化解矛盾，维护社会稳定，促进社会和谐。

1. 民事诉讼的概念、管辖与当事人

（1）民事诉讼。

是指法院在当事人和其他诉讼参与人的参加下，以审理、判决、执行等方式解决民事纠纷的活动，以及由这些活动产生的各种诉讼关系的总和。民事诉讼法是由国家制定的规范法院和诉讼参与人的各种诉讼关系的法律规范的总称。

（2）民事诉讼管辖。

是指各级人民法院或同级人民法院受理第一审民事纠纷案件的权限和分工。主要包括：①级别管辖，是指上下级人民法院之间受理第一审民事案件的分工和权限。它解决人民法院内部的纵向分工。各级人民法院根据案件性质、繁简程度以及影响范围的不同，管辖不同的第一审民事案件。②地域管辖，是指同级人民法院之间在各自辖区受理第一审民事案件的权限分工，它主要解决法院内部的横向分工问题。③专属管辖，是指法律规定某些特殊类型的案件专门由特定法院管辖。④裁定管辖，是指法院以裁定方式确定诉讼的管辖。民事诉讼法规定的裁定管辖有三种，即移送管辖、指定管辖和管辖权的转移。

（3）民事诉讼当事人。

是指因民事权利义务发生争议，以自己的名义进行诉讼，要求人民法院行使民事裁判权的人。狭义上的当事人，仅指原告和被告；广义上的当事人，还包括共同诉讼人、第三人。原告，是指为维护自己或自己所管理的他人的民事权益，而以自己的名义向法院起诉，从而引起民事诉讼程序发生的人。被告，是指被原告诉称侵犯原告民事权益或与原告发生民事争议，而由法院通知应诉的人。共同诉讼，是指当事人一方或双方为两人以上的诉讼。原告为两人或两人以上的称共同原告；被告为两人或两人以上的称共同被告。共同原告和共同被告都叫作共同诉讼人。民事诉讼的第三人，是指对原告和被告所争议的诉讼标的有独立的请求权，或者虽然没有独立的请求权，但与案件的处理结果有法律上的利害关系，而参加到正在进行的诉讼中去的人。诉讼代理人，是指根据法律规定或当事人的委托，代当事人进行民事诉讼活动的人。民事诉讼代理人包括法定诉讼代理人和委托诉讼代理人两类。

2. 民事诉讼审判程序

（1）第一审普通程序。

即人民法院审理民事纠纷案件，除简单的民事纠纷案件外，都适用第一审普通程序。主要包括起诉与受理、审理前的准备、开庭审理、宣判等。

（2）简易程序。

是简化了的普通程序，是指基层人民法院及其派出法庭审理简单民事案件所运用的一种独立的简便易行的诉讼程序。在审判实践中，简单的民事案件一般是指那些事实清楚、情节简单、争议不大、影响较小的案件。

（3）第二审程序。

是指当事人不服第一审裁判，在上诉期内提出上诉，由上一级人民法院对案件进行审理的程序。上诉必须在法定的上诉期限内提出。

（4）审判监督程序。

是指人民法院发现已经发生法律效力的判决或裁定确有错误，依法重新审理案件并作出裁判的程序。

（5）民事诉讼的特别程序。

是指人民法院对非民事权益冲突案件的审理程序。特别程序的适用范围包括：选民资格案件，宣告公民失踪、宣告死亡案件，认定公民无行为能力或限制行为能力的案件，认定财产无主案件等。

（6）督促程序。

是指人民法院根据债权人要求债务人给付金钱或有价证券的申请，向债务人发出有条件的支付命令，若债务人逾期不履行，人民法院可强制执行的程序。

（7）公示催告程序。

是指人民法院根据当事人基于法定理由而提出的申请，以告示的方式催告不明的利害关系人在法定期间内申报权利，逾期不申报权利就进行除权判决的程序。

（8）企业法人破产还债程序。

是指人民法院根据债权人或债务人的申请，对因严重亏损、无力清偿到期债务的企业法人，宣告破产，进行清产还债的法律程序。

（9）执行程序。

指人民法院根据一方当事人的申请或依职权采取法定措施，强制不履行义务的一方当事人履行已经发生法律效力的民事判决、裁定、调解书及其他法律文书的程序。

三、我国的刑事诉讼法律制度

刑事诉讼是国家司法机关认定和追究犯罪分子刑事责任的活动。刑事诉讼直接决定犯罪嫌疑人、被告人是否有罪和承担刑事责任以及构成何种犯罪、承担何种刑事责任的问题，因而事关重大。有人认为，只要自己远离犯罪，刑事诉讼和刑事诉讼法就跟自己无关。但一个人不犯罪，仍有可能以刑事诉讼的证人、鉴定人或翻译人员等身份参与刑事诉讼中，因此，掌握刑事诉讼法律知识仍有必要。

1. 刑事诉讼法概述

在我国，刑事诉讼是指人民法院、人民检察院和公安机关在当事人及其他诉讼参与人的参加下，依照法定程序，追究犯罪，确定被追诉者刑事责任的活动。刑事诉讼法，是指国家制定或认可的调整刑事诉讼活动的法律规范的总称。

（1）刑事诉讼参与人。

刑事诉讼参与人是指在刑事诉讼过程中享有一定诉讼权利，承担一定诉讼义务的除国家专门机关工作人员以外的人。《刑事诉讼法》规定，诉讼参与人包括当事人、法定代理人、诉讼代理人、辩护人、证人、鉴定人和翻译人员。当事人是指与案件事实和诉讼结果有切身利害关系，在诉讼中分别处于控诉或辩护地位的主要诉讼参与人，是主要诉讼主体，具体包括被害人、自诉人、犯罪嫌疑人、被告人、附带民事诉讼当事人。其他诉讼参与人，是指除当事人以外的诉讼参与人。他们在诉讼中是一般的诉讼主体，具有与其诉讼地位相应的诉讼权利和义务。

（2）刑事诉讼的管辖、回避、辩护和代理。

刑事诉讼的管辖是指公安机关、检察机关和审判机关等在直接受理刑事案件上的权限划分以及审判机关系统内部在审理第一审刑事案件上的权限划分。它分为立案管辖和审判管辖两大类。

刑事诉讼中的回避，是指侦查人员、检察人员、审判人员等对案件有某种利害关系或者其他特殊关系，可能影响案件的公正处理，不得参与办理本案的一项诉讼制度。回避分为自行回避、申请回避和指定回避三种。

刑事诉讼中的辩护，是指犯罪嫌疑人、被告人及其辩护人针对控诉方的指控，为犯罪嫌疑人或被告人进行无罪、罪轻、减轻或免除罪责的反驳和辩解，以维护其合法权益的诉讼行为。辩护可分为自行辩护、委托辩护和指定辩护三种。

刑事诉讼中的代理，是指代理人接受公诉案件的被害人及其法定代理人或者近亲属、自诉案件的自诉人及其法定代理人、附带民事诉讼的当事人及其法定代理人的委托，以被代理人的名义参加诉讼活动，由被代理人承担代理行为法律后果的一项法律制度。

（3）刑事诉讼证据、强制措施和附带民事诉讼。

刑事诉讼证据的种类包括：物证；书证；证人证言；被害人陈述；犯罪嫌疑人、被告人供述和辩解；鉴定意见；勘验、检查辨认、侦查实验等笔录；视听资料、电子数据。刑事诉讼中的强制措施，是指公安机关、人民检察院和人民法院为保证刑事诉讼的顺利进行，依法对犯罪嫌疑人、被告人的人身自由进行暂时限制或依法剥夺的各种强制性措施、办法。根据我国《刑事诉讼法》的规定，强制措施有拘传、取保候审、监视居住、拘留和逮捕。刑事附带民事诉讼是指司法机关在刑事诉讼的过程中，在解决被告人刑事责任的同时，附带解决因被告人的犯罪行为所造成的物质损失的赔偿问题而进行的诉讼活动。

2. 刑事诉讼程序

（1）立案和侦查。

立案是指公安机关、人民检察院、人民法院对报案、控告、举报和犯罪人的自首等方面的材料进行审查，以判明是否有犯罪事实并是否需要追究刑事责任，依法决定是否作为刑事案件交付侦查或审判的诉讼活动。侦查是指侦查机关在办理刑事案件的过程中，依照法律进行的专门调查工作和实施的有关强制性措施。侦查行为包括：讯问犯罪嫌疑人，询问证人，勘验、检查，搜查，查封、扣押物证、书证，鉴定，辨认，通缉等。

（2）刑事起诉。

刑事起诉是指享有控诉权的国家机关和公民依法向人民法院提起诉讼，要求人民法院对指控的犯罪行为进行审判，以追究被告人刑事责任的诉讼活动。我国实行的是以公诉为主、自诉为辅的起诉模式。

（3）刑事审判程序。

刑事审判程序是指人民法院审理刑事案件的步骤和方式、方法的总和。我国刑事诉讼法规定了以下几种基本的审判程序：①一审程序，是指人民法院根据审判管辖的规定，对人民检察院提起公诉和自诉人自诉的案件进行初次审判的程序。②二审程序，是指人民法院对上诉、抗诉案件进行审判的程序。③案件的复核程序，包括死刑复核程序以及人民法院根据《刑法》第六十三条第二款规定"犯罪分子虽然不具有本法规定的减轻处罚情节，但是根据案件的特殊情况，经最高人民法院核准，也可以在法定刑以下判处刑罚"的案件的复核程序。④审判监督程序，这是对已经发生法律效力的判决、裁定，在发现其确有错误时，进行重新审判的程序。根据审判监督程序进行审判的案件，如果原来是一审案件，应依照一审程序进行审判；如果原来是二审案件，则应依照二审程序进行审判。

（4）执行程序。

执行程序是指将已经发生法律效力的判决、裁定所确定的内容付诸实施而进行的活动。其中包括对确定的刑罚给予一定限度的变更和调整，如执行过程中的减刑、假释等刑罚。

四、我国的仲裁法律制度

由于仲裁具有充分尊重当事人的选择、费用较低、结案速度较快等优点，因此，当今人们选择仲裁途径解决纠纷已成为非常普遍的现象，也成为当今国际上公认并广泛采用的解决经济纠纷的重要手段。

1. 仲裁概述

仲裁是指发生争议的双方当事人，根据其在争议发生之前或之后所达成的协议，自愿将该争议提交中立的第三者进行裁判的争议解决制度和方式。平等主体的公民、法人和其他组织之间发生的合同纠纷和其他财产权益纠纷，可以仲裁。仲裁法是国家制定或认可的，是规范仲裁法律关系主体的行为和调整仲裁法律关系的法律规范的总称。其基本原则有：自愿原则，即公平合理合法解决纠纷原则；独立仲裁原则，其基本制度包括协议仲裁制度、或裁或审制度、一裁终局制度。

根据我国仲裁法规定，仲裁委员会既可以在直辖市和省、自治区人民政府所在地的市设立，还可以根据需要在其他设区的市设立，还可以不按行政区划层层设立。仲裁委员会由前款规定的市的人民政府组织有关部门和商会统一组建。设立仲裁委员会，应当经省、自治区、直辖市的司法行政部门登记。仲裁委员会独立于行政机关，与行政机关没有隶属关系。仲裁委员会之间也不存在隶属关系。

仲裁协议是指双方当事人自愿将他们之间已经发生或将来有可能发生的争议提交仲裁解决的协议，包括合同中订立的仲裁条款和以其他书面方式在纠纷发生之前或之后达成的请求仲裁的协议。有效的仲裁协议一般具备以下内容：请求仲裁的意思表示、仲裁事项和选定的仲裁委员会等。仲裁协议独立存在，合同的变更、解除、终止或者无效均不影响仲裁协议的效力。仲裁协议在仲裁制度中具有极为重要的作用，是整个仲裁制度的基石。

2. 仲裁程序

（1）申请与受理。

当事人申请仲裁应当符合下列条件：有仲裁协议；有具体的仲裁请求和事实、理由；属于仲裁委员会的受理范围。仲裁委员会收到仲裁申请书之日起 5 日内，认为符合条件的，则应当受理并通知当事人；认为不符合条件的，则应当书面通知当事人不予受理，并说明理由。仲裁委员会受理仲裁申请后，应当在仲裁规则规定的期限内，将仲裁规则和仲裁员名册送达申请人，并将仲裁申请书副本和仲裁规则、仲裁员名册送达被申请人。

（2）仲裁庭的组成。

仲裁庭可由三名仲裁员组成并设首席仲裁员。当事人约定此类仲裁庭的，应当各自选定或各自委托仲裁委员会主任指定一名仲裁员，第三名仲裁员由当事人共同选定或共同委托仲裁委员会主任指定。第三名仲裁员是首席仲裁员。仲裁庭也可由一名仲裁员组成。当事人约定此类仲裁庭的，应当由当事人共同选定或共同委托仲裁委员会主任指定仲裁员。仲裁庭组成后，仲裁委员会应当及时将仲裁庭的组成情况以书面的形式通知当事人。

（3）仲裁审理。

仲裁审理是指仲裁庭按照法律规定的程序和方式，对当事人交付仲裁的争议事项作出裁决的活动。仲裁审理是仲裁程序的中心环节，应当开庭进行。当事人协议不开庭的，仲裁庭可以根据仲裁申请书、答辩书以及其他材料作出裁决。仲裁原则上不公开进行。若当事人协议公开的，可以公开进行，但涉及国家秘密的除外。在证据方面，当事人应当为自己的主张提供证据；仲裁庭认为有必要收集的证据，可以自行收集；在证据可能灭失或者以后难以取得的情况下，当事人可以申请证据保全。当事人在仲裁过程中有权进行辩论。辩论终结时，首席仲裁员或独任仲裁员应当征询当事人的最后意见，并将开庭情况记入笔录。

（4）仲裁中的和解、调解和裁决。

当事人申请仲裁后，可以自行和解。达成和解协议的，可以请求仲裁庭根据和解协议作出裁决书，也可以撤回仲裁申请。当事人达成和解协议，撤回仲裁申请后又反悔的，可以根据仲裁协议申请仲裁。仲裁庭在作出裁决前，可以先行调解。当事人自愿调解的，仲裁庭应当调解。调解不成的，仲裁庭应当及时作出裁决。调解达成协议的，仲裁庭应当制作调解书或根据协议的结果制作裁决书。调解书与裁决书具有同等法律效力。裁决应当按照多数仲裁员的意见作出，少数仲裁员的不同意见可以记入笔录。当仲裁庭不能形成多数意见时，裁决应当按照首席仲裁员的意见作出。裁决书自作出之日起即发生法律效力。

【阅读链接】

3·15 维权：不许自带食品饮料是否合理

消费维权来电：

消费者刘女士向我们提出疑问：为什么只能购买影院指定的饮料而不能自带饮料？为此，我们咨询了多家影院，都被告知一直执行不许自带食品饮料的规定。

影院经理的说法：

"我们是为了保障观影效果。"据某影城的一位经理介绍，看电影是公共场所内进行的集体行为，禁止自带食品饮料是一种惯例，为的就是防止观众带着食用时会发出较大声响或者有异味的食品进入影院，影响他人观影。影院自己出售的饮料则可以避免这些问题。

并不是所有影院都谢绝自带饮料食品。如青年宫、大观楼等相对老旧的影院对此并无严格限制。业内人士告诉记者，五星级新影院成本很高，要收回投入就要设立一些附加消费，出售价格稍高的食品饮料就是手段之一。

不过，尽管影院"上有政策"，观众也"下有对策"。一些观众把饮料食品放在包内带进影院，也有人在影院内把瓜子嗑得嘎嘣响。有观众提出，正大光明买票看电影，这种偷偷摸摸带食品进场的感觉实在不好。电影院虽然拒绝观众公开拿着食物进入，但对这种"私藏夹带"行为却没有治理。这不禁让人心生疑虑：电影院拿管理当幌子，为的就是卖自己的食品饮料？

刘女士的遭遇：

买了票去看电影，消费者刘女士却在检票口被拦了下来。工作人员指着她正在喝的半瓶饮料说，影院不许自带饮料，可以寄存或者扔掉。然而，影院自己出售的食品饮料，消费者购买之后却可以顺利带入。望着售货架上和自己手里一模一样的饮料，刘女士实在不理解，为何在影院买的就能带入，自己购买的就不行？

我们随机询问了几位购票者是否知道这个规定，是否看到过影院的提醒。一位购票者表示，提醒没注意看，不过一直以来都是这样，已经习惯了。另一位购票者告诉记者，可以偷偷将食品饮料放在包里带进去，这样就不会被查出来。

律师点评：

目前在法律上没有依据认定影院这样规定是霸王条款，如果影院事先进行了提示，消费者还买了票，可以认定影院和消费者之间达成了某种协议。影院不允许观众自带饮料是出于自身经济利益的考量。影院自己销售的饮料比观众自带的同款饮料价格要高，于是卖食品、饮料也成了影院收益的一部分。在以往消费者对影院不许自带食品、饮料的起诉案例中，因为缺乏法律依据，消费者多为败诉。

（《不许自带食品消费是否合理》，选自华律网 https：//www.66law.cn/laws/109963.aspx，有改动）

【思考】

1. 如何理解我国宪法的地位和作用？

2. 我国的民法基本原则与民事权利制度体现了哪些人文精神？

3. 审判某犯罪嫌疑人是否构成犯罪的刑法依据是什么？掌握它有何法律意义？

4. 什么是行政诉讼？行政诉讼的目的与任务是什么？

5. 什么是民事诉讼？在举证责任上与行政诉讼有什么不同？

【推荐阅读】

1. 许崇德. 宪法学：中国部分［M］. 2 版. 北京：高等教育出版社，2005.

本书由我国研究宪法学的专家学者编写，在介绍我国宪法与宪法学产生及发展的基础上，系统而详尽地论述了我国宪法各项基本制度及相关理论，并适时地吸收反映了中国共产党的十四大、十五大、十六大有关的重大理论发展以及八届人大、九届人大、十届人大对宪法修改后的新内容。

2. 彭万林. 民法学［M］. 北京：中国政法大学出版社，1994.

本书在吸收国内外法学研究、法学教育新成果、新经验的基础上，坚持理论联系实际的原则，做到了科学性、系统性和实用性的统一。通过民法案例与法学理论分析结合的方式系统全面地介绍了民法的基本知识，同时提出了许多新观点和新论断，是学习民法的必备参考书。

3. 高铭暄，马克昌. 刑法学［M］. 北京：中国法制出版社，1999.

本书是司法部法学编辑部编审的《刑法学》，该书在具有体系科学、结构完整、知识稳定成熟、理论联系实际等特点的基础上，全面准确地反映了当时我国刑事法治的发展变化，总结和体现了司法实践中的新经验和新情况，研究和合理吸纳了刑法理论研究的新进展、新成果。全书分上、下两编，共32章，主要包括刑法的基本原则、犯罪构成、排除犯罪性的行为、故意犯罪的停止形态、刑罚裁量、刑罚执行、金融诈骗罪等内容。

4. 张树义，张力. 行政法与行政诉讼法学［M］. 3版. 北京：高等教育出版社，2015.

本书入选了教育部"普通高等教育'十一五'国家级规划教材"。本书反映了行政法领域的最新立法成果和司法实践中新的发展变化，尤其是行政许可法的有关内容；在对行政法与行政诉讼法的基本原理、基础知识和相应对策予以深入浅出讲解的基础上，着力于对相关制度的社会背景、制度价值、存在问题和相应对策进行适度分析和阐述，综合评介理论界的最新研究成果，并针对法律实务中存在的问题进行理论分析。

5. 张卫平. 民事诉讼法教程［M］. 北京：法律出版社，2008.

本书清晰地阐述了民事诉讼法的基本体系和制度框架，特点为只阐明了基本原理，理论方面没有加以展开，且尽量不涉及理论源流和理论论争。由于本书不是一部关于民事诉讼法的资料手册，因此不追求内容的大而全。有一些程序由于独立性太强，内容太多需要专门论述，因此本书没有涉及，例如海事诉讼程序。本书的阐述力求简洁明快，避免复杂累赘。关于制度的结构、关系等也尽可能用直观的图示加以表现，使读者一目了然。本书适合法律专科、本科学生了解民事诉讼法的一般需要，能够满足非法律本科学生应考法律硕士之需要。

6. 陈光中. 刑事诉讼法［M］. 北京：北京大学出版社，2002.

本书是教育部"高等教育面向21世纪教学内容和课程体系改革计划"的一项成果，后申报批准为"普通高等教育'十一五'国家级规划教材"。本书主要有如下特点：①以我国当时实施的《刑事诉讼法》及有关司法解释为根据，系统地叙述了我国的刑事诉讼制度。②坚持理论与实践相结合，既阐述了刑事诉讼的基本理论，又密切联系司法实践。③立足中国刑事诉讼法制，借鉴外国立法、司法实践经验，并注意与联合国公约中的刑事司法准则相协调。④篇幅适度，文字论述深入浅出。

第七章　港澳基本法的制定

　　"一国两制"伟大构想具有强大生命力。我们要全面准确贯彻"一国两制"、"港人治港"、"澳人治澳"、高度自治的方针，严格按照宪法和基本法办事，完善与基本法实施相关的制度和机制，保持香港、澳门长期繁荣稳定，支持和推动香港、澳门更好融入国家发展大局，让香港、澳门同胞同祖国人民共担民族复兴的历史责任、共享祖国繁荣富强的伟大荣光。

　　　　　　——习近平2018年12月18日在庆祝改革开放40周年大会上的讲话

第一节　香港、澳门问题的由来及其解决

一、香港问题的由来

　　香港自古以来就是中国领土的一部分。考古工作者先后在香港岛、南丫岛和大屿山等地发掘了大量考古文物，这些考古发现证明香港地区自古以来就是我国先民劳动、繁衍生息之地，其史前文化与广东沿海以及我国东南沿海一带属同一个文化脉系。据大量史料考证，香港地区在中国历史上的历代建制多次变动：秦汉时期属南海郡番禺县管辖；三国时期，其所辖的岭南属吴国管辖；东晋咸和六年（331）后，香港属东官郡宝安县管辖；唐明时期属新安县管辖，一直延至清道光二十年（1840）。

　　从18世纪后半叶开始，英国殖民者为贩运鸦片的方便和将来发动侵华战争建立据点的需要，曾多次向清政府提出割让一处岛屿，但都被乾隆皇帝严正拒绝。1840年2月，英国政府以林则徐"虎门销烟"为借口，派出远征船队向中国发动侵略战争，于1841年1月强行登陆，占领香港岛，并于1842年8月强迫清政府签订了中国近代史上第一个不平等条约——《南京条约》，其中规定将香港岛割让给英国。1856年10月，英国政府借"亚

罗号"事件挑起了第二次鸦片战争。1860 年 10 月，英法联军攻占北京，火烧圆明园后又强迫清政府签订了不平等的《北京条约》，其中规定将九龙半岛（今界限街）的南部分（包括昂船洲）割让给英国。1894 年中日甲午战争爆发，次年，在战争中失败的清政府与日本签订了《马关条约》。此后，英、俄、法、德等帝国主义掀起了瓜分中国的狂潮，纷纷以"租借条约"的形式在中国划分势力范围。1898 年 6 月，英国乘势强迫清政府在北京签署《展拓香港界址专条》，强租了界限街以北、深圳河以南的广大地区及附近岛屿，这部分地区后称为香港"新界"，从 7 月 1 日起计，租期为 99 年。至此，英国殖民者完成了对整个香港地区的占领。

对于晚清政府被迫签订的上述不平等条约，中国人民从来不予承认，并进行了长期的抗争。辛亥革命后，除袁世凯、黎元洪外，中华人民共和国成立之前各个时期的政府也曾试图收回香港，但在国力衰弱、民不聊生、政府腐败无能的旧中国，这是不可能做到的。因此，香港的主权问题一直悬而未决。

二、澳门问题的由来

据地理专家研究考证，澳门半岛原是香山县南端孤立于海中的小岛，后因泥沙冲积，堵塞成一道沙堤，与大陆相连接，成为澳门半岛。据费成康《澳门四百年》一书提供的考古发现和大量文物，经"碳 14"鉴定，证实在距今 6 000 多年的史前时期，我们的祖先已在澳门地区活动、繁衍生息。从秦代开始，澳门地区被正式划入中国版图，属南海郡番禺县的一部分。晋代属东官郡，隋代划归南海县，唐代属东莞县。南宋绍兴二十二年（1152）建立香山县，澳门地区初属香山县延福里恭字围，后改属长安乡恭常都。

16 世纪初，葡萄牙殖民者侵犯屯门，激起明朝朝野的公愤和当地人的强烈反抗，中葡战争爆发，结果葡萄牙舰队被中国军队击退。1553 年，葡萄牙人借口船遇风暴，货物被海水浸湿，要求在澳门借块地方晾晒货物，并贿赂广东海道副使汪柏，获准在澳门登陆及暂居。由于明政府对澳门的管治转严，澳门的主权和治权始终掌握在中国政府手里。1842 年丧权辱国的《南京条约》签订后，葡萄牙人多次企图夺取澳门的主权和治权，均未得逞。1860 年，中、英、法《北京条约》签订后，葡萄牙政府派澳门总督强行进入北京，同清政府委派的大臣谈判，双方于 1862 年 8 月草签了中葡《和好贸易章程》，但最终未被清政府批准。此后，葡萄牙侵夺澳门的活动一直没有停止过。1886 年后，英国和葡萄牙互相勾结，迫使清政府与葡萄牙正式谈判，于是，《中葡里斯本草约》于 1887 年 3 月签署。接着以此为蓝本，《中葡和好通商条约》于 1887 年 12 月签订。从此，中国神圣领土澳门，正式被葡萄牙人"永居管理"。

三、香港、澳门问题的解决

（一）中国政府的一贯立场

香港、澳门先后被英国、葡萄牙强占以后，中国人民为了国家的统一、主权和领土的完整，进行了长期不屈不挠的斗争。但是，在旧中国，由于国势衰微，内忧外患困扰不断，中国人民未能摆脱被压迫、被奴役的地位，国家尚未具备收回港澳主权的能力和条件。因此，港澳的历史遗留问题一直悬而未决。

1949 年中华人民共和国成立以后，中国政府坚决维护国家主权和领土完整，曾多次阐明中国政府对港澳问题的立场——香港、澳门都是中国的领土，中国政府不承认过去帝国主义强加于中国人民的一切不平等条约。对于包括香港、澳门在内的历史遗留问题，中国政府再次重申：要在条件成熟的时候，通过和平谈判解决；在未解决前，维持现状。1972 年 3 月 8 日，中国驻联合国代表黄华，特别致函联合国非殖民化特别委员会主席，重申中国政府的上述立场并拒认香港、澳门属于所谓"殖民地"范畴。由于中国政府对香港、澳门主权问题的立场坚定明确，联合国非殖民化特别委员会于同年 6 月 16 日通过决议，并同意中国的意见，向联合国大会建议，从殖民地名单中删去香港和澳门。1972 年 11 月 8 日，第二十七届联合国大会通过决议，批准了该特别委员会的报告。

1974 年，葡萄牙发生"4·25"革命，推翻了法西斯独裁政权，宣布实行"非殖民化政策"，正式承认澳门是中国领土，是由葡萄牙管理的特殊地区，不再列入葡萄牙的所谓"省"。1979 年 2 月 8 日，中葡两国正式建立外交关系，并就澳门主权问题达成了原则谅解。双方共认，澳门是在葡萄牙管理下的中国领土，这个历史遗留下来的问题在适当的时候，由中葡两国通过友好协商解决。

1982 年以后，我国政府进一步阐明了解决香港问题的两条基本方针：其一，到 1997 年，我国一定收回香港主权；其二，收回主权后，将充分照顾香港的特殊情况，采取特殊政策，以保持香港的稳定和繁荣，即实行"一个国家，两种制度"。

（二）《中英联合声明》的签订

20 世纪 70 年代末，随着"新界"租期届满（1997 年 6 月 30 日）的日益迫近，香港前途的不明朗使英国政府忐忑不安并开始试探我国对解决香港问题的态度。港督麦理浩、英国外交大臣卡林顿相继访华，在会晤邓小平同志讨论香港问题时，邓小平回答说，"你们可以研究我们对台湾的政策"（叶剑英委员长宣布的对台湾的 9 条方针）。1982 年 9 月，英国首相撒切尔夫人访华。在这次会见中，邓小平同志正式提出，关于收回香港主权问题可以用"一个国家，两种制度"的方案解决，并重申我国解决香港问题的上述两条基本方针。中方的立场终于为英方所接受，双方领导人同意通过外交途径继续进行商谈，从而开始了中英两国政府关于香港问题的外交谈判。

长达两年之久的中英香港问题谈判分为两个阶段：第一阶段是从 1982 年 10 月至 1983 年 6 月。此阶段，英方曾提出"主权治权分开论"，此论一提出就遭到中方的驳斥。在中方的据理力争之下，英方不得不收回这个要求，开始认真地进行谈判。第二阶段是从 1983 年 7 月至 1984 年 9 月《中英联合声明》的草签。在此期间，两国政府代表团共举行了 22 轮会谈。1984 年 9 月全部达成协议，12 月 10 日，中英两国政府签署了包括三个附件的《中华人民共和国政府和大不列颠及北爱尔兰联合王国政府关于香港问题的联合声明》，从而圆满地解决了中国恢复对香港行使主权的问题，也为香港的长期繁荣和稳定打下了坚实的基础。从此以后，香港进入过渡时期。

（三）《中葡联合声明》的签订

1984 年 9 月 26 日，中英两国政府在北京签订关于香港问题的联合声明，解决了长期悬而未决的香港主权问题，这为澳门问题的解决提供了范例，也使澳门问题成为中葡友好交往过程中的热门话题。1984年11月，国家主席李先念应邀访问葡萄牙。两国领导人就澳门问题交换了意见。1985年2月，澳葡总督高斯答应中国对外经济贸易部邀请访华。李先念主席与之会见时指出："澳门的前途，香港是榜样，……要搞'一国两制'。"

1986年5月20日，中葡两国发布了就澳门问题进行会谈的新闻公报。1986年6月30日，首轮会谈在北京举行，双方就整个会谈应该如何进行交换了意见。第一轮会谈圆满结束。第二轮会谈于1986年9月在北京举行，谈判没有第一轮那么顺利。这主要是中葡双方在"土生葡人"国籍问题上出现了分歧和争执，矛盾有待解决。第三轮会谈于同年10月进行。会谈进入关键阶段时，葡萄牙首都里斯本却掀起了一阵澳门的管治权"越晚移交越好"的小风波，这引起中国方面的密切关注和强烈反应。1986年11月，中国副外长、中葡会谈的中方首席代表周南应邀访问葡萄牙，先后与葡萄牙总统、总理和外交部部长会晤。同年12月底，中国外交部发言人再次重申中国政府的立场。1987年1月，葡萄牙总统召集国务会议。消息透露，葡方已确定原则上同意1999年将澳门的管治权交还中国。

中葡两国关于澳门问题的第四轮会谈，于1987年3月10日至23日在北京举行。至此，历时8个多月的中葡澳门问题会谈顺利结束。历史遗留下来的澳门问题，终于得以圆满解决。

第二节　港澳基本法的基本原则、性质、法律地位和效力

一、港澳基本法的基本原则

港澳基本法的任务是将我国政府对港澳的一系列特殊的方针政策具体化和法律化，体现了"一国两制"的精神。在制定港澳基本法时主要遵循了下列原则：

（一）保持繁荣稳定原则

在港澳基本法制定之时，香港和澳门的经济发展及居民的生活水平都

较内地高，特别是香港，其已属经济高度发达的地区。如果因为中国政府恢复对香港、澳门的行使主权而导致香港和澳门的不稳定，出现经济衰退和社会动荡的局面，这无论是对我国的现代化建设还是对香港和澳门同胞的利益都是有害的。所以，如何保持香港、澳门的繁荣和稳定是我国政府及领导人在制定解决香港和澳门问题的基本方针时的一个最基本的出发点。我国政府明确提出，在恢复行使主权的前提下，要维持港澳地区的繁荣和稳定。也就是说，我们不仅要收回香港和澳门，而且收回的还必须是繁荣和稳定的香港和澳门；同时，在收回以后，要继续保持港澳地区的繁荣和稳定。

保持香港和澳门的繁荣稳定，最根本的方法是实行"一国两制"的原则。所以，保持繁荣稳定的目标决定了"一国两制"方针的实行。港澳基本法多处体现了这一原则。例如，港澳基本法规定，香港和澳门不实行社会主义的制度和政策，保持其原有的资本主义制度和生活方式，50 年不变；保护私有财产权；保持自由港和独立的关税地区的地位；原有的法律基本不变。

当前，中央政府通过支持香港、澳门融入国家发展大局来保持港澳的繁荣稳定。香港、澳门的发展同内地发展紧密相连。这些年来，国家的持续快速发展为港澳的发展提供了难得的机遇、不竭的动力、广阔的空间，助推港澳抵御风浪、战胜挑战、赢得先机。同时，港澳一直积极参与国家改革开放和现代化建设的进程，在国家经济发展和对外开放中的地位和功能不断提升，作出了特殊而重要的贡献。实践表明，支持香港、澳门融入国家发展大局是发挥"一国两制"优势，以及保持香港、澳门长期繁荣稳定的必然要求。以粤港澳大湾区建设、粤港澳合作、泛珠三角区域合作等为重点，全面推进内地与香港、澳门互利合作，更好地发挥港澳背靠祖国、面向世界的有利发展条件和独特竞争优势，不断拓宽港澳与内地共同发展的路径和渠道。制定完善的便利香港、澳门居民在内地发展的政策措施，为港澳同胞到广阔的祖国内地发展提供更多的机会，使港澳同胞在服务国家的同时实现自身更好的发展，同祖国内地人民一起创造更加美好的生活。

（二）"一国两制"原则

香港、澳门问题的核心是中国对香港和澳门恢复行使主权的问题，港澳基本法正是为解决这些历史遗留问题，实现祖国统一和领土完整而制定的。坚持"一国两制"原则既有利于维护国家的统一、主权和领土的完整，又能保证特别行政区实行高度自治。这一原则始终贯穿于港澳基本法。两部基本法都在序言中宣称：国家决定，按照"一国两制"的方针，在香港和澳门设立特别行政区，不在香港和澳门实行社会主义制度。在具体条文中，基本法规定：特别行政区是中华人民共和国不可分离的部分，是中华人民共和国一个享有高度自治权的地方行政区域，直辖于中央人民政府，这些体现了"一国"的原则；在确保祖国统一、主权和领土完整的前提下，港澳基本法赋予特别行政区高度自治权，特别行政区可以不实行社会主义的制度和政策，保持其原有的资本主义制度和生活方式。此外，特别行政区还享有立法权、行政管理权、独立的司法权和终审权等，这些都体现了"两制"方针的特点。

事实证明，"一国两制"是解决历史遗留的香港、澳门问题的最佳方案，也是香港、澳门回归后保持长期繁荣稳定的最佳制度。党的十八大以来，以习近平同志为核心的党中央全面准确贯彻"一国两制"方针，牢牢掌握宪法和港澳基本法赋予的中央对香港、澳门的全面管治权，深化内地和港澳地区合作发展，妥善应对和处理一系列重大问题，推动"一国两制"事业开创新局面、迈上新台阶。尤其是中央谋划和推进国家整体发展战略，始终重视发挥"一国两制"的制度优势，鼓励和支持港澳找准定位、发挥所长，积极对接国家发展规划，努力实现长期繁荣稳定。面向未来，我们必须全面准确贯彻"一国两制"、"港人治港"、"澳人治澳"、高度自治的方针，不断推进"一国两制"的成功实践。

（三）循序渐进发展民主原则

香港和澳门在回归之前，长期处于英国和葡萄牙的殖民统治下，在政治体制方面实行的是总督制，由英国和葡萄牙政府分别派遣总督及其他高级官员总揽一切政务，当地居民不可能参与政治决策，所以从未有过真正的民主权利和自由。中国政府的基本立场是按照"一国两制"的方针，在两个特别行政区分别实行"港人治港"和"澳人治澳"的政策，因此，当地居民开始行使自己的民主权利，当地居民中的中国公民还可以行使宪法赋予的公民权利；但是，民主从来不是一蹴而就的，而只能是本着有利于香港、澳门繁荣稳定的原则，坚定不移地守护法治，包容共济，促进和谐，循序渐进地发展适合香港、澳门实际情况的民主制度，让香港、澳门焕发出蓬勃向上的生机活力。

事实上，自回归以来，香港、澳门居民的基本权利和自由得到了充分保护。香港、澳门居民依法享有的基本权利和自由，受到了宪法、港澳基本法以及香港、澳门本地法律的充分保障。宪法和港澳基本法从宪制层面确保了香港、澳门特别行政区居民的基本权利和自由。香港、澳门特别行政区居民中的中国公民依法参与国家事务的管理，根据全国人大确定的名额和代表产生办法，由香港、澳门居民中的中国公民选出本特别行政区的全国人大代表，参加最高国家权力机关的工作。中国人民政治协商会议历来重视吸收香港、澳门同胞参加，除特邀香港、澳门人士界别外，其他一些界别也吸收香港、澳门的社会代表性人士。

二、港澳基本法的性质、法律地位及效力

（一）港澳基本法的性质

从港澳基本法调整的范围与内容上看，虽然大都是港澳特别行政区各个方面的制度与政策，但必须明确的是，确定该项法律性质的标准，并非该项法律所调整的范围与内容，而是制定该法律的机关、法律依据和指导思想。因此，从这三方面看，港澳基本法不是资本主义性质的法律，而是社会主义性质的基本法律。

1. 港澳基本法是由全国人民代表大会制定的全国性法律

根据我国宪法规定，全国人民代表大会是我国的国家最高权力机关，全国人大及其常委会代表人民行使国家立法权。我国宪法规定：我国法律分为基本法律和基本法律以外的其他法律；由全国人大制定的法律是基本法律，是全国性法律；由全国人大常委会制定的法律，属于其他法律。基本法律与其他法律并无高低等级的差别，只是制定的机关不同。特别行政区基本法是全国人大授权作为下设工作机构的起草委员会起草，由全国人大会议通过并颁布的法律文件。虽然内容规定的是有关港澳特别行政区的制度与政策，是颇具特点的创造性的法律，但在制定的机关上，它和基本法律是相同的，都是由全国人大制定的，因而实质上是全国性的基本法律。

2. 港澳基本法是根据宪法制定的

宪法是国家的根本大法，具有最高的法律效力，是制定基本法律、其他法律及法规的基础和依据。特别行政区基本法主要的立法依据是我国宪法，而不是中英、中葡联合声明。联合声明是中英、中葡为解决香港、澳门历史遗留问题的国际协议，它对当事国具有约束力。对于港澳基本法的起草，其只是作为制定港澳基本法的基本方针，而不是主要的立法依据。港澳基本法的主要立法依据是我国宪法。其理由如下：

（1）香港、澳门的主权是中国的，1997年、1999年后我国对香港和澳门恢复行使主权。

如何行使以及如何以法律形式把我国对香港、澳门的基本方针政策固定下来，这是我国作为主权国家的事情。而且我国是单一制结构的国家，全国只能有一部宪法，它是制定其他一切法律的依据，因此，制定港澳基本法的立法依据，只能是宪法。

（2）港澳基本法的立法依据，在中英、中葡联合声明中也作了明确规定。

即为了维护国家的统一和领土完整，并考虑到香港、澳门的历史和现实情况，中华人民共和国决定在对香港、澳门恢复行使主权时，根据《宪法》第三十一条规定，设立香港、澳门特别行政区。《宪法》第三十一条还规定："特别行政区内实行的制度按照具体情况由全国人民代表大会以法律规定。"

（3）《宪法》中港澳基本法的立法依据不仅只有第三十一条，还有其他条款。

诸如，港澳基本法中关于特别行政区的法律地位、高度自治权的授予、立法权的行使，关于解释权和修改权的规定、特别行政区居民中的中国公民依法参与国家事务的管理、特别行政区悬挂中华人民共和国国旗和国徽等，都是根据我国宪法的有关规定作出的。正因为如此，港澳基本法在"序言"中明确指出，根据《宪法》，全国人民代表大会制定香港、澳门特别行政区基本法，规定特别行政区实行的制度，以保障国家对香港、澳门的基本方针政策的实施。这清楚地表明了宪法是制定港澳基本法的依据和基础。

3. 港澳基本法是根据"一国两制"总方针制定的

制定港澳基本法就是要根据"一国两制"的指导方针把对香港、澳门的基本政策用法律形式规定下来，既要维护国家的统一和领土完整，又要保持香港、澳门的繁荣与稳定，这是制定港澳基本法的总原则。从整体上说，国家的主体是社会主义，内地实行社会主义制度，同时允许港澳特别行政区实行资本主义，这是出于对历史和现实的考虑，是和平统一祖国的需要。港澳基本法中的许多关于资本主义制度和高度自治权的规定，都是国家恢复行使主权和中央授权的具体体现。从全国范围来说，它维护国家的统一、主权和领土的完整，规定了港澳特别行政区是我国不可分离的地方行政区域，保护中央人民政府对特别行政区的直接管辖权等，这表明了它是在全国范围内实施的法律。从另一个角度来看，港澳基本法保障港澳地区原有的资本主义制度 50 年不变，目的在于保持维护两地的稳定繁荣与发展，这也有利于全国的社会主义现代化建设，在此意义上说，它也是为社会主义现代化服务的。

由此可见，由全国人大制定的法律，当然是体现我国人民的意志和利益的基本法律；以我国宪法为基础和依据制定的基本法律，也当然是我国社会主义法律体系中的重要组成部分；以"一国两制"为指导方针制定的法律，其本质上必然是以国家主权和国家利益为最高准则的法律。因此，上述分析充分表明，港澳基本法是我国社会主义性质的基本法律。

（二）港澳基本法的法律地位及效力

港澳基本法的法律地位及效力是由港澳基本法性质所决定的，主要体现在以下四个方面：

（1）港澳基本法不是"小宪法"，而是国家的基本法律。

港澳基本法是国家的基本法律，港澳基本法从结构到内容之所以与宪法相似，是由"一国两制"方针所决定的，是尊重历史和现实，从保持香港、澳门繁荣和稳定出发所必须采取的特殊形式；根据宪法理论，单一制结构形式的国家，只能有一部统一的宪法，香港、澳门只是作为直辖于中央的特别行政区域，不能另立"小宪法"；港澳基本法是以我国宪法为依据，由全国人民代表大会制定的，其法律地位及效力仅次于宪法。

（2）港澳基本法不是地方性法规，而是全国性的法律。

港澳基本法不是地方性法规，而是全国性的法律。这是因为，确定法律、法规是地方性的还是全国性的，并不取决于它规定的内容，而取决于其是由中央国家机关制定的还是由地方国家机关制定的。由全国人大制定的港澳基本法，显然不属于地方性法规，而属于全国性的法律。根据我国宪法和法律规定，全国性的法律在全国范围内均有法律效力。港澳基本法作为由全国人大制定的全国性法律，也应在全国范围内有效，它对全国的一切国家机关、社会团体、企事业单位和公民，都具有约束力。例如，港澳基本法规定，中央人民政府所属各部门、各省、自治区、直辖市均不得干预特别行政区根据基本法自行管理的事务；如需在特别行政区设立机构，须征得特别行政区政府同意并经中央人民政府批准；同意批准后必须遵守特别行政区政府的法律；中央人民政府驻港澳特别行政区负责防务的部队不干预特别行政区的地方事务，还须遵守特别行政区的法律；等等。此外，由于港澳基本法是依据香港、澳门的实际情况制定的，是为"一国两制"方针的实施而提供法律上的保障，因此，它的法律效力主要适用于特别行政区，它规定的在特别行政区实行的制度和政策，仅限于特别行政区的范围之内，而不适用于我国其他地区。

（3）港澳基本法是特别行政区制定一切制度和政策的法律依据。

港澳基本法规定，根据《宪法》第三十一条，特别行政区的制度和政策，包括社会、经济制度，有关保障居民的基本权利和自由的制度，行政管理、立法和司法方面的制度，以及有关政策，均以本法的规定为依据。这一条规定表明了特别行政区的制度和政策是根据《宪法》第三十一条制定的，符合《宪法》第三十一条的精神。因而，宪法的效力高于基本法，宪法是制定港澳基本法的法律依据，而港澳基本法的效力则高于特别行政区立法机关制定的任何法律。

（4）港澳基本法是特别行政区的立法基础和依据。

依港澳基本法规定，一方面，港澳基本法作为特别行政区制度和政策制定的法律依据，必然也是特别行政区日常立法的基础，是立法机关制定法律的依据；另一方面，特别行政区立法机关制定的任何法律，均不得同港澳基本法相抵触。另外，香港、澳门原有的法律，在不抵触港澳基本法的前提下继续有效。对于与港澳基本法相抵触的香港、澳门法律（包括原有法律）应如何处理，港澳基本法在有关条文中也作了明确规定：第一，全国人大常委会可将该法律发回，但不作修改；第二，特别行政区可依照港澳基本法并依照法定程序予以修改和废除；第三，原有法律与港澳基本法相抵触的，不能保留；等等。

第三节　遵守港澳基本法　维护国家统一

港澳基本法通过实践得到了充分考验，显示出强大的生命力，是香港、澳门保持繁荣稳定和继续前进的基石，为"一国两制"的伟大事业提供了根本保证，必须坚定不移地实施。历史经验告诉我们，必须牢牢把握港澳基本法的根本宗旨，把维护国家主权、安全、发展利益和维护香港、澳门的长期繁荣稳定这两个方面有机统一起来。港澳基本法是为实现和维护国家统一而提出的，这是港澳基本法的最初核心和起源。

一、牢固树立国家观念

习近平总书记站在中华民族伟大复兴的历史高度强调应增强香港、澳门同胞的国家意识和爱国精神。牢固树立国家观念是落实港澳基本法的核心要求，离开了这个基本前提，一切都无从谈起。建立和完善特区维护国家安全的法律制度和执法机制是特区的宪法责任。中国任何地方都应当承担起维护国家安全、主权和核心利益的责任，香港、澳门也绝不例外，任何危害国家主权安全、挑战宪法、挑战港澳基本法的行为，都是对"一国两制"底线的触碰，都是绝不允许的。香港、澳门特别行政区应切实履行维护国家安全的立法宪法责任，坚决防止、制止和惩治任何危害国家统一的行为和活动，坚决防止和遏制外来势力干涉香港、澳门事务和从事分裂、颠覆、渗透和破坏活动，切实承担维护国家主权、安全和发展利益的责任，维护香港、澳门特别行政区的长期和平与稳定。

国家政权、主权、统一和领土完整是我国的核心利益，是不容挑战的底线。对于任何分裂国家的行径，中国政府始终旗帜鲜明、立场坚定，绝不会有任何妥协、动摇和容忍。《中华人民共和国国家安全法》明确规定：

维护国家主权、统一和领土完整是包括港澳同胞和台湾同胞在内的全中国人民的共同义务。香港、澳门特别行政区应当履行维护国家安全的责任。2009年2月，澳门立法会通过了《中华人民共和国澳门特别行政区维护国家安全法》，经行政长官签署，于2009年3月3日生效，率先完成了《中华人民共和国澳门特别行政区基本法》（以下简称《澳门基本法》）第二十三条的立法工作，履行了澳门特别行政区的宪制责任。《香港基本法》和《澳门基本法》第二十三条均规定：特别行政区应自行立法禁止任何叛国、分裂国家、煽动叛乱、颠覆中央人民政府及窃取国家机密的行为，禁止外国的政治性组织或团体在特别行政区进行政治活动，禁止特别行政区的政治性组织或团体与外国的政治性组织或团体建立联系。

港澳基本法的成功实践充分证明，只有切实维护国家主权、安全、发展利益，才能保持香港、澳门的长期繁荣稳定。维护国家主权、安全、发展利益，保持香港、澳门的长期繁荣稳定，是"一国两制"和港澳基本法的根本宗旨。这两者是辩证统一的关系，既能兼顾、并行不悖，又能相互促进、相得益彰，在任何时候都不应偏废。其中，维护国家主权、安全、发展利益，是保持香港、澳门长期繁荣稳定的前提和基础。只有民族独立、祖国统一、国家富强，香港、澳门的繁荣稳定才有根本保障。保持香港、澳门长期繁荣稳定，就能够更好地服务于国家发展大局，更好地维护国家的主权、安全、发展利益。增强港澳居民的爱国主义情怀和国家认同感，不仅关系港澳基本法的执行，而且关系香港、澳门的长久稳定和繁荣。

二、维护港澳基本法的权威地位

港澳基本法是依据宪法制定的、规定特别行政区制度的基本法律，是"一国两制"的具体化、法律化。作为香港、澳门的宪制性法律，港澳基本法具有凌驾于本地其他法律之上的地位。港澳地区的立法、行政、司法或者政制发展等，都要依据港澳基本法来展开，把港澳基本法的各项规定落到实处。特别行政区要严格依据港澳基本法施政，决不能偏离港澳基本法的轨道。港澳基本法是调适中央与香港、澳门关系最权威的法律框架，不可轻易修改或轻言修改，要坚决反对试图割裂或混淆港澳基本法与宪法关系的做法，坚决反击借助修法议题动摇港澳基本法的活动。同时，要完善与港澳基本法顺利实施相关的制度和机制。

港澳基本法的起草工作是严谨、科学、民主和细致的。港澳基本法既是香港、澳门法律，也是全国性法律。香港、澳门回归祖国多年的经验说明，港澳基本法的法律条文是完备的。我们必须坚定不移地执行港澳基本法，坚决维护宪法和港澳基本法的权威地位。宪法和港澳基本法共同构成了特别行政区政权架构、政治运作、社会治理体系的宪法基础。香港、澳门特别行政区的一切行政、立法和司法行为必须符合宪法和港澳基本法，以宪法和港澳基本法的规定为最高标准。要全面落实港澳基本法各项规定，完善与港澳基本法实施相关的制度和机制。香港特别行政区行政、立法、司法机关都要带头严格遵守港澳基本法，坚决维护港澳基本法，依照港澳基本法的规定行使职权。全社会应自觉尊重宪法和港澳基本法，遵守宪法和港澳基本法的规定，维护宪法和港澳基本法的权威。全面、准确落实港澳基本法，重点在于让港澳基本法在香港、澳门得到更加深入的普及和准确的理解。

"一国两制"是没有先例的政治制度，在实践中出现新情况、新问题，产生不同意见都是正常的。只要以宪法和港澳基本法为依归，严格依法办事，就能解决问题、化解歧见。特区政府及香港、澳门各界尤其需要加强青年人对港澳基本法的认知，帮助他们全面、准确地理解"一国两制"及港澳基本法，认识到港澳基本法是一部经得起实践检验的法律，要倍加珍惜，并坚定不移地贯彻执行。

我们应该看到，还有部分同胞对"一国两制"和港澳基本法存在模糊认识和片面理解，对港澳基本法的权威性缺乏足够认识，结果一度被违法主张所蒙蔽，被非法活动所裹挟。我们必须认识到，法治作为香港、澳门社会的核心价值，是维护和保障香港、澳门持续稳定繁荣发展的重要基石。我们必须始终对港澳基本法充满信心，不要被暂时的波折所左右，也不要被外来的干扰所迷惑。港澳基本法已经从一个创造性的概念变成了一个生动的现实，取得了举世瞩目的成就，展示了中国国家体制和治理体制的显著优势。同时，港澳基本法作为一种前所未有的法律实践，不可避免地会面临一些新情况、新问题、新挑战，这也说明完善港澳基本法的必要性和紧迫性。

"一国两制"是国家的一项基本国策，港澳基本法是"一国两制"方针政策的法律化、制度化。因此，必须加大对港澳基本法宣传教育的力度，加强全社会的港澳基本法意识和法制观念；必须做到全体香港、澳门居民依照港澳基本法行使权利和履行义务，共同维护香港、澳门的法治秩序。只有这样，才能有效应对香港、澳门在发展中面临的困难和挑战，才能把路走对、走稳。坚决维护港澳基本法，坚定不移推进"一国两制"是实现香港、澳门长期繁荣稳定的必然要求，也是实现中华民族伟大复兴中国梦的重要环节，符合国家和民族的根本利益，符合香港、澳门的整体和长远利益。我们应坚决维护港澳基本法的权威，这是依法治港治澳的根基所在，是重建香港、澳门核心价值的根基所在，是维护香港、澳门长期繁荣稳定发展的根基所在。港澳基本法用法律方式保障"一国两制"的实践，港澳同胞遵守和捍卫基本法是应有之义，亦是维护自身的根本利益所在，坚持按照"一国两制"和港澳基本法办事，港澳社会就能稳步发展；背离或违反"一国两制"和港澳基本法，就会走更多的弯路。

三、依靠港澳基本法治理香港、澳门事务

中共十八大以来，以习近平同志为核心的党中央深入推进全面依法治国，推进国家治理体系和治理能力现代化。在港澳工作领域，集中体现为严格依照宪法和港澳基本法治港治澳，用法治思维处理港澳事务，在法治轨道上把"一国两制"事业不断向前推进。

港澳基本法是一部充满政治智慧、具有开放性和包容性的特别法，符合历史情况和现实需要，最大限度兼顾了国家利益和港澳利益。如果说"一国两制"是治理回归后的香港、澳门的最佳制度，那么港澳基本法就是这一制度的"守护神"。香港、澳门如果想要更好地发展、保持社会和谐稳定，必须坚定地维护法治，严格按照宪法和港澳基本法办事，全面准确贯彻"一国两制"方针，完善与港澳基本法实施相关的制度机制，持续开展宪法与港澳基本法的宣传教育。中央坚定支持特别行政区行政长官和政府做法治的捍卫者、社会秩序的维护者。

港澳基本法为所有香港、澳门居民前途命运所系，应该珍惜港澳基本法、学习港澳基本法，捍卫港澳基本法的尊严，自觉遵守港澳基本法，严

格按照港澳基本法办事。一段时间以来，香港一些团体和人员在外部势力的支持下，公然挑战国家核心利益，公然挑战中央政府对香港的管治权，不仅严重损害香港的社会秩序、经济民生、民主发展和法治根基，也对国家安全造成了威胁。香港享有高度自治权，但这并不意味着香港可以不受中央政府管辖，可以不尊重中央政府权威，可以以非法方式与中央政府对抗。香港政制发展必须从本地实际出发，在《香港基本法》和全国人大常委会有关决定的框架内依法有序进行，应该有利于居民安居乐业，有利于社会繁荣稳定，有利于维护国家主权、安全、发展利益。对于冲击法治底线的行为，绝不能姑息。构成犯罪的，必须依法追究。香港、澳门事务是中国的内政，香港、澳门事务必须在宪法和港澳基本法的框架内处理。

2020年6月30日，十三届全国人大常委会第二十次会议表决通过了《中华人民共和国香港特别行政区维护国家安全法》（以下简称《香港维护国家安全法》），国家主席习近平签署主席令予以公布，自公布之日起施行。香港与任何国家的任何一个地方行政区域一样，只有国家安全有保障，社会才会安定有序，繁荣稳定才有基础。香港国家安全立法完成后，其实行的资本主义制度不会变，所享有的高度自治权不会变，特区法律制度不会变，特区司法机关享有的独立司法权和终审权也不会受到影响。有关立法针对的仅是分裂国家、颠覆政权、恐怖活动和外来势力干涉香港内部事务这些严重危害国家安全的行为，不会影响香港居民的民主权利和个人自由，不会影响外国投资者在香港的正当权益。

中国政府治理香港的法律依据是《宪法》和《香港基本法》。国家安全是国家生存发展的基本前提，维护国家安全对于任何国家历来都是中央事权，全国人大有关决定具有充分的法律依据。此次香港维护国家安全的立法既考虑了香港特区的实际情况，也兼顾了内地和香港两种法律制度、两种司法体系的差异，是在"一国两制"框架下实现了法律体系的健全与完善。未来执行《香港维护国家安全法》，还是需要在"一国两制"的框架下建立适宜的执法体制，推动《香港维护国家安全法》的有效落实。

【阅读链接】

"三趟快车"

1962年，在毛泽东和周恩来的亲切关怀下，按照供港澳鲜活商品"优质、适量、均衡、应时"的要求，开通了编号为 751、753 及 755 次（后分别改为 82751、82753、82755 次）的三趟列车，分别自湖北江岸、上海新龙华和河南郑州三地始发，每日满载鲜活商品，经深圳运抵香港。货运列车"定期、定班、定点"，每日开行三趟，人们习惯称其为"三趟快车"。"三趟快车"开通以后，一直平稳运行，向港澳供应大量物美价廉的生活必需品和生产原料，为港澳同胞的安居乐业提供了重要保障。随着内地现代物流的蓬勃发展，深港两地通关进一步便利，尤其是 20 世纪 90 年代以后，深港公路口岸快速通关模式加速推广，供港澳鲜活产品的出口方式逐渐从铁路运输转向公路运输，时间更短、成本更低，铁路"三趟快车"逐步退出了历史舞台。但内地供港澳农副产品的做法一直延续了下来。2017 年全年，内地累计供应香港农副产品价值 98.1 亿美元，其中活猪 159.2 万头，活牛 10.5 万头，以及冻鲜鸡 5.6 万吨。香港 92.4% 的活畜禽、64.9% 的鸡肉、3.7% 的鱼、9% 的蔬菜、5.6% 的水果、45.9% 的小麦粉、1.2% 的大米都是从内地运来的。内地供澳农副产品占比更高，活禽为 100%，蔬菜、活鱼、禽蛋等占比 2/3 以上。"三趟快车"是贯彻中央"长期打算，充分利用"方针的重大举措，增进了港澳同胞对祖国的情感认同，其作为祖国人民与港澳同胞血肉相连的历史见证，将永远留在人们的记忆之中。

【思考】

1. 为什么说坚持"一国两制"，推进祖国统一，是实现中华民族伟大复兴的必然要求？

2. 如何理解香港、澳门的命运从来同祖国紧密相连、休戚与共？

3. 怎样理解《宪法》和《香港基本法》《澳门基本法》共同构成特别行政区的宪制基础？

【推荐阅读】

骆伟建. "一国两制"与澳门特别行政区基本法的实施 [M]. 广州：广东人民出版社，2009.

第八章　"一国两制"的法律内涵

香港自古以来就是中国的领土,一八四零年鸦片战争以后被英国占领。一九八四年十二月十九日,中英两国政府签署了关于香港问题的联合声明,确认中华人民共和国政府于一九九七年七月一日恢复对香港行使主权,从而实现了长期以来中国人民收回香港的共同愿望。

为了维护国家的统一和领土完整,保持香港的繁荣和稳定,并考虑到香港的历史和现实情况,国家决定,在对香港恢复行使主权时,根据中华人民共和国宪法第三十一条的规定,设立香港特别行政区,并按照"一个国家,两种制度"的方针,不在香港实行社会主义的制度和政策。国家对香港的基本方针政策,已由中国政府在中英联合声明中予以阐明。

根据中华人民共和国宪法,全国人民代表大会特制定中华人民共和国香港特别行政区基本法,规定香港特别行政区实行的制度,以保障国家对香港的基本方针政策的实施。

——《中华人民共和国香港特别行政区基本法》序言

第一节　"一国两制"形成的背景

实现祖国完全统一,是中华民族根本利益所在,也是全体中华儿女的共同愿望和神圣职责。坚持"一国两制",推进祖国统一,是实现中华民族伟大复兴的必然要求。"一国两制"构想是以邓小平为代表的中国共产党人遵循解放思想、实事求是的思想路线,在遵循历史、照顾现实的基础上提出来的,具有科学的理论依据和实践基础。

一、"一国两制"的思想理论基础

"一国两制"构想，是在党的十一届三中全会所确立的"实事求是，解放思想"正确思想路线的指引下逐步形成和发展的。其理论基础主要体现在以下三个方面：

（1）坚持一切从实际出发、实事求是的思想路线。

20世纪70年代末以后，以邓小平为核心的党中央领导集体，坚持实事求是、理论联系实际的原则，提出以"一国两制"解决台湾和香港、澳门问题的构想，既在国家主权、统一和领土完整问题上寸步不让，又使具体措施具有高度灵活性，坚持一切从实际出发，充分考虑历史和现实状况，照顾各方利益，使各方都能接受，妥善解决历史遗留问题。

（2）坚持解放思想、敢于打破一切陈旧观念的束缚是坚持实事求是原则的重要条件。

在一个统一的国家里可以允许社会主义和资本主义两种制度并存、共同发展，这的确是世界罕见的重大突破。如果思想僵化，缺乏开拓精神，就会将其视为禁区，不敢越"雷池"一步，那就什么事情都办不成。以邓小平为核心的党中央领导集体，坚持马克思主义的辩证唯物主义和历史唯物主义原则，纵观形势，从国内外的客观实际出发，以革命家的勇气和胆略，提出"一个国家，两种制度"的科学构想，既为祖国统一大业找到了切实可行的途径，也丰富和发展了马克思列宁主义、毛泽东思想等理论。

（3）坚持深入调查研究，对客观事实有比较全面的了解和认识。

"一国两制"构想之所以具有强大的生命力，是因为这一构想不是凭空臆造，而是以邓小平为核心的党中央领导集体，对国内外的形势以及香港、澳门和台湾的历史与现实进行了全面而深入的调查研究而提出来的。因此所采取的方针政策和具体措施，不仅体现了国家民族的长远利益，还考虑到了英国、葡萄牙等国家的利益；既有利于港澳台地区的稳定、发展和繁荣，也有利于我国改革开放和建设社会主义现代化事业，有利于我国同英国、葡萄牙等国家友好、互利、合作关系的发展，因此，受到国内外各方面的欢迎、支持和赞赏。

二、"一国两制"的现实依据

邓小平指出:"'一个国家,两种制度'的构想,是根据世界的现实、历史的状况和中国的实际提出来的。"由此可见,"一国两制"构想的提出,有四个方面的现实依据:

一是从我国内地的现实情况看,党的十一届三中全会以后,对内改革,对外开放,大力发展生产力,"建设四化,振兴中华"已成为全国各族人民共同的奋斗目标。如果能够找到一种途径,既使港澳台问题获得妥善解决,顺利实现国家的统一和领土完整,又能保持港澳台地区的稳定、繁荣和持续发展,使其成为我国同发达资本主义国家沟通的桥梁,这必将有利于我国引进国外的资金、先进技术和管理经验,有利于改革开放和我国现代化事业的发展。"一国两制"是最正确、最理想的解决港澳台问题的途径和科学创举。

二是从港澳两地的历史与现状来看,香港和澳门自古以来就是中国领土,长期被英国和葡萄牙占据。那里所实行的社会、政治、经济和法律等制度同我国内地的制度完全不同,人民群众已习惯原有的那套社会制度和生活方式,已形成独特的社会文化观念。台湾地区的历史和现实情况虽然与港澳地区明显不同,但在制度、观念等方面有很多相似之处。实行"一国两制",允许港澳台地区保留原有的资本主义制度和生活方式50年不变,这是当前情况下,保持港澳台地区稳定、繁荣和持续发展的必备条件。

三是从国际政治关系角度看,香港、澳门问题是历史遗留问题,涉及我国和英国、葡萄牙的关系。在国家主权问题上,我们要坚持原则,寸土必争、寸权不让。但在具体政策措施上,要灵活机动,从历史和现实状况出发,互谅互让,平等协商,维护世界和平,为我国的社会主义现代化建设事业创造一个和平的国际环境。

四是坚持独立自主、和平共处五项原则的外交政策的需要。实现祖国统一大业,是每个中华儿女不可推卸的责任。主权问题不容商量,如果无法用和平的方式解决香港、澳门、台湾问题,使用武力方式解决,同室操戈,必然会对我国人民造成不可磨灭的伤害。而维护世界和平不仅是中国人民的愿望,还是世界各国人民的共同愿望。虽然香港、澳门、台湾是我国领土的一部分，但是实现统一又牵涉与外国的关系，因而必须寻找一个能够让各方都接受的和平的方式，圆满地处理历史遗留问题，和平地处理有争端的问题，以促进世界的和平与发展，为我国实现社会主义现代化发展创立一个和平的国际环境。

第二节　"一国两制"科学构想的形成与实践

中共十一届三中全会之后，邓小平从我国实际出发，尊重历史，尊重现实，创造性地提出了"一国两制"的科学构想，为解决历史遗留的香港、澳门和台湾问题开辟了新的道路。

一、"一国两制"方针的提出阶段

这一阶段是自 1978 年到 1981 年 8 月，所提出的内容还比较笼统，主要有党的十一届三中全会提出的"解决台湾问题必须从实际出发，考虑现实情况"这一方针，以及 1979 年 1 月 1 日全国人民代表大会发表的《告台湾同胞书》。《告台湾同胞书》中提出："今天，实现中国的统一，是人心所向，大势所趋……我们的国家领导人已经表示决心，一定要考虑现实情况，完成祖国统一的大业，在解决统一问题时尊重台湾现状和台湾各界人士的意见，采取合情合理的政策和办法，不使台湾人民蒙受损失。"并宣布了"中国政府已经命令人民解放军从今天起停止对金门等岛屿的炮击"，"希望双方尽快实现通航通邮，以利双方同胞直接接触，互通讯息，探亲访友，旅游参观，进行学术文化体育工艺观摩"，"发展贸易，互通有无，进行经济交流"。这一文件声明从实际出发，考虑台湾的实际情况与台湾各界人士的意见，相比十一届三中全会的对台政策更加具体。

二、"一国两制"方针的具体化阶段

这一阶段是自 1981 年 9 月到 1982 年 3 月，党和国家领导人对"一国两制"方针的内容作出了更加详细的阐述，主要表现在 1981 年 9 月 30 日全国人大常委会委员长叶剑英发表了题为"关于台湾回归祖国，实现和平统一的方针政策"的重要讲话，主要内容有建议举行共产党与国民党对等谈判；台湾与大陆实现通邮、通商、通航；国家实现统一后，台湾可以作为特别行政区，享有高度自治权，并可保留军权，中央政府不干预台湾事务；台湾现行社会、经济制度不变，生活方式不变，私人财产、房屋、土地、企业所有权、合法继承权和外国投资不受侵犯；台湾当局和各界人士代表可担任全国性政治机构的领导职务，参与国家管理；台湾地方财政遇到困难时，可由中央政府酌情补助等。1982 年 1 月 11 日，邓小平在谈话中指出："九条方针是以叶副主席的名义提出来的，实际上是'一个国家，两种制度'。这两种制度是可以允许的，他们不要破坏大陆制度，我们也不破坏他那个制度，不只是台湾问题，还有香港问题，大体也是这几条。"这些党领导人的讲话都进一步明确了实行"一国两制"、建立特别行政区的方针政策，并提出了处理中央与特别行政区关系的一些基本原则。

三、"一国两制"方针的法制化阶段

1982 年 12 月 4 日，第五届全国人大第五次会议修改、通过并颁布了《宪法》，其中第三十一条明确规定了"国家在必要时得设立特别行政区。在特别行政区内实行的制度按照具体情况可以由全国人民代表大会以法律规定"。这改变了之前"一国两制"一直以来只是作为党和国家的政策的局面，为香港、澳门、台湾实行与大陆不同的制度提供了可靠而又权威的法律依据。时任宪法修改委员会副主任彭真在向第五届全国人大第五次会议作宪法修正案报告时就详细说明了宪法第三十一条的立法意图和具体含义，在实现和平统一后，台湾可以作为特别行政区，享有高度的自治权。这种自治权包括台湾现行社会、经济制度不变，生活方式不变，同外国经济、文化关系不变等。彭真同志还指出：在维护国家主权、统一和领土完整的原则方面，我们是决不含糊的，同时在具体政策、措施方面，我们又有很大的灵活性，充分照顾台湾地方的现实情况和台湾人民以及各方面人士的意见。彭真同志对"一国两制"方针的主要内容作出了阐述，又指出了处理"这类问题"的立场，"这类问题"就是指包括香港、澳门在内的问题。

"一国两制"方针通过宪法正式上升为一项基本国策，并且通过不断的发展与完善，极大地丰富了"一国两制"这一伟大的构想，使其成为一个系统的理论体系，这一方针政策不仅有理论的指导，而且还有法律的依据与政策措施的辅助。

四、"一国两制"方针的实施阶段

虽然"一国两制"的构想最早是针对台湾回归问题而提出的，但是这一方针在解决香港问题时已得到运用、发展和完善。在"一国两制"方针的指导下，我国政府于1984年12月19日同英国政府签署了《中华人民共和国政府和大不列颠及北爱尔兰联合王国政府关于香港问题的联合声明》，向全世界郑重宣布：中华人民共和国政府决定于1997年7月1日对香港恢复行使主权，恢复主权后根据《宪法》第三十一条规定，设立中华人民共和国香港特别行政区，该行政区直辖于中央人民政府，除了外交和防务须由中央人民政府负责管理外，实行高度自治，享有行政管理权、立法权、独立司法权和终审权；香港现行的社会、经济制度和生活方式50年不变；原有的法律基本不变；香港特别行政区的行政机关和立法机关由香港永久性居民依照基本法有关规定组成。这一声明全面、准确地体现了"一国两制"方针的思想精髓，这一政策的制定不仅为以后制定香港基本法奠定了坚实的理论基础，也为后来澳门问题的妥善处理与《澳门基本法》的制定提供了有益的经验与成功的示范。"'一国两制'这一伟大的构想，不仅坚持了国家主权、统一和领土完整，而且照顾了香港、澳门和台湾地区的历史和现实状况，关照了各方面的现实利益，在香港、澳门地区付诸实施的过程中获得了各方面的热烈拥护和支持，显示了强大的生命力。"①

五、"一国两制"方针的成功实践

1997年7月1日香港回归祖国，1999年12月20日澳门回归祖国，洗

---

① 钟业坤. 中华人民共和国澳门特别行政区基本法论略［M］. 广州：暨南大学出版社，1996.

刷了民族耻辱,振奋了民族精神,祖国统一大业取得重大进展,是彪炳中华民族史册的千秋功业。党的十九大报告指出:"香港、澳门回归祖国以来,'一国两制'实践取得了举世公认的成功。"这是包括港澳同胞在内的全国人民的共识,也是世界上所有致力于和平与发展的有识之士的共识。

香港、澳门从回到祖国怀抱之日起,重新纳入国家治理体系,中央依照宪法和港澳基本法对香港、澳门实行管治,与之相应的特别行政区制度和体制得以确立。同时,香港、澳门特别行政区依法实行高度自治,充分行使港澳基本法赋予的行政管理权、立法权、独立的司法权和终审权,原有资本主义制度和生活方式保持不变,法律基本不变,香港、澳门居民享有比历史上任何时候都更广泛的民主权利和自由。

回归以来,香港、澳门成功抵御了亚洲金融危机、"非典"疫情、国际金融危机的冲击,保持着繁荣稳定的发展。从 1997 年至 2016 年,香港本地生产总值从 137 万亿港元增长到 249 万亿港元,年均实际增长 32%,在发达经济体中位居前列,国际金融、航运、贸易中心地位进一步巩固,被众多国际机构评选为全球最自由经济体和最具竞争力的地区之一。从 1999 年到 2016 年,澳门本地生产总值从 518.72 亿澳门元增加到 3 582 亿澳门元,年均实际增长高达 76%,实现跨越式发展,跻身世界富裕城市前列。香港、澳门的教育、医疗卫生、文化体育、社会保障等各项事业取得了长足进步,对外交往和国际影响力日益扩大,中西文化交融荟萃的魅力更胜往昔。

党的十八大以来,以习近平同志为核心的党中央全面准确贯彻"一国两制"方针,牢牢掌握宪法和港澳基本法赋予的中央对香港、澳门的全面管治权,深化内地和港澳地区合作发展,妥善应对和处理一系列重大问题,推动"一国两制"事业开创新局面、迈上新台阶。值得一提的是,中央始终重视发挥"一国两制"的制度优势,鼓励和支持港澳在国家整体发展战略中找准定位、发挥所长,积极对接国家发展规划,确保港澳实现长期繁荣稳定。近几年,内地与香港、澳门在 CEPA 框架下不断扩大和升级经贸合作,"沪港通""深港通""债券通"等金融市场互联互通机制有序开启,香港离岸人民币业务全面发展,澳门海域范围得以明确,港珠澳大桥建成通车、广深港高铁顺利通车运营,"一带一路"倡议、粤港澳大湾区建设为港澳发展提供了新的重大机遇。在中央政府和祖国内地的大力支持下，港澳发展动力更加强劲、发展空间更加广阔、发展前景更加光明，融入中华民族伟大复兴壮阔征程的步伐不断加快，广大港澳同胞对港澳保持繁荣稳定的信心、对国家发展和民族复兴的信心不断增强。

当然，作为一项前无古人的开创性事业，"一国两制"需要在实践中探索前进。香港、澳门回归祖国以来，"一国两制"实践取得举世公认的成功，也遇到了一些新情况、新问题。2017 年 7 月 1 日，习近平在出席庆祝香港回归祖国 20 周年大会暨香港特别行政区第五届政府就职典礼时，指出了当前"一国两制"在香港实践所遇到的新情况、新问题，包括：维护国家主权、安全、发展利益的制度还需完善，对国家历史、民族文化的教育宣传有待加强，社会在一些重大政治法律问题上还缺乏共识，经济发展也面临不少挑战，传统优势相对减弱，新的经济增长点尚未形成，住房等民生问题比较突出，等等。澳门回归祖国以来，经济社会快速发展，一些长期积累的问题和矛盾也逐步显现，突出体现在两个方面：一是博彩业"一业独大"，经济适度多元进展缓慢；二是特别行政区政府施政能力需要进一步加强。"一国两制"必然要经历一个不断探索和完善的过程。另外，也要看到香港、澳门发生的很多问题有其复杂的历史根源和国际背景，不能作简单归因，更不能采取情绪化的态度。正如习近平指出的："有问题不可怕，关键是想办法解决问题。困难克服了，问题解决了，'一国两制'实践就前进了。"

总体而言，充满中国智慧的"一国两制"，是中国为国际社会解决类似问题提供的一个新思路、新方案，是中华民族为世界和平与发展作出的新贡献，是人类政治文明史上精彩夺目的新篇章。

第三节　"一国两制"的科学内涵

"一国两制"是我国的一项基本国策。牢牢坚持这项基本国策，是实现香港、澳门长期繁荣稳定发展的必然要求，也是实现中华民族伟大复兴中国梦的重要组成部分，符合国家和民族的根本利益，符合香港、澳门发展的长远利益。十八大以后，习近平总书记明确提出"三个不会变"：中央贯彻落实"一国两制"、严格按照港澳基本法办事的方针不会变；支持行政长官和特别行政区政府依法施政、履行职责的决心不会变；支持香港、澳门两个特别行政区发展经济、改善民生、推进民主、促进和谐的政策也不会变。中央政府将坚定不移地贯彻"一国两制"方针和港澳基本法，坚定不移地支持香港、澳门依法推进民主发展，坚定不移地维护香港、澳门的长期繁荣稳定发展。

实践证明，"一国两制"具有强大生命力。无论遇到什么样的困难和挑战，中央对"一国两制"的信心和决心都不会动摇。只要坚持全面准确理解和贯彻"一国两制"方针，坚持集中精力发展经济、改善民生，坚持包容共济、促进广泛团结，"一国两制"事业就能沿着正确的方向走稳、走实、走远，香港、澳门就能拥有更加美好的明天。

"一国两制"科学构想的主要思想是：在一个中国的前提下，国家主体实行社会主义制度，香港、澳门和台湾继续实行资本主义制度。两种社会制度在一国之内和谐共存，既实现国家的统一，又有利于国家和地区的发展。

一、"一国"的法律含义

"一国"是指世界上只有一个中国，香港、澳门、台湾地区都是中国不可分离的一部分，中国的主权和领土完整不容分割，在国际社会上代表中国的唯一合法政府是中华人民共和国政府。"一国"是国家和平统一制度制定的前提和基础，特别行政区是我国不可分离的部分。

《宪法》序言中规定，中华人民共和国是全国各族人民共同缔造的统一的多民族国家；《宪法》第四条规定，各民族自治地方都是中华人民共和国不可分离的部分；《宪法》第三十条规定，全国分为省、自治区、直辖市；《宪法》第三十一条规定，国家在必要时得设立特别行政区。在特别行政区内实行的制度按照具体情况由全国人民代表大会以法律规定。港澳基本法第一条规定也表明了香港、澳门特别行政区是中华人民共和国不可分割的部分。以上规定说明我国是一个单一制国家。单一制国家只有一个主权，其领土的构成部分是不可分离的。

坚持国家主权和统一是"一国两制"的前提，离开了社会主义国家和国家主权，就谈不上实行"两制"。特别行政区虽然享有高度自治权，实行不同的制度，但中央与特别行政区的关系不是平分秋色、平起平坐的关系，不是"中港关系""中澳关系""中台关系"，而是单一制国家与其他行政区域的关系、中央与地方的关系。① 香港、澳门、台湾都是中华人民共和国不容分割的一部分，中央人民政府对港澳台地区行使国家主权，主权是一个国家对内所具有的最高的、最终的、排他性的权力，且是对外可以独立决定国家外交政策的权力。"对'一国'的理解比较容易，那就是'中华人民共和国'，而不是'中华民国'，在国际、国内代表全中国人民的只能是中华人民共和国，中华人民共和国是中国唯一的合法政府。'一国'就是要求在这个统一旗帜下实现港澳台与大陆的统一。"

邓小平同志在中英关于香港问题的谈判中指出：主权问题是不容谈判的，我们不会放过一分一毫，更不用说一寸。② 香港、澳门、台湾的人民都是中国人民的一员，维护祖国的统一、促进国家稳定与发展是全体中国人民不容推卸的责任。因而在《香港基本法》《澳门基本法》的第一条都分别强调，香港特别行政区、澳门特别行政区是中华人民共和国不可分离割部分。

在处理中央政府与特别行政区之间的关系时必须首先强调维护国家的统一与领土主权的完整，即必须以一个中国为前提，否则，若只强调特别行政区的利益与特殊性，只强调"两制"而忽视"一国"的话，必然会损害国家统一，损害国家主权与领土完整，"从两部《基本法》的条文来看，有关中央的权限和负责管理的事项都严格限制在体现国家主权和统一所绝对必需的范围之内"③。

特别行政区是我国不可分割的部分，说明中华人民共和国对特别行政区拥有主权，特别行政区自身不拥有主权，特别行政区及其当地人无权通过投票或其他任何方式宣布脱离中华人民共和国，成为独立的国家或其他国家的一部分。如果有人试图使特别行政区脱离中华人民共和国，中华人民共和国及其人民有权通过使用武力在内的一切必要方式，阻止特别行政

① 肖蔚云. 香港基本法与一国两制的伟大实践 [M]. 深圳：海天出版社，1993：2.
② 周南就彭定康所谓"政治方案"向香港《镜报》记者发表谈话 决不接受损害中国主权的任何"建议"[N]. 人民日报，1993-01-29.
③ 王凤超. 关于中央和香港特别行政区的关系 [J]. 中共党史研究，1997（3）：43-45.

区脱离中华人民共和国,确保中华人民共和国对特别行政区拥有主权,维护中华人民共和国的统一、主权和领土完整。

二、"两制"的法律含义

港澳基本法的第二条规定,中华人民共和国全国人民代表大会授权香港、澳门特别行政区依照港澳基本法的规定实行高度自治,享有行政管理权、立法权、独立的司法权和终审权。这说明香港、澳门特别行政区享有高度自治权,这是"一国两制"方针中"两制"的重要内容之一。"两制"是指在一个中国的前提下,国家的主体实行社会主义制度,香港、澳门、台湾地区保持原有的社会制度和生活方式不变,两种不同的社会制度在一个统一的国家里长期并存。香港、澳门设立直辖于中央人民政府的特别行政区,享有高度自治权。从回归之日起,港澳重新纳入国家治理体系。

在统一的中国之内,一些特别的地区可以实行特殊的政策和制度,而这些特殊的政策和制度既可以与大陆的政策和制度完全不同,相互之间也可存在差异。这就是说,在"一国两制"之下,不是仅仅允许一套这样的特殊的政策和制度存在,而可以是两套或三套,特殊的政策和制度与大陆的主流政策和制度同时存在。

特别行政区享有高度自治权,其权力来源于全国人民代表大会,授予权力的具体内容在港澳基本法中有明确记载。虽然港澳基本法由全国人民代表大会制定,特别行政区的高度自治权也是由全国人民代表大会授予,但是,全国人民代表大会必须遵守港澳基本法,受其约束;香港、澳门特别行政区必须在港澳基本法规定的授权范围内行使其高度自治权;全国人民代表大会如果要改变对香港、澳门特别行政区的某些授权,必须通过修改或重新解释港澳基本法的相关条款才能实现。这说明香港、澳门特别行政区不享有固有的高度自治权,享有的高度自治权是单一制的地方性的自治权力。正因为如此,特别行政区的高度自治权只能在全国人民代表大会授予的范围内行使,没有授予特别行政区的权力只能由全国人民代表大会予以保留,特别行政区不能行使。

首先,高度自治权与单一制国家的地方享有的自治权相比,其自治程度更高，但并不是享有"最大限度的自治权"，也不是享有"完全的自治权"。"最大限度的自治权"和"完全的自治权"通常是朝着独立国家迈进的最后阶段，而高度自治权是在"一个国家"的前提下的自治。

具体而言，特别行政区享有的高度自治权包括以下内容：

（1）行政管理权，即管理特别行政区各项行政事务的权力。

除了少数几项行政事务的权力，如外交、防务、行政长官和政府主要官员的任命等由中央人民政府行使之外，特别行政区享有广泛的行政管理权，如征税、维持治安等。

（2）立法权，即依照法定程序制定、修改和废止法律的权力。

全国人民代表大会及其常委会制定的全国性法律，除少数有关外交、防务和有关国家领土、主权的法律在特别行政区实施之外，其余都不在特别行政区实施。特别行政区几乎享有制定民事、刑事、商事、诉讼程序、行政管理等全部法律的权力。

（3）独立的司法权和终审权。

独立的司法权，即除特别行政区原有法律制度和原则对法院审判权所作的限制外，特别行政区法院对其管辖的各类案件享有独立的审判权，不受最高人民法院和内地各省、自治区、直辖市法院的干预，最高人民法院无权对特别行政区法院管辖的案件进行提审或指定别的法院予以审理。独立的终审权，即特别行政区终审法院对其管辖的案件的判决是不可上诉的最终的判决。其他机关，包括最高人民法院，都无权改变该案件的判决。例如，1999年，香港终审法院对"无证儿童"案作出判决后，虽然全国人大常委会对该案所涉及的《香港基本法》的相关条款作出了与终审法院在判决中所作解释不同的新的解释，但全国人大常委会并没有改变该案件的判决结果。这说明香港特别行政区享有独立的终审权。

（4）特别行政区保持原有的社会、经济制度和生活方式50年不变，同外国的经济、文化关系不变等。

当然，"两制"不仅体现在社会经济方面，即中国主体实行以公有制为主体的社会主义经济制度，特别行政区实行以私有制为内容的资本主义经济制度，而且在统一的国家内，"两制"还体现在法律、政治、文教等各个制度方面。例如，内地实行社会主义法律体系，而香港是普通法系地区，澳门是大陆法系地区；又如，内地实行人民代表大会制度，而香港、澳门则实行以行政主导为特征的行政长官负责制等。① 这样就保留了香港、澳门地区原有的资本主义经济制度与生活方式，并保证50年不变，保存了原有的法律制度、司法体制、行政机关体系，保证了香港、澳门回归后的平稳过渡，以及港澳地区的社会稳定与经济繁荣发展。

"两制"不仅照顾了历史遗留下来的体制差异，还容许港澳台在新的宪政条件下继续发展，特别行政区既与中国主体一致，又保留了自己的发展特色。例如，香港、澳门、台湾都是WTO成员，形成了"一国四席"的特殊格局，这样保证了港澳台地区能够分享到全球经济一体化和经济合作的成果。

内地实行的社会主义制度与港澳台地区的资本主义制度之间的关系并不是画地为牢、老死不相往来，两种制度之间的关系应该是和而不同，"两制"处于"一国"之内，才能够获得一个更加好的发展平台，共同发展，各自发挥优势。

三、"一国"与"两制"的关系

全面准确贯彻"一国两制"方针，首先要正确理解和把握"一国"和"两制"的关系。"一国两制"是一个完整的概念。"一国"是实行"两制"的前提和基础，"两制"从属和派生于"一国"，并统一于"一国"之内。正如习近平总书记所指出的："'一国'是根，根深才能叶茂；'一国'是本，本固才能枝荣。"必须认识到，国家主体坚持实行社会主义制度是香港、澳门实行资本主义制度、保持繁荣稳定的前提和保障；香港、澳门依照基本法实行"港人治港"、"澳人治澳"、高度自治，必须充分尊重国家主体实行的社会主义制度。要牢固树立"一国"意识，坚守"一国"原则，正确处理特别行政区和中央的关系。任何危害国家主权安全、挑战中央权力和特别行政区基本法权威、利用港澳对内地进行渗透破坏的活动，都是对底线的触碰，都是绝不允许的。要把坚持"一国"原则和尊重"两制"差异有机结合起来，做到坚守"一国"之本，实现"两制"和谐相处、相互促进，把实行社会主义制度的内地建设好，把实行资本主

---

① 许崇德. "一国两制"是我国的基本政治制度 [J]. 法学, 2008 (12)：3.

义制度的香港、澳门建设好。

邓小平同志指出："一国两制"要讲两方面。一方面是社会主义国家里允许一些特殊地区搞资本主义，不是搞一段时间，而是几十年、成百年不变。另一方面，也要确定整个国家的主体是社会主义。"两制"是两个方面，不是"一制"而是"两制"。① 这是说，"一国"和"两制"是不可分离的两个方面，不能只重视一个方面而忽视另一个方面，只讲"两制"不讲"一国"，或者只讲"一国"不讲"两制"，都是不正确的。只讲高度自治，不讲国家主权、统一和主体是社会主义，那将形成"两国两制"；只强调国家主权、统一和主体是社会主义，而不讲高度自治，那就成了"一国一制"；这都是不正确的。"一国"与"两制"的正确关系应当是在坚持"一国"的前提下允许在它的一些特殊地区存在不同的制度，坚持我国的主体是社会主义。当然，说"一国"是前提，只是说明"一国"与"两制"的依存关系，是在"一国的前提下两种制度并存，但不能因此否定两制的存在和必要性"②。

想要确保"一国两制"有效实施，就要求我们必须牢牢把握"一国两制"的根本宗旨，即维护国家主权、安全、发展利益，保持港澳长期繁荣稳定发展；必须牢牢把握"三个有机结合"，即把坚持"一国"原则和尊重"两制"差异、维护中央权力和保障特别行政区高度自治权、发挥祖国内地坚强后盾作用和提高港澳自身竞争力有机结合起来，任何时候都不能偏废；必须牢牢把握"三条底线"，即绝不允许任何危害国家主权安全、挑战中央权力和基本法权威、利用特别行政区对内地进行渗透破坏的活动的发生。只有这样，才能确保"一国两制"实践始终沿着正确的方向前进。

【阅读链接】
美国《财富》杂志就"香港已死"不当言论承认错误

1995 年，美国《财富》杂志发表封面文章《香港已死》，预言香港在回归后会丧失国际商贸和金融中心的地位，商界会撤离香港，贪污会蔓

---

① 香港特别行政区基本法起草委员会秘书处. 关于中华人民共和国香港特别行政区基本法的重要文件［M］. 北京：人民出版社，1990：16.

② 肖蔚云. 论澳门基本法［M］. 北京：北京大学出版社，2003：21.

延······"香港未来的发展可以归结为两个字：完蛋。"一语激起千重浪，这篇文章挑起了众多论争。而在香港回归 10 周年之际，经历了亚洲金融风暴和"非典"侵袭后的香港浴火重生，仍是亚洲最具活力的城市之一。2007 年，《财富》杂志以"哎哟，香港根本死不了!"为题发表文章，开篇第一句即："啊，我们错了!"文中说，除了亚洲金融风暴和 2003 年"非典"疫情暴发时的困难时期外，香港都表现良好。《财富》杂志编辑在接受采访时说："当年大部分的预测都是错误的，其中尤以经济发展那一部分最为错误。香港未来 10 年不但不会'死'，还会继续生机勃勃。"

【思考】

1. 如何理解中央对特别行政区的全面管治权?

2. 如何正确看待"一国两制"在港澳实践中出现的新情况、新问题?

【推荐阅读】

1. 全国干部培训教材编审指导委员会. 坚持"一国两制" 推进祖国统一［M］. 北京：人民出版社，2019.

2. 齐鹏飞. "一国两制"在香港、澳门的成功实践及其历史经验研究［M］. 北京：人民出版社，2016.

3. 中华人民共和国国务院新闻办公室. "一国两制"在香港特别行政区的实践［M］. 北京：人民出版社，2014.

第九章　中央与特别行政区的关系

　　中央贯彻落实"一国两制"、严格按照基本法办事的方针不会变；支持行政长官和特别行政区政府依法施政、履行职责的决心不会变；支持香港、澳门两个特别行政区发展经济、改善民生、推进民主、促进和谐的政策也不会变。

——习近平

　　我国实行单一制的国家结构形式。在单一制国家中，中央统一行使国家权力，地方政府受中央政府的统一领导。地方政府的权力是中央授予的，而不是本身固有的。根据宪法和港澳基本法，特别行政区是享有高度自治权并直辖于中央人民政府的地方行政区域。中央与特别行政区的关系是权力关系，是中央对特别行政区实行管辖和特别行政区在中央的监督下实行高度自治而产生的相互关系。这种关系是一个主权国家内部中央与地方的特殊关系，是领导与被领导、监督与被监督、授权与被授权的关系。

　　《香港基本法》与《澳门基本法》均在第二章规定了中央与特别行政区的关系。两部基本法均是授权法，即由中央把原本应由国家统一行使的、相当大的权力依法授予香港、澳门特别行政区，因此，在涉及中央与特别行政区的关系时，港澳基本法首先要解决的是彼此之间的权力关系问题。两部基本法既明确规定了中央对香港、澳门特别行政区行使的权力，同时也授予了香港、澳门特别行政区以高度自治权。香港、澳门回归以来，中央和特区政府之间的权力关系仍有不少模糊之处，必须着眼于保持香港、澳门的繁荣稳定发展，把中央与特别行政区的关系纳入法治化、规范化轨道运行，推进"一国两制"方针向更成熟和法治化的方向发展。

第一节　中央政府行使的权力

在港澳基本法中，"中央"不是指内地通常所指的"中共中央"，而是指依据宪法设立的对特别行政区依法行使权力的中央国家机关，具体包括全国人民代表大会及其常委会、国家主席、中央人民政府、中央军事委员会。基本法中的"中央"不包括最高人民法院和最高人民检察院，但这并不是说最高人民法院和最高人民检察院不是中央国家机关，而是由于香港、澳门特别行政区实行的诉讼经两地的终审法院审理以后即为最终判决，不得向最高人民法院上诉，最高人民检察院也不得对其进行抗诉。在港澳基本法框架中，最高人民法院和最高人民检察院不得向特别行政区行使权力，因而它们不是基本法框架中的中央国家机关。

另外，需要注意的是，根据高度自治的原则，特别行政区直辖于中央人民政府，而不是直辖于中央人民政府的各部门。正是基于以上理由，港澳基本法规定，国务院各部委不得干预特别行政区政府的内部事务，且一般不在特别行政区设立机构，如果需要在特别行政区设立正式的办事机构，必须征得特别行政区政府的同意，并报经国务院批准。这些机构设立后，也无权干预特别行政区的事务。如果要与特别行政区政府发生一些业务联系，也只能通过双方协商来进行。这些机构及其人员必须遵守特别行政区的法律，必须尊重特别行政区的高度自治权，并就其行为受到特别行政区司法部门的管辖。

具体而言，中央政府在特别行政区行使以下六种权力。

一、中央负责管理与特别行政区有关的外交事务

"外交"是主权国家为实现其对外政策而进行的国际交往活动，外交事务是国家为了促进国际交往和合作、解决国家间或国际纠纷需要从事或处理的事务，包括外交谈判、缔结条约、参加国际组织和国际会议等。外交的性质和特点决定了其为主权国家的行为，从事外交活动的主体必须是主权国家。通常情况下，国家元首、政府首脑、外交代表机构及外交人

员，是法定的从事外交活动的机关或人员。特别行政区尽管享有高度自治权，但无权自行处理主权国家方能从事的外交事务。凡以主权国家名义所为的外交事务，只能由中央人民政府负责管理。

例如《香港基本法》第十三条明确规定，中央人民政府负责管理与香港特别行政区有关的外交事务。中华人民共和国外交部在香港设立机构处理外交事务。中央人民政府授权香港特别行政区依照本法自行处理有关的对外事务。这一条款具体体现了香港特别行政区是中华人民共和国的一部分，以及香港特别行政区直辖于中央人民政府的原则。也就是说，香港特别行政区的外交大权属于中央人民政府。

香港在被英国统治期间，所有的对外事务均由英国政府负责，英国外交部向香港派驻官员，担任香港总督的政治顾问，负责处理与香港有关的外交事务，协调处理外国驻香港代表与香港政府的关系，特别是协助香港总督处理与中国的关系。所以，在英国的管治下，港英政府并没有外交权，与香港有关的外交事务，均由英国政府全权处理。而在澳门，与澳门有关的对外事务均由葡萄牙共和国总统负责处理。港澳回归后，中央拥有对特别行政区的全面管治权，包括中央人民政府负责管理与香港、澳门特别行政区有关的外交事务。

与香港、澳门有关的外交事务主要包括两个部分：一是香港、澳门作为较为发达的经济体参与国际交往而引发的事务；二是中国作为一个主权国家发生的与香港、澳门有关的外交事务。具体而言，这些事务包括：回归之前已加入的国际组织能否继续参加；原已参加的国际条约能否继续适用于香港、澳门；各国的国家元首、政府首脑、外交人员能否继续应邀访问香港、澳门，各国、各地区在香港、澳门设立的领事机构及其他官方、半官方机构能否继续设立。

当然，为了方便外交部处理与香港、澳门特别行政区有关的外交事务，中华人民共和国外交部分别在香港与澳门特别行政区设立机构，代表中央人民政府处理与香港、澳门有关的外交事务，即"中华人民共和国外交部驻香港特别行政区特派员公署""中华人民共和国外交部驻澳门特别行政区特派员公署"。特派员公署的职责主要是处理由中央人民政府负责管理的与香港、澳门特别行政区有关的外交事务；协助香港、澳门特别行政区政府依照港澳基本法或经授权自行处理有关对外事务；办理中央人民政府和外交部交办的其他事务。具体包括：协调处理香港、澳门特别行政区参加有关国际组织和国际会议事宜；协调处理国际组织和机构在香港、澳门特别行政区设立办事机构问题；协调处理在香港、澳门特别行政区举办政府间国际会议事宜；处理有关国际公约在香港、澳门特别行政区的适用问题；协助办理须由中央人民政府授权香港、澳门特别行政区与外国谈判缔结的双边协定的有关事宜；协调处理外国在香港、澳门特别行政区设立领事机构或其他官方、半官方机构的有关事宜；承办外国国家航空器和外国军舰访问香港、澳门特别行政区等有关事宜。

由外交部派驻香港、澳门的代表机构全权处理与香港、澳门特别行政区有关的外交事务，这是行使国家主权的行为。为了方便外交部驻香港、澳门代表机构处理有关外交事务，香港与澳门特别行政区政府应为中央派出的外交机构的工作提供协助、支持和配合。

二、中央负责管理特别行政区的防务

"防务"是指有关国家安全防御方面的事务，就国家而言即国防事务。这是国家的主权行为，地方无权决定，只能由中央掌管。为了防止外国的侵略，维护本国的主权，主权国家必须享有防务的权力。所以，防务权力是主权国家维护其独立、主权和领土完整的一项重要权力。由于"防务"属于主权范围内的事务，作为我国管辖下的地方行政区域，香港、澳门特别行政区的防务就只能由中央人民政府负责。这是中央人民政府直接在特别行政区行使的一项重要权力，也是中央对特别行政区管辖的体现。

我国全部领域的防务由中央统一管理，香港特别行政区作为我国领土的一部分也不例外。中央人民政府负责香港地区防务的具体体现，就是派出中国人民解放军进驻香港特别行政区。

《香港基本法》第十四条规定了中央和香港特别行政区在防务和社会治安方面的权力和义务。中央人民政府负责管理香港特别行政区的防务。香港特别行政区政府负责维持香港特别行政区的社会治安。中央人民政府派驻香港特别行政区负责防务的军队不干预香港特别行政区的地方事务。香港特别行政区政府在行使必要职务时，可向中央人民政府请求驻军协助以维持社会治安和救灾。驻军人员除须遵守全国性的法律外，还须遵守香港特别行政区的法律。驻军费用由中央人民政府承担。

而中央人民政府派驻香港特别行政区的军队，主要是负责香港特别行政区的防务，不干预香港特别行政区的地方事务。这就是说，凡是香港特别行政区自治权范围内的事，驻军都不会干预。但在特殊情况下，如发生严重洪灾、台风等自然灾害，或社会治安因突发事件严重恶化，香港特别行政区的治安力量已经无力维持治安时，可向中央人民政府请求出动驻军，增强当地治安力量以维持治安或救灾。驻军人员既应遵守全国性的法律，也应遵守香港特别行政区的法律，尊重香港当地的风俗、习惯。至于驻军人员出现违法犯罪该如何处理，则涉及一些特殊的问题，由全国人大常委会立法规定。中央人民政府承担驻军费用，与防务属中央的权力而非地方承担的事务是相应的。这也体现了中央人民政府维护和保障香港特别行政区的利益。

军队对于主权国家行使防务权十分重要，中央政府为了履行防务的权力，于1996年12月30日在第八届全国人大常委会第二十三次会议上通过了《中华人民共和国香港特别行政区驻军法》。1997年7月1日零时，香港驻军进驻香港，依法履行防备和抵抗侵略、保卫香港特别行政区的安全，担负防卫勤务，管理军事设施，承办有关涉外军事事宜等防务职责。香港驻军坚持依法驻军、依法治军，认真完成各项防务任务，组织海空巡逻、海空难搜救演习、诸军兵种联合演习、跨营区机动演练等军事行动，为维护国家主权和领土完整提供了有力保障。香港驻军还踊跃参加香港社会公益活动，开展军营开放、举办香港青少年军事夏令营等活动，加强军地互访联系，增进香港驻军与香港居民之间的了解和信任，充分展现了威武之师、文明之师的良好形象。

当然，由于香港与澳门的具体情况不同，《香港基本法》对驻军职责作了详细规定，而《澳门基本法》只是规定中央政府负责澳门特别行政区的防务，并没有规定是否在澳门驻军。1999年澳门特别行政区成立之时，中央政府也组建了驻澳门特别行政区部队并进驻澳门。

三、人事任免权

人事任免权是指中央有关机关依照港澳基本法的规定，任免香港或澳门特别行政区的负责官员。《香港基本法》第十五条还规定："中央人民政府依照本法第四章的规定任命香港特别行政区行政长官和行政机关的主要官员。"《澳门基本法》第十五条规定："中央人民政府依照本法有关规定任免澳门特别行政区行政长官、政府主要官员和检察长。"

中央对香港、澳门特别行政区行使任免权是由中央政府的法律地位决定的。按照港澳基本法的规定，香港与澳门特别行政区直辖于中央人民政府，因此，中央对特别行政区有管辖权，特别行政区行政长官就须依法对中央人民政府负责。行政长官由中央人民政府任命，就能够使其对中央人民政府负责。此外，行政长官、主要官员的任免，虽不属于外交、防务的范围，但属于主权范围内的事务。港澳基本法规定行政长官的正式产生分为两个步骤：第一步是特别行政区通过选举或协商产生行政长官的人选；第二步是由中央人民政府任命。这两个步骤可以理解为：未经香港、澳门特别行政区依法提出行政长官人选，中央不会直接任命；而未经中央政府的任命，也不可能产生合法的行政长官。对于行政机关的其他主要官员的产生也可按照此思路来理解。

行政长官作为特别行政区的首长，负有维护国家独立、主权和领土完整的职责。中央人民政府通过行使对行政长官的任命权，保证其对香港、澳门的基本方针政策通过行政长官得到贯彻实施。中央人民政府按照港澳基本法对行政长官的任命是实质性的，即行政长官经选举或协商产生后，中央人民政府有权予以任命或不予任命。

中央人民政府在行使港澳基本法范围内的任免权时，应当依照港澳基本法规定的程序和要求，根据港澳基本法确定的条件和方式，决定行政长官等有关人员的任免。这表明中央人民政府的权力应是实质性的权力。

一种观点认为，香港和澳门是特别行政区，中央对其实行的政策是"一国两制""港人治港""澳人治澳"，因此，行政长官的出任者应以当地居民的意愿为准；而行政机关主要官员的提名权属于行政长官，中央人民政府也应以行政长官的意愿为准，否则被认为是干涉了特别行政区高度自治权中属于行政长官的行政管理权。这种观点是不正确的。两部基本法对行政长官及其行政机关的主要官员的产生和资格办法作了规定，中央人民政府在决定是否任命行政长官及其行政机关的主要官员时，首先会审查候选人的条件是否具备基本法规定的法定条件，其次审查行政长官候选人的条件是否符合基本法附件中的相关规定。特别行政区第一届行政长官的产生，还需符合全国人民代表大会有关产生第一届政府、立法会和司法机关的决定。所以，中央人民政府在依法行使任免权时，所享有的权力是实质性的权力，也就是说，中央对于有关的候选人有权决定是否予以任命。而且，港澳基本法并没有对中央如何行使任免权作出限制性规定。中央是通过行使任免权对香港和澳门特别行政区进行管辖的。

四、特别行政区立法的备案审查权

根据《香港基本法》和《澳门基本法》第十七条，全国人大常委会享有对特别行政区立法机关提交备案的所有立法进行审查，以确定其是否符合基本法特定条款并依法作出相应处理的权力，称为全国人大常委会对特别行政区立法的备案审查权。《香港基本法》和《澳门基本法》规定，特别行政区立法机关制定的法律须提请全国人大常委会备案并接受审查，两部基本法均在第十七条作出了同样的规定：特别行政区享有立法权。特别行政区的立法机关制定的法律须报全国人大常委会备案。备案不影响该法律的生效。全国人大常委会在征询其所属的特别行政区基本法委员会后，如认为特别行政区立法机关制定的任何法律不符合本法关于中央管理的事务及中央和特别行政区的关系的条款，可将有关法律发回，但不作修改。经全国人大常委会发回的法律立即失效。该法律的失效，除特别行政区的法律另有规定外，无溯及力。

如何理解全国人大常委会对特别行政区立法的备案审查权呢？

第一，全国人大常委会对特别行政区立法备案审查制度具有维护港澳基本法的最高法律地位的目的。港澳基本法在特别行政区具有最高法律地位，而港澳基本法均是由全国人大依据宪法制定的基本法律。虽然特别行政区依照港澳基本法行使高度自治权，特别行政区立法机关的立法权是高度自治权的重要组成部分，但特别行政区也须依照港澳基本法规定的中央与特别行政区权力的划外原则和范围行使权力，不得超越高度自治权的界限。为了维护港澳基本法的最高法律地位，港澳基本法自身建构了依据港澳基本法特定条款审查特别行政区立法的法律机制，全国人大常委会获得依照港澳基本法有关条款对特别行政区立法进行备案审查，以判断立法机关制定的法律是否符合港澳基本法，并作出相应处理的权力。

第二，全国人大常委会对特别行政区立法进行备案审查是中央行使对特别行政区高度自治权的监督权的表现形式。我国实行单一制国家结构形式，地方的一切权力来自中央，并由中央通过法律授予，中央与地方的权力界限由中央立法明确，中央对授予地方的权力享有监督权，中央作为授权者通过规定各种方式要求作为被授权者的地方接受监督。《香港基本法》和《澳门基本法》是全国人大制定的基本法律，全国人大常委会依照港澳基本法有关条款对特别行政区立法进行备案审查就是立法监督的一种表现形式，审查主体即全国人大常委会，审查依据是港澳基本法的特定条款，审查对象是特别行政区立法机关制定的所有法律。

五、重大事项的决定权

根据港澳基本法的规定，凡是涉及外交、防务及国家统一、安全和主权范围内的事务，都是中央管理的事务。中央有关机关管理主权范围内的事务时，必须对一些重大的事项作出决定。所以，对重大事项的决定是中央政府权力的重要内容，具体包括以下方面：

一是对《香港基本法》附件三所列在特别行政区实施的全国性法律作出增减决定。在法律文本上，"全国性法律"是特别行政区基本法中的一个特有概念。港澳基本法第十八条均对全国性法律在香港、澳门特别行政区的实施进行了规定。根据该条第二款和第四款的规定，全国性法律主要通过两种方式在香港、澳门特别行政区实施，这两种实施方式存在较大不同。全国性法律在香港、澳门特别行政区的实施，对维护国家主权、统一和领土完整具有至关重要的意义，因此应当加强对全国性法律在香港特别行政区实施的研究，完善全国性法律在香港、澳门特别行政区实施的方式。

按照港澳基本法第十八条的规定，有一部分涉及国家主权的全国性法律将会在香港、澳门特别行政区实施，这是在特别行政区实行"一国两制"的要求。港澳基本法附件三都列举了在香港和澳门实施的全国性法律。港澳基本法还规定，全国人民代表大会常务委员会有权决定对已列入基本法附件三中的全国性法律予以增减。这是因为中央立法机关的立法活动一直在进行，会不断制定出新的涉及国防、外交等主权范围内事务的法律。一旦这些新的法律被制定出来，全国人民代表大会常务委员会就有权决定将新制定的法律适用于香港或澳门特别行政区。

二是决定特别行政区进入战争状态和紧急状态。全国人大常委会可宣布战争状态或依法决定特别行政区进入紧急状态，中央政府在紧急状态下可发布命令将有关全国性法律在特别行政区实施。诸如《香港基本法》第十八条第四款规定：全国人大常委会决定宣布战争状态或因香港特别行政区内发生香港特别行政区政府不能控制的危及国家统一或安全的动乱而决定香港特别行政区进入紧急状态，中央人民政府可发布命令将有关全国性法律在香港特别行政区实施。特别行政区政府作为维护社会治安的第一责任人，可以作出事实判断，但最终判断权在全国人大常委会。该条体现了对特别行政区政府判断权的尊重，也包括对全国人大常委会决定权的尊重。"不能控制"一般指危及国家安全或统一的事实达到相当严重的程度，如不采取紧急措施，则无法有效地维护国家核心利益。

基于中央人民政府的宪法地位，在特别行政区进入紧急状态时，由中央人民政府发布命令在特别行政区实施全国性法律是必要的，符合宪法和"一国两制"的基本要求。基本法并没有规定在特别行政区进入紧急状态时，中央人民政府实施全国性法律的具体范围。从学理解释的角度看，基于紧急状态而实施全国性法律，中央人民政府选择实施的全国性法律应该是与国家主权、统一与安全相关的，具体实施的全国性法律的类型与范围由中央人民政府根据实施紧急状态的实际需要与情况而定。

三是决定特别行政区全国人民代表大会代表的选举事宜。根据《宪法》《中华人民共和国全国人民代表大会和地方各级人民代表大会选举法》以及特别行政区基本法的规定，在香港、澳门选举产生了多届全国人大代表，顺利选举产生了爱国爱港（澳），在香港、澳门社会具有广泛代表性的全国人大代表。香港、澳门特别行政区选举全国人民代表大会代表由全国人民代表大会常务委员会主持，全国人民代表大会代表必须是年满十八周岁的香港、澳门特别行政区居民中的中国公民。全国人大代表的参选人在登记表中应当作出声明：拥护《宪法》和《香港基本法》或《澳门基本法》，拥护"一国两制"方针政策，效忠中华人民共和国和香港或澳门特别行政区；未直接或者间接接受外国机构、组织、个人提供的与选举有关的任何形式的资助。参选人须对所填事项的真实性负责。

除此之外，中央政府还可以决定国际协议是否适用于特别行政区等。

六、港澳基本法的解释和修改权

港澳基本法是保障"一国两制"的法律，在许多方面都具有双重属性：港澳基本法既是全国性法律，又是特别行政区的"宪法"；它既在全国范围内生效，又主要在特别行政区实施；内容既包括香港、澳门行使高度自治权的条款，也包括涉及中央政府负责管理的事务和中央、特别行政区关系的条款。因此，港澳基本法的解释权的主体不可避免地涉及中央和特别行政区双方。如果只由中央行使解释权，那么香港、澳门的高度自治权和终审权缺乏有效的保障；但如果只由香港、澳门法院行使解释权，那么"一国两制"的"一国"特征又难以得到体现，甚至会出现中央受制于特别行政区的窘境。再加上香港特别行政区的法律解释制度与内地存在明显差异，港澳基本法的起草者精心设计了一套独具特色的港澳基本法"双重"解释体制。

（1）港澳基本法的最终解释权属于中央。

鉴于港澳基本法第一百五十八条第一款明确规定：本法的解释权属于全国人大常委会。只有这样规定，才能保证它在全国范围内的一致理解和贯彻实施。由全国人大常委会行使最终解释权，如前所述，在宪法和立法法上都是有充分法律依据的。从这个条款看，港澳基本法对全国人大常委会的解释权没有任何限定范围，人大常委会对港澳基本法的所有条款均有解释权，而且理论上有权在认为合适的任何情况下行使解释权。

（2）全国人大常委会授权香港法院在审理案件时自行解释自治范围内的条款。

对于港澳基本法规定的香港特区自治范围内的条款，全国人大常委会虽然具有解释权但不直接行使，而是授权香港法院行使。由于自治范围内的条款不涉及中央政府事务及中央与香港特别行政区的关系，香港法院在审理案件时有完全的解释权，中央政权不予以影响和干涉。这一规定既符合"高度自治""港人治港"的"一国两制"原则，也满足了香港法院自行行使终审权和法律解释权的需要。应该明确的是，根据基本法，并非香港法院本身自行拥有解释权，其解释权来源于全国人大常委会的授权。

（3）中央保留行使对非自治条款的解释权，该解释一旦作出后对香港法院具有约束力。

《香港基本法》第一百五十八条第三款规定：香港特别行政区法院在审理案件时对本法的其他条款也可作出解释。但如香港特别行政区法院在审理案件时需要对涉及中央政府管理的事务或中央和香港特别行政区关系的条款进行解释，而该条款的解释又影响到案件的判决，在对该案件作出不可上诉的终局判决前，应由香港特别行政区终审法院请全国人大常委会对有关条款作出解释。如全国人大常委会作出解释，香港特别行政区法院在引用该条款时，应以全国人大常委会的解释为准。这一规定，实际上使香港法院对基本法的所有条款都可以作出解释，但又附加了必要的限制，即对判决涉及中央事务而又要作出终审判决时，必须提请全国人大常委会作出解释。

（4）全国人大常委会在作出解释前应征询其所属的香港基本法委员会的意见。

香港基本法委员会是全国人大常委会下属的一个咨询性机构，由 12 名精通香港事务的资深人士组成，内地与香港各产生 6 名委员，其中包括多名香港的法律界人士。香港基本法委员会的意见仅供全国人大常委会参考，并不能强制全国人大常委会采纳。

《香港基本法》的解释权属于全国人民代表大会常务委员会，《香港基本法》的修改权属于全国人民代表大会，全国人大常委会可对列入附件三的法律作出增减。《宪法》第六十二条规定，全国人民代表大会有权修改基本法，因此，《香港基本法》第一百五十九条规定："本法的修改权属于全国人民代表大会。"考虑到香港特别行政区享有高度自治权，有些香港人士对《香港基本法》的修改权存在担心，担心过多修改会逐步改变或者削弱《香港基本法》的"两制"内容，不能保持原有的资本主义制度。因此，《香港基本法》第一百五十九条第二款对其修改提案权作了严格的程序规定。

首先，在提议案方面，基本法的修改提案权属于全国人大常委会、国务院和香港特别行政区。这一规定缩小了《中华人民共和国全国人民代表大会组织法》规定的享有向全国人大提出议案的主体范围。其次，特别行政区提议修改基本法也应遵循严格的程序，即特别行政区的议案修改，须经特别行政区的全国人民代表大会代表 2/3 多数、特别行政区立法会全体议员 2/3 多数和特别行政区行政长官的同意。再次，基本法的议案修改在列入全国人民代表大会的议程前，要先由特别行政区基本法委员会研究并提出意见。最后，基本法的任何修改，均不得同中华人民共和国对香港既定的基本方针政策相抵触，也就是说，有关这些基本方针政策的内容是不能修改的，对基本法的任何条文的增加、减少和改变都不能同基本方针政策相抵触。

在"一国两制"下，中央与香港特别行政区的权力关系是授权与被授权的关系，而不是分权关系，在任何情况下都不允许以"高度自治"为名对抗中央的权力。正确理解和把握这一点，是维护中央与香港特别行政区良好关系的关键。近年来，香港社会有些人鼓吹香港有所谓"固有权力""自主权力"，甚至宣扬"本土自决""香港独立"，其要害是不承认国家对香港恢复行使主权这一事实，否认中央对香港的管治权，其实质是企图把香港变成一个独立、半独立的政治实体，把香港分裂出去。香港特别行政区应当切实履行基本法关于立法维护国家安全的宪制性责任，坚决遏制任何危害国家统一的行为和活动，真正担负起维护国家主权、安全和发展利益的责任，维护特别行政区的长治久安。

第二节　特别行政区行使的权力

特别行政区这一概念是伴随"一国两制"构想的诞生而产生的，而作为一个正式的法律概念，其源于 1982 年《宪法》第三十一条规定，并在后来的港澳基本法中完善和具体化，其含义可以界定为：特别行政区是我国为实现国家和平统一而设置的、实行不同于一般地方行政区域的社会经济制度的一种特殊的地方行政区域。

特别行政区的概念可以从以下几个方面加以阐释：第一，特别行政区是国家行政区域设置中的一种新的区域类型。特别行政区直辖于中央人民政府，是与省、自治区、直辖市处于同等级而又享有高度自治权的一种新的地方行政区域。特别行政区是中华人民共和国不可分离的部分，是国家的一类地方行政区域。中央人民政府与特别行政区的关系是中央与地方的关系。特别行政区直辖于中央人民政府，不是独立的政治实体，不能以国家的名义参与国际关系，中央与它的关系是一个主权国家内部中央与地方的关系，是领导与被领导、监督与被监督、授权与被授权的关系，不是平行的、并列的伙伴关系。第二，特别行政区与其他地方行政区域的根本区别体现在所实行的基本社会制度不同。我国内地普遍实行的是社会主义制度，而香港特别行政区和澳门特别行政区成立后保留其资本主义制度50年不变。第三，特别行政区享有高度自治权。特别行政区的自治程度较之一般地方包括民族自治地方更高，自治权的范围也远远超出其他地方行政区。这种高度自治权集中体现在享有行政管理权、立法权、独立的司法权和终审权。但是特别行政区负有维护国家统一和安全的义务。第四，特别行政区的设立权和特别行政区内所实行的基本社会制度的决定权属于国家最高权力机关。只有全国人民代表大会才有权决定设立特别行政区，并决定在特别行政区内实行何种制度。

一、特别行政区高度自治权的主要内容

《香港基本法》《澳门基本法》的第二条都描述了特别行政区高度自治权的权力来源：全国人民代表大会授权特别行政区依照本法的规定实行高度自治，享有行政管理权、立法权、独立的司法权和终审权。这两部基本法都用了很多的篇幅规定特别行政区的自治权，结构极其相似，且都在第二章规定中央和特别行政区的关系，第四章规定行政长官、行政机关、立法机关、司法机关、区域组织人员的组成及职权等内容，第五章规定经济事务，第六章规定文化和社会事务，第七章规定对外事务。具体来说，特别行政区行使的权力主要有以下四个。

（一）行政权
香港特别行政区的行政权是指香港特别行政区依照《香港基本法》的规定自行处理香港特别行政区的行政事务的权力。具体可以归纳为13种。

1. 行政决策权
对在香港、澳门特别行政区施行的各种政策，有自主的制定权。

2. 发布行政命令权

特别行政区行政长官为了执行法律和进行行政管理可以发布行政命令。

3. 人事任免权

除各司司长、副司长，各局局长，廉政专员，审计署审计长，警务处处长，入境事务处处长，海关关长需报请中央人民政府任命外，其他公务人员以及各级法院法官都由特别行政区依照法定程序任免。

4. 社会治安管理权

特别行政区政府负责维持特别行政区的社会治安，有权组织特别行政区的纪律部队，维护特别行政区的社会秩序和公共安全，惩罚犯罪。

5. 经济管理权

一是财政独立权，特别行政区的财政收入全部用于自身需要，不上缴中央人民政府，中央人民政府不在特别行政区征税。特别行政区实行独立的税收制度，参照原来实行的低税政策，自行立法规定税种、税率、税收宽免和其他税务事项。二是金融管理权，特别行政区的货币金融制度由法律规定，自行制定货币金融政策，保障金融企业和金融市场的经营自由，并依法进行管理和监督。特别行政区不实行外汇管制政策，货币自由兑换，继续开放外汇、黄金、证券、期货等市场。特别行政区政府保障资金的流动和进出自由。特别行政区的外汇基金，由特别行政区政府管理和支配，主要用于调节港元汇价。三是货币发行权，原来的法定货币继续流通，货币的发行权属于特别行政区政府。货币的发行制度和准备金制度由法律规定，特别行政区政府在确知货币的发行基础健全和发行安排符合保持货币稳定目的的条件下，可授权指定银行根据法定权限发行或继续发行货币。四是贸易管理权，特别行政区实行自由贸易政策，保障货物、无形财产和资本的流动自由。特别行政区为单独的关税地区。五是制定产业政策权，特别行政区政府制定适当政策，促进和协调制造业、商业、旅游业、房地产业、运输业、服务性行业、渔农业等各行业的发展。六是土地管理权，特别行政区境内的土地和自然资源属于国家所有，由特别行政区政府负责管理、使用、开发、出租或批给个人、法人或团体使用或开发，其收入全归特别行政区政府支配。七是航运管理权，特别行政区保持原来实行的航运经营和管理体制，特别行政区政府自行规定在航运方面的具体职能和责任，特别行政区经中央人民政府授权继续进行船舶登记，除外国军用船只进入特别行政区须经中央人民政府特别许可外，其他船舶可根据特别行政区法律进出其港口。八是民用航空管理权，特别行政区继续实行原来实行的民用航空管理制度，并按中央人民政府关于飞机国籍标志和登记标志的规定，设置自己的飞机登记册，续签或修改原有的民用航空运输协定和协议。

6. 自主的教育管理权

特别行政区政府在原有教育制度的基础上，自行制定有关教育的发展和改进的政策，包括教育体制和管理、教学语言、经费分配、考试制度、学位制度和学历承认等政策。

7. 自主的医疗卫生管理权

特别行政区自行制定发展中西医药和促进医疗卫生服务的政策。

8. 自主的科技管理权

特别行政区政府自行制定科学技术政策，通过法律保护科学技术的研究成果、专利和发明创造。特别行政区政府自行确定适用于香港、澳门的各类学科、技术标准和规格。

9. 自主的文化管理权

特别行政区自行制定文化政策，通过法律保护作者在文学艺术创作中所获得的成果和合法权益。

10. 自主的专业资格评审权

特别行政区政府在保留原有的专业制度的基础上，自行制定有关评审各种专业的执业资格的办法。

11. 自主的体育管理权

香港特别行政区政府自行制定体育政策。

12. 自主的社会福利政策制定权

特别行政区政府在原有社会福利制度的基础上，根据经济条件和社会需要，自行制定其发展、改进的政策。

13. 自主的劳工管理权

特别行政区政府自行制定有关劳工的法律和政策。

（二）立法权

立法权是指有权的国家机关，按照一定的程序，制定、修改和废止法律的权力，在此特指制定、修改、废除在香港或澳门特别行政区实施的法律的权力。在"一国两制"下，特别行政区享有完整的立法权。在权力来源上，特别行政区立法机关是依据全国人大通过的基本法专门设立的，其立法权是全国人大通过基本法授予的。根据《宪法》第二条，国家的权力来源于全体人民，全国人大授予特别行政区的任何权力也来自全国人民。在权力性质上，特别行政区是单一制国家内的一个特殊的地方行政区域，特别行政区享有的立法权是中国主权国家内的地方立法权。由于特别行政区在"一国两制"下实行"港人治港"、"澳人治澳"、高度自治，其立法机关具有自主性。在立法范围方面，除了国防、外交和不属于特别行政区自治范围内的事务外，特别行政区对属于自治范围内的事务均享有立法权。

特别行政区立法会是特别行政区的立法机关，经选举产生并根据基本法行使职权，包括根据基本法规定并依照法定程序制定、修改和废除法律；根据政府的提案，审核、通过财政预算；批准税收和公共开支等。特别行政区享有的立法权也极为广泛，可以依照基本法制定民事、刑事、商事和诉讼程序等各方面适用于特别行政区的法律。特别行政区立法会制定的法律须报全国人大常委会备案。全国人大常委会在征询香港基本法委员会后，如认为特别行政区立法机关制定的任何法律不符合基本法关于中央管理的事务及中央和特别行政区的关系的条款，可将有关法律发回，但不作修改。经全国人大常委会发回的法律立即失效。

港澳基本法第十七条均规定了特别行政区享有立法权。特别行政区的立法权具有以下五个特点：

一是香港特别行政区立法权属于地方立法权，虽然其立法权限很大，但不享有主权权力，与联邦制国家的成员单位的立法权性质有根本差异；特别行政区本身并没有固定的权力，而享有高度的自治权力，其性质是一种地方自治权，这种权力是由中央授予的。对此，《香港基本法》第二条已作出明确规定，由全国人民代表大会授权特别行政区实行高度自治权，其中包括授予立法权。所以，特别行政区享有的立法权，其权力由中央授权。为了实行"一国两制"，体现地方高度自治，同时保持特别行政区的稳定和繁荣，根据中央与特别行政区的关系，中央授予特别行政区的自治权是极其广泛的。就立法权来说，特别行政区除了对属于国家主权范畴的国防、外交以及其他属于中央人民政府管辖的事务无权立法外，有权在不违反《香港基本法》的前提下，就特别行政区自治范围内的一切地方事务，自行制定、修改、废除法律。

二是香港特别行政区立法权大致上可归为自治立法权范畴，其与中国普通行政区域所享有的一般地方立法权有本质差别，在自治权的权量上也大大超过民族自治地区。根据《香港基本法》的规定，特别行政区除了不能制定有关国防、外交以及其他由中央管理的事务方面的法律外，凡属特别行政区自治范围内一切事务的法律都可以制定，其中包括有关民法、刑法、诉讼法、对外贸易法等方面的法律，都可根据特别行政区的实际需要自行制定。特别行政区比省级人大及其常委会和民族自治地方的人大享有更为广泛的主法权，有自己的一套法律制度和法律体系。但按照宪法的规定，民族区域自治地方的人民代表大会制定的自治条例和单行条例，须报全国人大常委会批准后才能生效；按照《香港基本法》规定，特别行政区制定的法律，只要报全国人大常委会备案即可，并不需要由全国人大常委会批准后才生效。"批准"与"备案"不同，备案并不影响法律的生效。较之省级人大及其常委会和民族自治地方的人民代表大会，特别行政区在立法权上享有更多的自主性。

三是特别行政区的立法权不属于行政立法权，而属于典型的议会立法权，回归前后其性质已经发生了根本转变。

四是香港特别行政区的立法权是单一层级的，目前不会增加层级，而且呈现明显的单极化特征，即香港没有所谓的政府立法权。

五是香港特别行政区立法权经由基本法和本地法律的塑造，日臻成熟和稳定，表现在立法权集中统一、立法理念先进、立法程序民主、立法技术科学四个方面。

（三）独立的司法权和终审权

"独立的司法权"指香港、澳门特别行政区各级法院依法行使审判权，除法律之外，不受任何干涉。"终审权"指香港、澳门特别行政区有权设立终审法院，作为香港、澳门特别行政区各级法院审理各类案件的终审法院。终审法院的判决和裁定为最终的判决和裁定，诉讼当事人不能再向其他司法机关提出上诉。

（1）香港与澳门特别行政区有权依照基本法的规定，实行具有自身特色的法院体系和司法制度。

法官独立审判案件，不受任何干涉，也不扮演政治角色，这对法官公正审判案件，正确适用法律有积极意义。《香港基本法》第八十五条也明文规定香港特别行政区法院独立进行审判，不受任何干涉。为此就要求法官和司法人员忠实于法律，排除干扰，独立审判，依法保障香港居民所享有的权利和义务。确如终审法院常任法官和高等法院法官就职宣誓词所说，定当拥护《香港基本法》，效忠中华人民共和国香港特别行政区，尽忠职守、奉公守法、公正廉洁，以无惧、无偏、无私、无欺之精神，维护法制，主持正义，为香港特别行政区服务。

法院作为独立的组织系统，与其他组织系统分离。全国人大除在《香港基本法》第二条授予香港特别行政区享有独立的司法权和终审权外，第五十七条也要求廉政公署独立工作，第六十三条还强调，律政部门主管的刑事检控工作不受任何干涉。但这并不意味着司法系统绝对独立于行政和立法系统之外。《香港基本法》第八十三条要求，香港特别行政区各级法院的组织和职权由法律规定。在此，法律主要是指由行政机关草拟、由立法机关通过、经行政长官签署生效的各级法院条例。各级法院法官包括终审法院法官并没有凌驾香港特别行政区法律的权力，更不用说凌驾全国人大或全国人大常委会制定的法律的权力了。此外，根据《香港基本法》第八十八条和第九十一条的规定，法官和司法人员还受到行政长官行使任免权的制约。

法官享有免责、终身制、高薪制的保障。《香港基本法》第八十五条规定，司法人员履行审判职责的行为不受法律追究，第九十三条还保障法官和其他司法人员的薪金、津贴、福利待遇和服务条件，但这并不意味着法官可以为所欲为。根据《香港基本法》第八十九条的规定，在法官无力履行职务或行为不检的情况下，行政长官可按法定程序免除其职务，这并不影响司法独立。

（2）独创的地方终审法院。

《香港基本法》第二条授予香港特别行政区享有独立的司法权和终审权，第八十一条和第八十二条还规定香港特别行政区设立终审法院。一个地方行政区域设置终审法院，享有终审权，此举措在中国法制史上前所未有，在外国法制史上亦极不寻常。回归后，香港特别行政区的司法管辖权和审判权不但没有变小，反而因为终审法院的建立而有所扩大。这是香港特别行政区享有高度自治权的重要标志，反映了国家在香港特别行政区贯彻"一国两制"、实行"港人治港"、落实高度自治的决心和诚意。

香港特别行政区享有终审权并不妨碍国家对香港恢复行使主权。理由如下：

第一，根据《香港基本法》第十九条第三款，香港特别行政区法院对国防、外交等国家行为没有管辖权，对有关的事实问题，应取得行政长官就此发出的证明文件。上述文件对法院有约束力。行政长官在发出证明文件前，须取得中央政府的证书。这样足以防范香港特别行政区法院包括终审法院发生越权的情况。在不损害国家主权的前提下，香港特别行政区享有独立的司法权和终审权是被允许的。

第二，根据《香港基本法》第一百五十八条第一款和第三款，基本法的解释权属于全国人大常委会；香港特别行政区法院审理案件时涉及基本法关于中央政府管理事务或中央和香港特别行政区关系的条款，在作出不可上诉的判决前，应由终审法院提请全国人大常委会作出解释，并以此为准。全国人大常委会也可主动解释，这样可以保障基本法的正当解释和实施，避免因香港特别行政区司法机关作有损国家主权的解释而产生严重的后果。

第三，考虑到香港的历史和现实情况，香港特别行政区设立终审法院也有实际需要。如香港特别行政区终审权属于内地的最高人民法院，因大量的香港原有法律的判例不存在中文版本而内地法院又不允许以英文作出判决，由此带来了操作上的不便。目前，《香港基本法》第九条关于中文的使用，尚未完全在司法机关中普及。

第四，香港回归前，每年上诉到英国枢密院司法委员会的终审案件并不多。但英国为彰显其影响力，不愿意将终审权交给当地。为了实现"一国两制"，中国可以将香港特别行政区的终审权交给当地终审法院，这不但保证了香港法制的连续性，而且在司法体制上充分体现了"港人治港"的原则。这一重大决策具有深远的国际意义。

（四）处理对外事务的权力

（1）发展对外经贸文化关系。

《香港基本法》第一百五十一条指出，香港特别行政区可在经济、贸易、金融、航运、通讯、旅游、文化、体育等领域以"中国香港"的名义，单独同世界各国、各地区及有关国际组织保持和发展关系，签订和履行有关协议。香港回归后，香港特别行政区经基本法的授权可自行处理经贸、文化等广泛领域的对外事务，并以"中国香港"的名义继续保持和发展对外关系，签订和履行有关协议，维护香港作为自由港以及国际金融、贸易、航运和信息中心的地位，使这一国际经济大都市保持生机勃勃的发展活力。

《香港基本法》除原则性规定香港特别行政区自行处理对外事务的范畴外，还对若干容易混淆的事务作了具体规定。在船舶登记方面，《香港基本法》第一百二十五条授权香港特别行政区继续进行船舶登记，并根据本区法律以"中国香港"的名义颁发有关证件。在飞机登记方面，《香港基本法》第一百二十九条第一款要求香港特别行政区按照中央人民政府关于飞机国籍标志和登记标志的规定，设置自己的飞机登记册。在民用航空日常业务和技术管理方面，包括机场管理、在香港特别行政区飞行情报区内提供空中交通服务和履行国际民用航空组织的区域性航行规划程序所规定的其他职责，《香港基本法》第一百三十条也明确要求香港特别行政区自行负责。在外国设立官方或半官方经贸机构方面，《香港基本法》第一百五十六条授权香港特别行政区根据需要设立，报中央政府备案。在经贸、文化等广泛领域，香港特别行政区以"中国香港"的名义自行处理的对外事务散见于《香港基本法》第五、六章，由于未能尽列，只能采用"等领域"一词表述。但"等领域"受到以下两个限制：①在经贸、文化等领域内，不能超越经贸、文化等领域，更不能进入政治、外交和国防等领域；②应以"中国香港"的名义，而不能以"香港"的名义或其他名义处理上述对外事务。

（2）参加不以国家为单位的国际组织和国际会议。

根据《香港基本法》第一百五十二条第二款，香港特别行政区可以"中国香港"的名义参加不以国家为单位的国际组织和国际会议。基本法将国际组织和国际会议划分为以国家为单位参加和不以国家为单位参加两类是明智的。由于地方政府也是政府，如以政府间和非政府间来划分国际组织和国际会议，可能会造成混乱。根据该规定，香港特别行政区作为中国的一个地方行政区域，不得参加以国家为单位的国际组织和国际会议，却可根据实际需要参加不以国家为单位的国际组织和国际会议。

对于香港已以某种形式参加不以国家为单位的国际组织，《香港基本法》将该国际组织分为中国已经参加和中国尚未参加两类：对于中国已经参加的国际组织，《香港基本法》第一百五十二条第三款规定，中央人民政府将采取必要措施使香港特别行政区以适当的形式继续保持在这些组织中的地位；对于中国尚未参加的国际组织，《香港基本法》第一百五十二条第四款规定，中央人民政府将根据需要使香港特别行政区以适当的形式参加这些组织。对前者，中央政府将采取必要的措施保持之；对后者，中央政府根据需要作出决定。所谓"根据需要"，就是以是否有利于香港特别行政区在经贸、金融、航运、旅游、文化、体育等领域的发展为判断标准。所谓"以适当形式"，就是以"中国香港"的名义参加。现代国际组织名目多样，必然存在中国内地已经参加而香港未参加或中国内地、香港皆未参加的国际组织，对于香港可否加入这些国际组织，《香港基本法》未作明文规定。但从法理上可以推断，只要该国际组织不以国家为单位且符合香港特别行政区的总体利益，香港特别行政区经中央政府同意即可参加。

（3）国际协议的适用问题。

对于国际协议在香港特别行政区的适用，《香港基本法》将有关国际协议分为中国已经缔结和中国尚未参加两类。《维也纳条约法公约》第二十九条规定："除条约表示不同意思，或另经确定外，条约对每一当事国之拘束力及于其全部领土。"对中国缔结的国际协议，《香港基本法》第一百五十三条第一款规定，中央人民政府可根据香港特别行政区的情况和需要，在征询香港特别行政区政府的意见后，决定是否适用于香港特别行政区。这是尊重香港特区高度自治权的表现，但其适用的决定权当属中央政府。

对中国尚未参加的国际协议，《香港基本法》又将该国际协议分为已适用于香港和其他国际协议两类。对于前者，《香港基本法》第一百五十三条第二款规定仍可继续适用，以确保有关国际权利和义务的连续性。对于后者，同一条款还明确指出，中央人民政府根据需要授权或协助香港特别行政区政府作出适当安排，使其他有关国际协议适用于香港特别行政区。对上述两类国际协议产生的权利和义务的关系，有必要顾及中国尚未参加这一基本事实。

（4）出入境管制。

对于出入境管制，《香港基本法》第一百五十四条第二款规定，对世界各国或各地区的人入境、逗留和离境，香港特别行政区政府可实行出入境管制。本款受出入境管制的对象是指世界各国和各地区来港人士，但不包括：①香港永久性居民。《香港基本法》第二十四条第三款规定，该居民在香港特别行政区享有居留权，并持有资格依照香港特别行政区法律取得载明其居留权的永久性居民身份证。有居留权意味着有不受限制的居住权和出入境权。②香港特别行政区成立后丧失永久性居民身份的人。《1997 年人民入境（修订）（第 3 号）条例》第十二条规定，在香港特别行政区成立后丧失香港居留权的人，仍有香港入境权。他们保留选举权和被选举权以外的香港永久性居民所拥有的大部分权利。

此外，受出入境管制的对象也不包括内地来港人士。《香港基本法》第二十二条第四款规定，中国其他地区的人进入香港特别行政区须办理批准手续，其中进入香港特别行政区定居的人数由中央人民政府主管部门征求香港特别行政区政府的意见后确定。内地来港定居或非定居人士属于中央政府管理事务以及中央和香港特别行政区关系的有关事务，与香港特别行政区自行实施的出入境管制不同。对于上述人士应当采取出入境管制以外的其他管理措施。

二、特别行政区高度自治权的性质

自治权就其字面的解释是自主管理的权力。从历史上看，自治权是伴随"地方自治"而提出来的。特别行政区的高度自治权是特别行政区区别于我国民族区域自治地方和普通地方行政区域的主要标志。那么，对特别行政区享有的自治权的性质问题，需要作进一步探讨。

（一）特别行政区享有的高度自治权，是从属于国家主权的地方自治权

主权是国家最重要的属性，是每个国家固有的、完全独立地处理其对内对外事务的权力。国家在其主权范围内，有权在其领土上排斥任何外国权力，享有充分的行政管理权、立法权和司法权。在国际交往领域，有权不依附其他任何国家或国家集团，独立自主地处理对外事务。地方自治权是在一定的地区范围内，地方政府依照中央政府的授权享有和行使自主管理权。这种自主管理权即使再大，它也属于中央授权，不属于其固有的权力。任何主权国家在国际法范围内享有独立权、平等权、自卫权。但作为享有高度自治权的特别行政区，其享有和行使的权力再大，在行使权力时，也都要受到国家的制约，受到国家宪法和基本法的约束。特别行政区不能享有分离权，不能因为享有高度自治权就从主权国家中分离出去。特别行政区只能处理自治范围内的事务，只能在中央授权范围内行使权力，这是由特别行政区享有高度自治权的性质决定的。有人依据特别行政区享有立法权、行政权、独立的司法权和终审权，就认为特别行政区享有的权力与联邦制下的成员国享有的权力在性质上是相同的。这种观念是不对的。从宪法理论上讲，判定地方享有的职权究竟是联邦制下的成员国的权力还是单一制下的地方自治权，关键看该地区是否拥有国家主权，而不能以享有权力的大小为判断标准。从特别行政区的情况来看，它并不享有国家主权，它所拥有的高度自治权是在维护中华人民共和国主权的前提下的自治权，而不能以它享有权力的大小为标准。因此，它只能属于地方自治权的范畴。

（二）特别行政区所享有的高度自治权来源于中央，而不是其本身所有的权力

《香港基本法》第二条规定："全国人民代表大会授权香港特别行政区依照本法的规定实行高度自治，享有行政管理权、立法权、独立的司法权和终审权。"第十三条第三款规定："中华人民共和国授权香港特别行政区依照本法自行处理有关的对外事务。"条款清楚地表明香港特别行政区实行高度自治的权力来源于中央的授权。这就是说，从特别行政区的权力来源来看，它具有派生性和非本源性的特点。特别行政区的高度自治权是中

央授予的这一特点说明，特别行政区自身不能确定自己权力的范围，也不能确定自己享有权力的内容，它所享有的权力的范围和内容都只能由中央授予，凡是未经中央授予的权力，香港特别行政区不能擅自行使，不能自行突破中央授权的范围。

授权与分权是两个不同的法律概念，表达了两种不同的权力关系。授权是指权力主体将原来属于它的权力，授予被授权者行使。分权则是将权力在两个或两个以上的权力主体之间进行分割。在授权的概念下，权力主体对被授权者是否按照授权的规定行使其权力有监督权。在分权的概念下，两个或两个以上的权力主体，按照分权的规定各自独立行使其权力。在授权的概念下，被授权者享有所授予权力的界限，未授予的权力保留在权力主体手里，因此没有剩余权力归谁的问题。在分权的概念下，除了明文规定分别属于各个权力主体的权力外，还有一个剩余权力归谁的问题需要解决。由于有些人未能把握授权与分权的区别，从分权的观点来考虑中央和特别行政区之间的权力关系，结果得出了一系列错误的推论。例如，特别行政区对在其高度自治范围内的事务，可拥有独立及最终的决策权，不受任何外来监察；中央人民政府负责的事务由中央人民政府全权管理，特别行政区负责的事务由特别行政区政府全权管理；中央人民政府同特别行政区之间的争议，应交给一个独立的仲裁机构处理；剩余权力归特别行政区；等等。因此，掌握分权与授权的区别，对于我们正确认识高度自治权、正确处理中央和特别行政区的关系是至关重要的。

（三）特别行政区享有的高度自治权是自主地管理香港、澳门地区事务的权力

这就是说，特别行政区行使的高度自治权的客体是香港、澳门地区的事务。同时，就自治权的效力范围而言，也只能及于香港、澳门地区。自治权效力的地域性是香港、澳门特别行政区所享有的高度自治权的一个特点。这个特点告诉我们，特别行政区的自治权不能管理香港、澳门地区之外的其他地区的事务。自主性是特别行政区高度自治权的又一重要特点，从法律上讲，自主性具有以下内容：①不受干预性。基本法授予特别行政区的高度自治权，是中央权力行使的基本界限，即中央的权力不超越自治权的界限，不干预属于特别行政区自治权范围内的事务。在法理上，特别

行政区的高度自治权是中央自我限制权力的法律标志。②决定效力的终极性。特别行政区的高度自治权由行政长官、行政机关、立法机关和法院分别行使，在基本法规定的范围内，这些机关都有对属于自治权范围内的问题作出终极决定的权力，无须中央批准。一经作出决定，就具有法律效力。③行使职权手段的可选择性。特别行政区可以在基本法规定的范围内选择自己行使职权的手段。

第三节　特别行政区对国家安全承担的义务和责任

一、《香港基本法》第二十三条立法的含义

《香港基本法》在第二十三条规定："香港特别行政区应自行立法禁止任何叛国、分裂国家、煽动叛乱、颠覆中央人民政府及窃取国家机密的行为，禁止外国的政治性组织或团体在香港特别行政区进行政治活动，禁止香港特别行政区的政治性组织或团体与外国的政治性组织或团体建立联系。"从而确立了香港特别行政区对维护国家统一和主权所承担的责任。从内容上看，主要包括以下几个方面：

第一，针对叛国、分裂国家、煽动叛乱、颠覆中央人民政府及窃取国家机密的行为。这些行为在内地刑法中都属于危害国家安全罪一类，与之相对应的是内地刑法的背叛国家罪、分裂国家罪、煽动分裂国家罪、颠覆国家政权罪、武装叛乱暴乱罪、煽动颠覆国家政权罪、间谍罪以及为境外窃取、刺探、收买、非法提供国家秘密、情报罪等。在内地刑法中，关于危害国家安全罪共有 7 个罪名可以判处死刑，虽然这并不在特别行政区适用，香港特别行政区也要维护国家的统一和主权。而香港特别行政区因已于 1993 年废除死刑，所以在对《香港基本法》第二十三条进行立法时一定要考虑到特别行政区的特殊情况。

第二，禁止外国的政治性组织或团体在香港特别行政区进行政治活动。由于香港是国际化都市，同其他国家和地区有着广泛的经济、文化交流。《香港基本法》禁止外国的政治性组织或团体在特别行政区进行政治活动，这对于维护国家的主权和统一、防止外国势力干涉中国内政是十分

必要的，对于维护"港人治港"的基本方针也有着重要意义。

第三，禁止香港特别行政区的政治性组织或团体与外国的政治性组织或团体建立联系。香港特别行政区是一个社团十分发达的地区，这已经成为香港的特色之一。社团是香港社会的重要组成部分，政府施政也离不开社团，因而对于社团的管理和引导就显得尤为重要。《香港基本法》禁止香港特别行政区的政治性组织或团体与外国的政治性组织或团体建立联系，就是为了保持香港政治性组织和团体的独立性，防止外国势力的渗透和干涉。以上这些行为都与国家主权密切相关，因而必须有相应的法律予以规范。此外，对外国政治团体在自己国家的领土进行活动，或与自己国家的政治团体建立联系进行活动加以限制，是世界上大多数国家通行的做法，并非《香港基本法》才有。由于香港社团情况复杂，涉及具体问题的界定，应当由香港特别行政区立法机关根据具体情况进行界定。

目前香港刑法中有叛国罪等规定，中国对香港恢复行使主权后，香港居民对英国皇室、英国政府便没有义务，这部分刑法也不适用了。另外，全国人大和人大常委会制定的法律，基本上不适用于香港，中国内地的刑法也不适用于香港。那么，这部分便有了空隙，需要另一法律代替，为此有必要在《香港基本法》里写上。

二、落实《香港基本法》第二十三条立法的必要性

（一）国家授权特别行政区自行立法是"一国两制"下的特殊安排

《香港基本法》第二十三条的"应自行立法"，一方面有坚持维护国家统一安全、主权和领土完整的"一国"原则的考量；另一方面又体现了充分尊重香港特别行政区高度自治的立法权，充分尊重香港特别行政区不同的社会制度以及生活方式的"两制"的含义。可以说，这种既考量"一国"又体现"两制"的法律规定，在立法和立法学上都是一个伟大的创举，在世界其他国家的立法中完全没有这样的先例。

美国、俄罗斯等一些联邦制国家，中央政府的权力不仅包括国防、外交等涉及国家主权和对外关系的事务，还具体涉及管辖危害国家安全的刑事犯罪事务。在西方的联邦制国家里，各州、各联邦主体虽拥有立法权，但这种立法权是一种与中央政府的立法权有着完全界分的立法权。例如在

美国，根据其宪法的相关规定，中央的刑事立法权包括危害国家安全罪等在内的重罪以及伪造货币等事项，对于其他事项的刑事立法才是"州立法权"。由此可见，在传统的联邦制国家（如美国），涉及国家安全的立法权都属于中央联邦。因而，这些联邦制国家完全不存在一个中央政府和地方政府如何"共同维护"其国家安全的问题。

但是在我国目前的情况下，"一国两制"下的中央政府和特别行政区政府的关系和权力完全不同于联邦制国家中联邦和州的关系，即中央政府对香港特别行政区的权力仅仅拥有外交、国防、任免香港特别行政区行政长官和司法官员，以及决定香港特别行政区与国外海空航运关系等几项。香港特别行政区政府享有除中央政府权力之外的所有立法、行政、司法及终审权，可见其权力相当大。立法权中也包含了香港特别行政区的国家安全立法权，《香港基本法》将几种世界各国都公认的危害国家安全的犯罪行为进行立法，具体地表述为香港特别行政区政府"应自行立法"，即将国家安全立法的权力授予香港特别行政区政府。从中外世界各国的法制史来看，由单一制国家的某个地域（特区）进行独立的维护国家安全的立法活动，这完全是举世无双的。由此可以看出，香港政府以其特别行政区的特殊身份拥有维护国家安全的立法权，这完全和充分地体现了"一国两制"框架下特别行政区的高度自治权，同时也体现了中央政府对香港特别行政区政府的充分信任，体现了国家在香港实行"一国两制"和"高度自治"的诚意和决心，这是在"一国两制"背景下的特殊安排，更是对香港特别行政区高度自治权的尊重。

（二）自行立法是特别行政区及每位中国公民的神圣责任和法定义务

《香港基本法》序言明确指出："为了维护国家的统一和领土完整，保持香港的繁荣和稳定，并考虑到香港的历史和现实情况，国家决定，在对香港恢复行使主权时，根据中华人民共和国宪法第三十一条的规定，设立香港特别行政区。"

《香港基本法》第一条规定："香港特别行政区是中华人民共和国不可分离的部分。"第十二条规定："香港特别行政区是中华人民共和国的一个享有高度自治权的地方行政区域，直辖于中央人民政府。"这就说明香港特别行政区作为我国单一制国家结构形式下的一个地方行政区域，有维护国家的独立、主权、统一和安全的义务。

　　许多联邦制国家，如美国，其各州都拥有自己的法律体系并有权制定刑法典，然而，包括危害国家安全罪在内的重罪以及国际公罪、禁止奴役等事项均属于联邦的刑事立法权。美国模范刑法典第二编首列"对州之生存及安全之犯罪"，却没有列入"对联邦之生存及安全之犯罪"，该法典的立法理由明确指出："包含谋叛、内乱、谍报活动等在内的此种犯罪，系排除在模范刑法典之外，此等犯罪主要是属于联邦政府之问题。"《美利坚合众国宪法》第三条第三款明确规定了叛国罪的构成，"只有对合众国发动战争，或投向它的敌人，予敌人以协助及方便者，方构成叛国罪"，并规定了叛国罪的惩治。

　　维护国家安全，直接涉及国家的独立、主权、统一和领土完整，在性质上，已经超越了高度自治的范围，属于主权的范畴，已经不仅仅是"两制"，而是涉及"一国"方面的内容。

　　维护国家的主权、统一和领土完整是每一个公民的义务。世界上任何国家都不允许任何叛国、分裂国家、煽动叛乱、颠覆政府及窃取国家机密等行为，在自己的刑法里都有惩罚这些行为的规定。目前香港的《刑事罪行条例》中，也有关于禁止危害英国皇室和背叛英国一类行为的规定。1997年我国对香港恢复行使主权后，这些规定当然不能继续沿用，已由相应的法律代替。禁止与外国的政治性组织或团体建立联系，这也是世界各国的通例。

　　香港的《社团条例》中有这样的规定，总督有权对违反禁令的社团进行制裁，直至将其解散。我国现行刑法也有相应的禁止性和惩罚性规定。但由于香港实行与内地不同的法律制度，内地刑法在香港特别行政区不适用。另外，香港的现行刑法中规定的有关犯罪，如叛国罪等，又是针对香港居民危害英国皇室、英国政府和国家利益的行为，是以把香港居民当作英国女皇的"臣民"来管治为前提的。我国对香港恢复行使主权后，这种针对性和前提条件便不复存在。香港居民不再负有对英国女皇特别效忠的义务。因此，自行制定相应法律禁止叛国、分裂国家、煽动叛乱、颠覆政府及窃取国家机密一类的行为，便成了香港特别行政区立法机关义不容辞的责任。否则，这方面就会出现"法律真空"。为此，《香港基本法》第二十三条明确规定：香港特别行政区应自行立法禁止任何叛国、分裂国家、煽动叛乱、颠覆中央人民政府及窃取国家机密的行为，禁止外国的政治性组织或团体在香港特别行政区进行政治活动，禁止香港特别行政区的政治性组织或团体与外国的政治性组织或团体建立联系。

回归前在香港适用的刑事法律有上述这方面的规定。以香港为例，回归前，依照适用于香港的有关英国法例和香港本地制定的《刑事罪行条例》，凡犯有下列事项之一即构成叛逆罪，须判死刑：①杀害、伤害或囚禁英皇。②意图杀害、伤害或囚禁英皇并以某些公开行为显示该意图。③向英皇发动战争，包括意图罢黜英皇，或强迫英皇改变其政府方针，或恫吓国会或其他同类立法机构。④鼓动外地人士入侵英国领土。⑤协助与英皇作战之敌人。⑥串谋犯上述第①或第③项罪行。对上列叛逆重罪，其他人知情不举，亦属违法。此外，还有稍次一等的叛逆罪，可不判死刑。对于一般香港居民来说，如其以口头表示或书面形式发表文字，表露出意图使他人对英皇、王嗣或继承人及对香港政府仇恨、藐视或激起恶感，也会构成一般煽动罪。关于泄露国家机密方面，规定有"违反《官方机密法案》罪"，包括：错误行近禁区；以妨碍国家安全为目的，不正当地向真正的或可能的敌人传达文件或情报；不正当地将公职人员所得之机密文件或情报传达他人；未能小心保管政府之机密文件；不正当地违反此法案而获得情报；匿藏间谍；不正当地使用制服、冒充某人或作出虚假陈述以图进入禁区。对于发动军队叛变等犯罪，香港现行刑法也作了专门规定。

禁止外国的政治性组织或团体在香港特别行政区进行政治活动，禁止香港特别行政区的政治性组织或团体与外国的政治性组织或团体建立联系，也是国际上的通例。其目的都是保障国家安全。

总之，从法律的角度看，香港特别行政区自行立法落实《香港基本法》第二十三条的规定，是特别行政区及每位中国公民的神圣责任和法定义务，既符合香港的法律传统和法治精神，也符合国际立法通例。不过，自行立法也属于香港自治范围内的事务，一切还需要在尊重历史和现实的基础上，从香港社会的实际情况出发，集思广益，以期在条件成熟时有所作为。

（三）自行立法是香港社会和居民的根本利益所在

自行立法不但是"一国两制"下的特殊安排，也是特别行政区及每位中国公民的神圣责任和法定义务，还是香港社会和居民的根本利益所在。只有在国家安全立法的保护下，才有可能从根本上保证香港社会的稳定，维护香港居民正常的生活秩序，这是香港居民的根本利益所在。有少数人没看到这个根本性前提，认为《香港基本法》第二十三条立法违反了国际人权公约，损害香港居民的言论自由，我们认为，这是极其狭隘的、有害的观点。

（1）落实《香港基本法》第二十三条并不违反国际人权公约。

《香港基本法》第三十九条规定，《公民权利和政治权利国际公约》《经济、社会与文化权利的国际公约》和国际劳工公约适用于香港的有关规定继续有效，通过香港特别行政区的法律予以实施。香港居民享有的权利和自由，除依法规定外不得限制，此种限制不得与本条第一款规定相抵触。因此，有一种观点认为，落实《香港基本法》第二十三条违反了国际人权公约，这种观点是难以成立的。

《公民权利和政治权利国际公约》和《经济、社会与文化权利的国际公约》中的许多条款都明确指出权利和自由要受到必要的限制，这些限制包括国家安全、公共秩序和道德等。譬如《经济、社会与文化权利的国际公约》第八条规定"人人有权利组织工会和参加他所选择的工会"和"工会有权自由地进行工作"，但同时指出"对这一权利的行使，不得加以除法律所规定及在民主社会中为了国家安全或公共秩序的利益或为保护他人的权利和自由所需要的限制以外的任何限制"。又如《公民权利和政治权利国际公约》第十二条规定了迁徙自由，并指出要受到"法律所规定并为保护国家安全、公共秩序、公共卫生或道德，或他人的权利和自由所必需且与本公约所承认的其他权利不抵触的限制"。第十四条规定了公开审理原则，并规定"由于民主社会中的道德的、公共秩序的或国家安全的理由，或当诉讼当事人的私生活的利益有此需要时，或在特殊情况下法庭认为公开审判会损害司法利益因而严格需要的限制下，可不使记者和公众出席全部或部分审判"。第二十一条规定了和平集会的权利："对此项权利的行使不得加以限制，除去按照法律以及在民主社会中为维护国家安全或公共安全、公共秩序，保护公共卫生或道德或他人的权利和自由的需要而加的限制。"第二十二条规定了结社的权利，但受到"法律所规定的限制以及在民主社会中为维护国家安全或公共安全、公共秩序，保护公共卫生或道德，或他人的权利和自由所必需的限制"等。

（2）落实《香港基本法》第二十三条与保护言论自由并不矛盾。

还有一种观点认为，落实《香港基本法》第二十三条立法影响言论自由。这种担心是没有必要的，因为言论自由本身并不是无限制的。《公民权利和政治权利国际公约》第二十条规定明确指出，"任何鼓吹战争的宣传，应以法律加以禁止。任何鼓吹民族、种族或宗教仇恨的主张，构成煽动歧视、敌视或强暴者，应以法律加以禁止"。第十九条规定了"人人都有自由发表意见的权利"，但是必须受到某些限制，"这些限制只应由法律规定并为下列条件所必需：（甲）尊重他人的权利或名誉；（乙）保障国家安全或公共秩序，或公共卫生或道德"。

落实第二十三条立法，打击危害国家安全的犯罪行为，这与正常的言论自由并不相干。再以美国的做法为例。美国《反颠覆法》规定："任何人倡导、鼓动、劝说、教唆以武力和暴力推翻破坏国家、州、地区、特区、政治分区政权的职责、必要性、正当性，或任何人以推翻破坏上述政权为目的，用印刷、出版、汇编、书刊、传播、销售、散布或当众显示任何文字和印刷品，来倡导、鼓动、劝说、教唆以武力和暴力推翻破坏国家任何级别政权的职责、必要性、正当性，或企图如此做，或任何人组织、帮助或企图组织任何社团、小组或集会进行教唆、倡导、鼓动以武力和暴力推翻破坏国家政权，或者在清楚其组织目的的情况下加入其组织成为成员或附属成员者，将被按此罪处罚款或处二十年以下徒刑，或罚款与徒刑并罚，并且五年内不准在政府各部门机关任职。如果两个或两个以上人同犯此罪，每个人将被处罚款或处二十年以下徒刑，或罚款与徒刑并罚，并且每个人五年内都不准在政府各部门机关任职。"

【阅读链接】

《"一国两制"在香港特别行政区的实践》白皮书前言

"一个国家，两种制度"是中国政府为实现国家和平统一而提出的基本国策。按照"一国两制"方针，中国政府通过与英国政府的外交谈判成功解决了历史遗留的香港问题，于 1997 年 7 月 1 日对香港恢复行使主权，实现了长期以来中国人民收回香港的共同愿望。香港从此摆脱殖民统治，回到祖国怀抱，走上了与祖国内地优势互补、共同发展的宽广道路。香港回归祖国后，"一国两制"由科学构想变成生动现实。中央政府严格按照《香港基本法》办事，认真履行宪制责任，坚定支持香港特别行政区行政长官和政府依法施政。香港特别行政区依法实行高度自治，享有行政管理权、立法权、独立的司法权和终审权，继续保持原有的资本主义制度和生活方式不变，法律基本不变，继续保持繁荣稳定，各项事业全面发展。"一国两制"在香港日益深入人心，得到包括香港同胞在内的全国人民的衷心拥护和国际社会的广泛好评。

"一国两制"作为一项新生事物，需要在实践中不断探索、开拓前进。回顾总结"一国两制"在香港特别行政区的实践历程，全面准确地理解和贯彻"一国两制"方针政策，有利于维护国家主权、安全和发展利益，有利于保持香港长期的繁荣稳定，有利于继续推动"一国两制"实践沿着正确的轨道向前发展。

【思考】

1. 如何理解特别行政区的高度自治？

2. 如何正确看待中央政府与特别行政区的关系？

【推荐阅读】

1. 习近平. 在庆祝香港回归祖国二十周年大会暨香港特别行政区第五届政府就职典礼上的讲话［M］. 北京：人民出版社，2017.

2. 阎小骏. 香港治与乱：2047 的政治想象［M］. 北京：人民出版社，2016.

3. 薛龙树. 香港，2014：名人眼中的香港政局［M］. 北京：人民出版社，2015.

附录 《中华人民共和国香港特别行政区维护国家安全法》

(2020 年 6 月 30 日第十三届全国人民代表大会常务委员会
第二十次会议通过)

目　录

第一章　总　则

第一条　为坚定不移并全面准确贯彻"一国两制"、"港人治港"、高度自治的方针，维护国家安全，防范、制止和惩治与香港特别行政区有关的分裂国家、颠覆国家政权、组织实施恐怖活动和勾结外国或者境外势力危害国家安全等犯罪，保持香港特别行政区的繁荣和稳定，保障香港特别行政区居民的合法权益，根据中华人民共和国宪法、中华人民共和国香港特别行政区基本法和全国人民代表大会关于建立健全香港特别行政区维护国家安全的法律制度和执行机制的决定，制定本法。

第二条 关于香港特别行政区法律地位的香港特别行政区基本法第一条和第十二条规定是香港特别行政区基本法的根本性条款。香港特别行政区任何机构、组织和个人行使权利和自由，不得违背香港特别行政区基本法第一条和第十二条的规定。

第三条 中央人民政府对香港特别行政区有关的国家安全事务负有根本责任。

香港特别行政区负有维护国家安全的宪制责任，应当履行维护国家安全的职责。

香港特别行政区行政机关、立法机关、司法机关应当依据本法和其他有关法律规定有效防范、制止和惩治危害国家安全的行为和活动。

第四条 香港特别行政区维护国家安全应当尊重和保障人权，依法保护香港特别行政区居民根据香港特别行政区基本法和《公民权利和政治权利国际公约》、《经济、社会与文化权利的国际公约》适用于香港的有关规定享有的包括言论、新闻、出版的自由，结社、集会、游行、示威的自由在内的权利和自由。

第五条 防范、制止和惩治危害国家安全犯罪，应当坚持法治原则。法律规定为犯罪行为的，依照法律定罪处刑；法律没有规定为犯罪行为的，不得定罪处刑。

任何人未经司法机关判罪之前均假定无罪。保障犯罪嫌疑人、被告人和其他诉讼参与人依法享有的辩护权和其他诉讼权利。任何人已经司法程序被最终确定有罪或者宣告无罪的，不得就同一行为再予审判或者惩罚。

第六条 维护国家主权、统一和领土完整是包括香港同胞在内的全中国人民的共同义务。

在香港特别行政区的任何机构、组织和个人都应当遵守本法和香港特别行政区有关维护国家安全的其他法律，不得从事危害国家安全的行为和活动。

香港特别行政区居民在参选或者就任公职时应当依法签署文件确认或

者宣誓拥护中华人民共和国香港特别行政区基本法，效忠中华人民共和国香港特别行政区。

第二章 香港特别行政区维护国家安全的职责和机构

第一节 职 责

第七条 香港特别行政区应当尽早完成香港特别行政区基本法规定的维护国家安全立法，完善相关法律。

第八条 香港特别行政区执法、司法机关应当切实执行本法和香港特别行政区现行法律有关防范、制止和惩治危害国家安全行为和活动的规定，有效维护国家安全。

第九条 香港特别行政区应当加强维护国家安全和防范恐怖活动的工作。对学校、社会团体、媒体、网络等涉及国家安全的事宜，香港特别行政区政府应当采取必要措施，加强宣传、指导、监督和管理。

第十条 香港特别行政区应当通过学校、社会团体、媒体、网络等开展国家安全教育，提高香港特别行政区居民的国家安全意识和守法意识。

第十一条 香港特别行政区行政长官应当就香港特别行政区维护国家安全事务向中央人民政府负责，并就香港特别行政区履行维护国家安全职责的情况提交年度报告。

如中央人民政府提出要求，行政长官应当就维护国家安全特定事项及时提交报告。

第二节 机 构

第十二条 香港特别行政区设立维护国家安全委员会，负责香港特别行政区维护国家安全事务，承担维护国家安全的主要责任，并接受中央人民政府的监督和问责。

第十三条 香港特别行政区维护国家安全委员会由行政长官担任主席，成员包括政务司长、财政司长、律政司长、保安局局长、警务处处长、本法第十六条规定的警务处维护国家安全部门的负责人、入境事务处处长、海关关长和行政长官办公室主任。

香港特别行政区维护国家安全委员会下设秘书处，由秘书长领导。秘书长由行政长官提名，报中央人民政府任命。

第十四条 香港特别行政区维护国家安全委员会的职责为：

（一）分析研判香港特别行政区维护国家安全形势，规划有关工作，制定香港特别行政区维护国家安全政策；

（二）推进香港特别行政区维护国家安全的法律制度和执行机制建设；

（三）协调香港特别行政区维护国家安全的重点工作和重大行动。

香港特别行政区维护国家安全委员会的工作不受香港特别行政区任何其他机构、组织和个人的干涉，工作信息不予公开。香港特别行政区维护国家安全委员会作出的决定不受司法复核。

第十五条 香港特别行政区维护国家安全委员会设立国家安全事务顾问，由中央人民政府指派，就香港特别行政区维护国家安全委员会履行职责相关事务提供意见。国家安全事务顾问列席香港特别行政区维护国家安全委员会会议。

第十六条 香港特别行政区政府警务处设立维护国家安全的部门，配备执法力量。

警务处维护国家安全部门负责人由行政长官任命，行政长官任命前须书面征求本法第四十八条规定的机构的意见。警务处维护国家安全部门负责人在就职时应当宣誓拥护中华人民共和国香港特别行政区基本法，效忠中华人民共和国香港特别行政区，遵守法律，保守秘密。

警务处维护国家安全部门可以从香港特别行政区以外聘请合格的专门人员和技术人员，协助执行维护国家安全相关任务。

第十七条 警务处维护国家安全部门的职责为：

（一）收集分析涉及国家安全的情报信息；

（二）部署、协调、推进维护国家安全的措施和行动；

（三）调查危害国家安全犯罪案件；

（四）进行反干预调查和开展国家安全审查；

（五）承办香港特别行政区维护国家安全委员会交办的维护国家安全工作；

（六）执行本法所需的其他职责。

第十八条 香港特别行政区律政司设立专门的国家安全犯罪案件检控部门，负责危害国家安全犯罪案件的检控工作和其他相关法律事务。该部门检控官由律政司长征得香港特别行政区维护国家安全委员会同意后任命。

律政司国家安全犯罪案件检控部门负责人由行政长官任命，行政长官任命前须书面征求本法第四十八条规定的机构的意见。律政司国家安全犯罪案件检控部门负责人在就职时应当宣誓拥护中华人民共和国香港特别行政区基本法，效忠中华人民共和国香港特别行政区，遵守法律，保守秘密。

第十九条 经行政长官批准，香港特别行政区政府财政司长应当从政府一般收入中拨出专门款项支付关于维护国家安全的开支并核准所涉及的人员编制，不受香港特别行政区现行有关法律规定的限制。财政司长须每年就该款项的控制和管理向立法会提交报告。

第三章 罪行和处罚
第一节 分裂国家罪

第二十条 任何人组织、策划、实施或者参与实施以下旨在分裂国家、破坏国家统一行为之一的，不论是否使用武力或者以武力相威胁，即属犯罪：

（一）将香港特别行政区或者中华人民共和国其他任何部分从中华人民共和国分离出去；

（二）非法改变香港特别行政区或者中华人民共和国其他任何部分的法律地位；

（三）将香港特别行政区或者中华人民共和国其他任何部分转归外国统治。

犯前款罪，对首要分子或者罪行重大的，处无期徒刑或者十年以上有期徒刑；对积极参加的，处三年以上十年以下有期徒刑；对其他参加的，处三年以下有期徒刑、拘役或者管制。

第二十一条 任何人煽动、协助、教唆、以金钱或者其他财物资助他人实施本法第二十条规定的犯罪的，即属犯罪。情节严重的，处五年以上十年以下有期徒刑；情节较轻的，处五年以下有期徒刑、拘役或者管制。

第二节 颠覆国家政权罪

第二十二条 任何人组织、策划、实施或者参与实施以下以武力、威胁使用武力或者其他非法手段旨在颠覆国家政权行为之一的，即属犯罪：

（一）推翻、破坏中华人民共和国宪法所确立的中华人民共和国根本制度；

（二）推翻中华人民共和国中央政权机关或者香港特别行政区政权机关；

（三）严重干扰、阻挠、破坏中华人民共和国中央政权机关或者香港特别行政区政权机关依法履行职能；

（四）攻击、破坏香港特别行政区政权机关履职场所及其设施，致使其无法正常履行职能。

犯前款罪，对首要分子或者罪行重大的，处无期徒刑或者十年以上有期徒刑；对积极参加的，处三年以上十年以下有期徒刑；对其他参加的，处三年以下有期徒刑、拘役或者管制。

第二十三条 任何人煽动、协助、教唆、以金钱或者其他财物资助他人实施本法第二十二条规定的犯罪的，即属犯罪。情节严重的，处五年以上十年以下有期徒刑；情节较轻的，处五年以下有期徒刑、拘役或者管制。

第三节 恐怖活动罪

第二十四条 为胁迫中央人民政府、香港特别行政区政府或者国际组织或者威吓公众以图实现政治主张，组织、策划、实施、参与实施或者威胁实施以下造成或者意图造成严重社会危害的恐怖活动之一的，即属犯罪：

（一）针对人的严重暴力；

（二）爆炸、纵火或者投放毒害性、放射性、传染病病原体等物质；

（三）破坏交通工具、交通设施、电力设备、燃气设备或者其他易燃易爆设备；

（四）严重干扰、破坏水、电、燃气、交通、通讯、网络等公共服务和管理的电子控制系统；

（五）以其他危险方法严重危害公众健康或者安全。

犯前款罪，致人重伤、死亡或者使公私财产遭受重大损失的，处无期徒刑或者十年以上有期徒刑；其他情形，处三年以上十年以下有期徒刑。

第二十五条 组织、领导恐怖活动组织的，即属犯罪，处无期徒刑或者十年以上有期徒刑，并处没收财产；积极参加的，处三年以上十年以下有期徒刑，并处罚金；其他参加的，处三年以下有期徒刑、拘役或者管制，可以并处罚金。

本法所指的恐怖活动组织，是指实施或者意图实施本法第二十四条规定的恐怖活动罪行或者参与或者协助实施本法第二十四条规定的恐怖活动罪行的组织。

第二十六条　为恐怖活动组织、恐怖活动人员、恐怖活动实施提供培训、武器、信息、资金、物资、劳务、运输、技术或者场所等支持、协助、便利，或者制造、非法管有爆炸性、毒害性、放射性、传染病病原体等物质以及以其他形式准备实施恐怖活动的，即属犯罪。情节严重的，处五年以上十年以下有期徒刑，并处罚金或者没收财产；其他情形，处五年以下有期徒刑、拘役或者管制，并处罚金。

有前款行为，同时构成其他犯罪的，依照处罚较重的规定定罪处罚。

第二十七条　宣扬恐怖主义、煽动实施恐怖活动的，即属犯罪。情节严重的，处五年以上十年以下有期徒刑，并处罚金或者没收财产；其他情形，处五年以下有期徒刑、拘役或者管制，并处罚金。

第二十八条　本节规定不影响依据香港特别行政区法律对其他形式的恐怖活动犯罪追究刑事责任并采取冻结财产等措施。

第四节　勾结外国或者境外势力危害国家安全罪

第二十九条　为外国或者境外机构、组织、人员窃取、刺探、收买、非法提供涉及国家安全的国家秘密或者情报的；请求外国或者境外机构、组织、人员实施，与外国或者境外机构、组织、人员串谋实施，或者直接或者间接接受外国或者境外机构、组织、人员的指使、控制、资助或者其他形式的支援实施以下行为之一的，均属犯罪：

（一）对中华人民共和国发动战争，或者以武力或者武力相威胁，对中华人民共和国主权、统一和领土完整造成严重危害；

（二）对香港特别行政区政府或者中央人民政府制定和执行法律、政策进行严重阻挠并可能造成严重后果；

（三）对香港特别行政区选举进行操控、破坏并可能造成严重后果；

（四）对香港特别行政区或者中华人民共和国进行制裁、封锁或者采取其他敌对行动；

（五）通过各种非法方式引发香港特别行政区居民对中央人民政府或者香港特别行政区政府的憎恨并可能造成严重后果。

犯前款罪，处三年以上十年以下有期徒刑；罪行重大的，处无期徒刑或者十年以上有期徒刑。

本条第一款规定涉及的境外机构、组织、人员，按共同犯罪定罪处刑。

第三十条 为实施本法第二十条、第二十二条规定的犯罪，与外国或者境外机构、组织、人员串谋，或者直接或者间接接受外国或者境外机构、组织、人员的指使、控制、资助或者其他形式的支援的，依照本法第二十条、第二十二条的规定从重处罚。

第五节 其他处罚规定

第三十一条 公司、团体等法人或者非法人组织实施本法规定的犯罪的，对该组织判处罚金。

公司、团体等法人或者非法人组织因犯本法规定的罪行受到刑事处罚的，应责令其暂停运作或者吊销其执照或者营业许可证。

第三十二条 因实施本法规定的犯罪而获得的资助、收益、报酬等违法所得以及用于或者意图用于犯罪的资金和工具，应当予以追缴、没收。

第三十三条 有以下情形的，对有关犯罪行为人、犯罪嫌疑人、被告人可以从轻、减轻处罚；犯罪较轻的，可以免除处罚：

（一）在犯罪过程中，自动放弃犯罪或者自动有效地防止犯罪结果发生的；

（二）自动投案，如实供述自己的罪行的；

（三）揭发他人犯罪行为，查证属实，或者提供重要线索得以侦破其他案件的。

被采取强制措施的犯罪嫌疑人、被告人如实供述执法、司法机关未掌握的本人犯有本法规定的其他罪行的，按前款第二项规定处理。

第三十四条 不具有香港特别行政区永久性居民身份的人实施本法规定的犯罪的，可以独立适用或者附加适用驱逐出境。

不具有香港特别行政区永久性居民身份的人违反本法规定，因任何原因不对其追究刑事责任的，也可以驱逐出境。

第三十五条 任何人经法院判决犯危害国家安全罪行的，即丧失作为候选人参加香港特别行政区举行的立法会、区议会选举或者出任香港特别行政区任何公职或者行政长官选举委员会委员的资格；曾经宣誓或者声明拥护中华人民共和国香港特别行政区基本法、效忠中华人民共和国香港特别行政区的立法会议员、政府官员及公务人员、行政会议成员、法官及其他司法人员、区议员，即时丧失该等职务，并丧失参选或者出任上述职务的资格。

前款规定资格或者职务的丧失，由负责组织、管理有关选举或者公职任免的机构宣布。

第六节　效力范围

第三十六条　任何人在香港特别行政区内实施本法规定的犯罪的，适用本法。犯罪的行为或者结果有一项发生在香港特别行政区内的，就认为是在香港特别行政区内犯罪。

在香港特别行政区注册的船舶或者航空器内实施本法规定的犯罪的，也适用本法。

第三十七条　香港特别行政区永久性居民或者在香港特别行政区成立的公司、团体等法人或者非法人组织在香港特别行政区以外实施本法规定的犯罪的，适用本法。

第三十八条　不具有香港特别行政区永久性居民身份的人在香港特别行政区以外针对香港特别行政区实施本法规定的犯罪的，适用本法。

第三十九条　本法施行以后的行为，适用本法定罪处刑。

第四章　案件管辖、法律适用和程序

第四十条　香港特别行政区对本法规定的犯罪案件行使管辖权，但本法第五十五条规定的情形除外。

第四十一条　香港特别行政区管辖危害国家安全犯罪案件的立案侦查、检控、审判和刑罚的执行等诉讼程序事宜，适用本法和香港特别行政区本地法律。

未经律政司长书面同意，任何人不得就危害国家安全犯罪案件提出检控。但该规定不影响就有关犯罪依法逮捕犯罪嫌疑人并将其羁押，也不影响该等犯罪嫌疑人申请保释。

香港特别行政区管辖的危害国家安全犯罪案件的审判循公诉程序进行。

审判应当公开进行。因为涉及国家秘密、公共秩序等情形不宜公开审理的，禁止新闻界和公众旁听全部或者一部分审理程序，但判决结果应当一律公开宣布。

第四十二条 香港特别行政区执法、司法机关在适用香港特别行政区现行法律有关羁押、审理期限等方面的规定时，应当确保危害国家安全犯罪案件公正、及时办理，有效防范、制止和惩治危害国家安全犯罪。

对犯罪嫌疑人、被告人，除非法官有充足理由相信其不会继续实施危害国家安全行为的，不得准予保释。

第四十三条 香港特别行政区政府警务处维护国家安全部门办理危害国家安全犯罪案件时，可以采取香港特别行政区现行法律准予警方等执法部门在调查严重犯罪案件时采取的各种措施，并可以采取以下措施：

（一）搜查可能存有犯罪证据的处所、车辆、船只、航空器以及其他有关地方和电子设备；

（二）要求涉嫌实施危害国家安全犯罪行为的人员交出旅行证件或者限制其离境；

（三）对用于或者意图用于犯罪的财产、因犯罪所得的收益等与犯罪相关的财产，予以冻结，申请限制令、押记令、没收令以及充公；

（四）要求信息发布人或者有关服务商移除信息或者提供协助；

（五）要求外国及境外政治性组织，外国及境外当局或者政治性组织的代理人提供资料；

（六）经行政长官批准，对有合理理由怀疑涉及实施危害国家安全犯罪的人员进行截取通讯和秘密监察；

（七）对有合理理由怀疑拥有与侦查有关的资料或者管有有关物料的人员，要求其回答问题和提交资料或者物料。

香港特别行政区维护国家安全委员会对警务处维护国家安全部门等执法机构采取本条第一款规定措施负有监督责任。

授权香港特别行政区行政长官会同香港特别行政区维护国家安全委员会为采取本条第一款规定措施制定相关实施细则。

第四十四条 香港特别行政区行政长官应当从裁判官、区域法院法官、高等法院原讼法庭法官、上诉法庭法官以及终审法院法官中指定若干名法官，也可从暂委或者特委法官中指定若干名法官，负责处理危害国家安全犯罪案件。行政长官在指定法官前可征询香港特别行政区维护国家安全委员会和终审法院首席法官的意见。上述指定法官任期一年。

凡有危害国家安全言行的，不得被指定为审理危害国家安全犯罪案件的法官。在获任指定法官期间，如有危害国家安全言行的，终止其指定法官资格。

在裁判法院、区域法院、高等法院和终审法院就危害国家安全犯罪案件提起的刑事检控程序应当分别由各该法院的指定法官处理。

第四十五条　除本法另有规定外，裁判法院、区域法院、高等法院和终审法院应当按照香港特别行政区的其他法律处理就危害国家安全犯罪案件提起的刑事检控程序。

第四十六条　对高等法院原讼法庭进行的就危害国家安全犯罪案件提起的刑事检控程序，律政司长可基于保护国家秘密、案件具有涉外因素或者保障陪审员及其家人的人身安全等理由，发出证书指示相关诉讼毋须在有陪审团的情况下进行审理。凡律政司长发出上述证书，高等法院原讼法庭应当在没有陪审团的情况下进行审理，并由三名法官组成审判庭。

凡律政司长发出前款规定的证书，适用于相关诉讼的香港特别行政区任何法律条文关于"陪审团"或者"陪审团的裁决"，均应当理解为指法官或者法官作为事实裁断者的职能。

第四十七条　香港特别行政区法院在审理案件中遇有涉及有关行为是否涉及国家安全或者有关证据材料是否涉及国家秘密的认定问题，应取得行政长官就该等问题发出的证明书，上述证明书对法院有约束力。

第五章　中央人民政府驻香港特别行政区维护国家安全机构

第四十八条　中央人民政府在香港特别行政区设立维护国家安全公署。中央人民政府驻香港特别行政区维护国家安全公署依法履行维护国家安全职责，行使相关权力。

驻香港特别行政区维护国家安全公署人员由中央人民政府维护国家安全的有关机关联合派出。

第四十九条　驻香港特别行政区维护国家安全公署的职责为：

（一）分析研判香港特别行政区维护国家安全形势，就维护国家安全重大战略和重要政策提出意见和建议；

（二）监督、指导、协调、支持香港特别行政区履行维护国家安全的职责；

（三）收集分析国家安全情报信息；

（四）依法办理危害国家安全犯罪案件。

第五十条 驻香港特别行政区维护国家安全公署应当严格依法履行职责，依法接受监督，不得侵害任何个人和组织的合法权益。

驻香港特别行政区维护国家安全公署人员除须遵守全国性法律外，还应当遵守香港特别行政区法律。

驻香港特别行政区维护国家安全公署人员依法接受国家监察机关的监督。

第五十一条 驻香港特别行政区维护国家安全公署的经费由中央财政保障。

第五十二条 驻香港特别行政区维护国家安全公署应当加强与中央人民政府驻香港特别行政区联络办公室、外交部驻香港特别行政区特派员公署、中国人民解放军驻香港部队的工作联系和工作协同。

第五十三条 驻香港特别行政区维护国家安全公署应当与香港特别行政区维护国家安全委员会建立协调机制，监督、指导香港特别行政区维护国家安全工作。

驻香港特别行政区维护国家安全公署的工作部门应当与香港特别行政区维护国家安全的有关机关建立协作机制，加强信息共享和行动配合。

第五十四条 驻香港特别行政区维护国家安全公署、外交部驻香港特别行政区特派员公署会同香港特别行政区政府采取必要措施，加强对外国和国际组织驻香港特别行政区机构、在香港特别行政区的外国和境外非政府组织和新闻机构的管理和服务。

第五十五条 有以下情形之一的，经香港特别行政区政府或者驻香港特别行政区维护国家安全公署提出，并报中央人民政府批准，由驻香港特别行政区维护国家安全公署对本法规定的危害国家安全犯罪案件行使管辖权：

（一）案件涉及外国或者境外势力介入的复杂情况，香港特别行政区管辖确有困难的；

（二）出现香港特别行政区政府无法有效执行本法的严重情况的；

（三）出现国家安全面临重大现实威胁的情况的。

第五十六条　根据本法第五十五条规定管辖有关危害国家安全犯罪案件时，由驻香港特别行政区维护国家安全公署负责立案侦查，最高人民检察院指定有关检察机关行使检察权，最高人民法院指定有关法院行使审判权。

第五十七条　根据本法第五十五条规定管辖案件的立案侦查、审查起诉、审判和刑罚的执行等诉讼程序事宜，适用《中华人民共和国刑事诉讼法》等相关法律的规定。

根据本法第五十五条规定管辖案件时，本法第五十六条规定的执法、司法机关依法行使相关权力，其为决定采取强制措施、侦查措施和司法裁判而签发的法律文书在香港特别行政区具有法律效力。对于驻香港特别行政区维护国家安全公署依法采取的措施，有关机构、组织和个人必须遵从。

第五十八条　根据本法第五十五条规定管辖案件时，犯罪嫌疑人自被驻香港特别行政区维护国家安全公署第一次讯问或者采取强制措施之日起，有权委托律师作为辩护人。辩护律师可以依法为犯罪嫌疑人、被告人提供法律帮助。

犯罪嫌疑人、被告人被合法拘捕后，享有尽早接受司法机关公正审判的权利。

第五十九条　根据本法第五十五条规定管辖案件时，任何人如果知道本法规定的危害国家安全犯罪案件情况，都有如实作证的义务。

第六十条　驻香港特别行政区维护国家安全公署及其人员依据本法执行职务的行为，不受香港特别行政区管辖。

持有驻香港特别行政区维护国家安全公署制发的证件或者证明文件的人员和车辆等在执行职务时不受香港特别行政区执法人员检查、搜查和扣押。

驻香港特别行政区维护国家安全公署及其人员享有香港特别行政区法律规定的其他权利和豁免。

第六十一条　驻香港特别行政区维护国家安全公署依据本法规定履行职责时，香港特别行政区政府有关部门须提供必要的便利和配合，对妨碍有关执行职务的行为依法予以制止并追究责任。

第六章 附 则

第六十二条 香港特别行政区本地法律规定与本法不一致的，适用本法规定。

第六十三条 办理本法规定的危害国家安全犯罪案件的有关执法、司法机关及其人员或者办理其他危害国家安全犯罪案件的香港特别行政区执法、司法机关及其人员，应当对办案过程中知悉的国家秘密、商业秘密和个人隐私予以保密。

担任辩护人或者诉讼代理人的律师应当保守在执业活动中知悉的国家秘密、商业秘密和个人隐私。

配合办案的有关机构、组织和个人应当对案件有关情况予以保密。

第六十四条 香港特别行政区适用本法时，本法规定的"有期徒刑""无期徒刑""没收财产"和"罚金"分别指"监禁""终身监禁""充公犯罪所得"和"罚款"，"拘役"参照适用香港特别行政区相关法律规定的"监禁""入劳役中心""入教导所"，"管制"参照适用香港特别行政区相关法律规定的"社会服务令""入感化院"，"吊销执照或者营业许可证"指香港特别行政区相关法律规定的"取消注册或者注册豁免，或者取消牌照"。

第六十五条 本法的解释权属于全国人民代表大会常务委员会。

第六十六条 本法自公布之日起施行。

参考文献

［1］朱永新. 书院精神对于当代大学教育的启示［J］. 江苏高教，1994（2）.

［2］李中耀. 关于大学精神的思考［J］. 新疆大学学报（社会科学版），2001（3）.

［3］朱维铮. 何谓"人文精神"？［J］. 探索与争鸣，1994（10）.

［4］顾智明. 追求现代人的澄明之境——生态人生观探析［J］. 福建论坛（社科教育版），2004（11）.

［5］王凤超. 关于中央和香港特别行政区的关系［J］. 中共党史研究，1997（3）.

［6］许棠德. "一国两制"是我国的基本政治制度［J］. 该学杂志，2008（12）.

［7］贺国庆，王保星，朱文富，等. 外国高等教育史［M］. 北京：人民教育出版社，2003.

［8］向洪，王雪，张强. 哈佛理念［M］. 青岛：青岛出版社，2005.

［9］韩振峰. 人格塑造与人生修养［M］. 北京：中央民族大学出版社，1999.

［10］杜作润，高烽煜. 大学论［M］. 成都：四川教育出版社，2000.

［11］禹青华. 在北大学做人——品格的力量［M］. 北京：企业管理出版社，2001.

［12］戴芸，李乾梅. 我所设计的大学生［M］. 延吉：延边大学出版社，1998.

［13］傅建文. 命运与抉择：国民党高层将领起义纪实［M］. 珠海：珠海出版社，2002.

［14］周华. 人生成败的关键在于做好自己［M］. 北京：新华出版

社，2008.

［15］李恪实. 坚持：决定成败的关键［M］. 北京：新华出版社，2012.

［16］田缘，张弘. 安东尼·罗宾潜能成功学［M］. 北京：经济日报出版社，1997.

［17］孔克勤，叶奕乾. 个性心理学［M］. 上海：华东师范大学出版社，2006.

［18］珀文. 人格科学［M］. 周榕，等译. 上海：华东师范大学出版社，2001.

［19］伯格. 人格心理学［M］. 陈会昌，译. 北京：中国轻工业出版社，2004.

［20］黄希庭，张春兴. 人格心理学［M］. 杭州：浙江教育出版社，2002.

［21］珀文. 人格心理学手册［M］. 黄希庭，译. 上海：华东师范大学出版社，2003.

［22］王海明. 新伦理学［M］. 北京：商务印书馆，2001.

［23］章海山. 西方伦理思想史［M］. 沈阳：辽宁人民出版社，1984.

［24］叔本华. 叔本华文集：人生智慧［M］. 任立，潘宇，编译. 北京：华龄出版社，1997.

［25］周辅成. 西方伦理学名著选辑（上卷）［M］. 北京：商务印书馆，1964.

［26］诺斯. 制度、制度变迁与经济绩效［M］. 刘守英，译. 北京：生活·读书·新知三联书店，1994.

［27］施蒂格勒. 经济学家和说教者［M］. 贝多广，刘泸生，郭治薇，译. 上海：生活·读书·新知三联书店上海分店，1990.

［28］卢梭. 爱弥尔：下卷［M］. 李平沤，译. 北京：商务印书馆，1978.

［29］贺来. 宽容意识［M］. 长春：吉林教育出版社，2001.

［30］博芭. 如何培养孩子的德商［M］. 顾大僖，译. 北京：中国发展出版社，2002.

［31］李萍，钟明华，刘树谦. 思想道德修养［M］. 广州：广东高等教育出版社，2003.

［32］李春秋. 高等学校教师职业道德修养［M］. 2 版. 北京：北京师范大学出版社，2000.

［33］王育济. 中华民族精神读本（上）［M］. 济南：山东大学出版社，2004.

［34］浦卫忠，李素南，张金涛，等. 爱国主义与民族精神［M］. 北京：社会科学文献出版社，2000.

［35］张文显. 法理学［M］. 3 版. 北京：高等教育出版社，2007.

［36］程天权. 法律基础［M］. 2 版. 北京：中国人民大学出版社，2005.

［37］孙笑侠，夏立安. 法理学导论［M］. 北京：高等教育出版社，2004.

［38］张千帆. 宪法学［M］. 北京：法律出版社，2004.

［39］李龙. 宪法基础理论［M］. 武汉：武汉大学出版社，1999.

［40］罗豪才. 行政法学［M］. 北京：中国政法大学出版社，1989.

［41］江平. 民法学［M］. 北京：中国政法大学出版社，2000.

［42］高铭暄. 新编中国刑法学（上）［M］. 北京：中国人民大学出版社，1998.

［43］胡建淼. 行政诉讼法学［M］. 上海：复旦大学出版社，2000.

［44］田平安. 民事诉讼法原理［M］. 厦门：厦门大学出版社，2005.

［45］姚莉. 刑事诉讼法学［M］. 北京：北京大学出版社，2006.

［46］黄进，宋连斌，徐前权. 仲裁法学［M］. 3 版. 北京：中国政法大学出版社，2007.

［47］肖蔚云. 论香港基本法［M］. 北京：北京大学出版社，2003.

［48］肖蔚云. 论澳门基本法［M］. 北京：北京大学出版社，2003.

［49］肖蔚云. 香港基本法与一国两制的伟大实践［M］. 深圳：海天出版社，1993.

［50］许崇德. 港澳基本法教程［M］. 北京：中国人民大学出版社，1994.

［51］云冠平，钟业坤. 中华人民共和国香港特别行政区基本法概论［M］. 广州：暨南大学出版社，1992.

［52］钟业坤. 中华人民共和国澳门特别行政区基本法论略［M］. 广州：暨南大学出版社，1996.

［53］张岱军. 中国哲学大纲［M］. 北京：中国社会科学出版社，1982.

［54］施韦译. 敬畏生命——五十年来的基本论述［M］. 陈泽环，译. 上海：上海社会科学出版社，2003.

［55］萨特. 存在与虚无［M］. 陈宣良，等译. 北京：生活·读书·新知三联书店，1987.

［56］武者小路实笃. 人生论［M］. 顾敏节，译. 杭州：浙江人民出版社，1986.

［57］普列汉诺夫. 唯物主义史论丛［M］. 王太庆，译. 北京：生活·读书·新知三联书店，1961.

［58］中共中央马克思恩格斯列宁斯大林著作编译局. 马克思恩格斯选集（第 4 卷）［M］. 北京：人民出版社，1966.

［59］香港特别行政区基本法起草委员会秘书处. 关于中华人民共和国香港特别行政区基本法的重要文件［M］. 北京：人民出版社，1990

后　记

　　《大学与人生导论》（修订版）于 2014 年出版，主要为暨南大学四海书院的学生使用。根据学校编订的新的人才培养方案，"大学与人生导论"为全校所有港澳台侨学生必修课程。为了充分体现时代特点，紧扣教材使用对象主要是港澳台学生的实际，并将新的教育教学思想融入教材之中，教材编写组根据上级部门的要求，结合课堂教学中的感受、学生的反馈，对原来的教材进行了修订，即为《大学与人生导论》（第三版）。由于原主编金焱副教授已经退休，本次教材的编写由魏传光教授负责。新教材增加了附录《中华人民共和国香港特别行政区维护国家安全法》法律文本，目的是促进港澳学子加强国家认同，维护国家统一和安全。从总体上看，新教材更加关注港澳台侨学生的学习特点、文化背景和思维方式，结构更为合理，内容更为全面，更加契合课程设置的宗旨。

　　教材具体分工如下：魏传光负责修订思路、框架的总体把握；金焱撰写第一章，张志刚撰写第七章，其他章节由魏传光撰写。

　　此教材的出版得到了暨南大学铸牢中华民族共同体意识研究基地、暨南大学本科生院、马克思主义学院以及暨南大学出版社等部门的关心与帮助。在此一并致以诚挚的感谢！

　　限于作者的水平，书中纰漏在所难免，恳请读者批评指正。

编　者

2022 年 3 月